C++

Programmieren mit einfachen Beispielen

DIRK LOUIS

→ leicht → klar → sofort

Bibliografische Information Der Deutschen Bibliothek
Die Deutsche Bibliothek verzeichnet diese Publikation in der
Deutschen Nationalbibliografie; detaillierte bibliografische Daten
sind im Internet über http://dnb.ddb.de abrufbar.

Die Informationen in diesem Produkt werden ohne Rücksicht auf einen
eventuellen Patentschutz veröffentlicht.
Warennamen werden ohne Gewährleistung der freien Verwendbarkeit benutzt.
Bei der Zusammenstellung von Texten und Abbildungen wurde mit größter
Sorgfalt vorgegangen.
Trotzdem können Fehler nicht vollständig ausgeschlossen werden.
Verlag, Herausgeber und Autoren können für fehlerhafte Angaben
und deren Folgen weder eine juristische Verantwortung noch
irgendeine Haftung übernehmen.
Für Verbesserungsvorschläge und Hinweise auf Fehler sind Verlag und
Herausgeber dankbar.

Alle Rechte vorbehalten, auch die der fotomechanischen Wiedergabe und der
Speicherung in elektronischen Medien.
Die gewerbliche Nutzung der in diesem Produkt gezeigten Modelle und Arbeiten
ist nicht zulässig.

Fast alle Hardware- und Softwarebezeichnungen und weitere Stichworte und
sonstige Angaben, die in diesem Buch verwendet werden, sind als eingetragene
Marken geschützt. Da es nicht möglich ist, in allen Fällen zeitnah zu ermitteln,
ob ein Markenschutz besteht, wird das ® Symbol in diesem Buch nicht verwendet.

Umwelthinweis:
Dieses Buch wurde auf chlorfrei gebleichtem Papier gedruckt.

10 9 8 7 6 5 4 3 2 1

08   07   06   05

ISBN 3-8272-6967-9

© 2005 by Markt+Technik Verlag,
ein Imprint der Pearson Education Deutschland GmbH,
Martin-Kollar-Straße 10–12, D-81829 München/Germany
Alle Rechte vorbehalten
Coverkonzept: independent Medien-Design, Widenmayerstr. 16, 80538 München
Covergestaltung: Thomas Arlt, tarlt@adesso21.net
Titelfoto: ifa Bilderteam, München
Lektorat: Brigitte Alexandra Bauer-Schiewek, bbauer@pearson.de
Korrektorat: Marita Böhm
Herstellung: Monika Weiher, mweiher@pearson.de
Satz: Ulrich Borstelmann, Dortmund (www.borstelmann.de)
Druck und Verarbeitung: Media-Print, Paderborn
Printed in Germany

Inhaltsverzeichnis

Liebe Leserin, lieber Leser 10

Kapitel 1: Schnelleinstieg

Kapitel 2: Was sind Programme?
Was ist ein Programm? 18
    Sprechen Sie Computer? 18
    Von der Idee zum Programm 19
    Von Windows, Fenstern und Konsolen 22
C und C++ 25
Programmieren macht Spaß 26
Rätselhaftes C++ 27

Kapitel 3: Wie erstellt man eigene Programme?
Welcher Compiler darf es sein? 30
Programmerstellung mit dem C++BuilderX-Compiler (Win2000/XP/Linux) 31
    Installation 31
    C++BuilderX das erste Mal starten 37
    Ein neues Projekt anlegen 39
    Den Quelltext aufsetzen 45
    Den Quelltext kompilieren 46
    Das Programm erstellen und testen 50
    Das Programm ausführen 52
    Projekte schließen und C++BuilderX beenden 55
    Kompilierung der Beispielprogramme auf der CD 55
Programmerstellung mit dem reinen Borland 5.5-Compiler (Windows) 56
    Installation 56
    Programme erstellen und kompilieren 59
    Kompilierung der Beispielprogramme auf der CD 61
Programmerstellung mit dem g++-GNU-Compiler (Linux) 61
    Installation 61
    Programme erstellen und kompilieren 62
    Kompilierung der Beispielprogramme auf der CD 65
Rätselhaftes C++ 65

Kapitel 4: Unser erstes Programm
Der Programmcode 68
Headerdateien und Laufzeitbibliothek 68
    Die C++-Laufzeitbibliothek 69
    Alle Namen müssen deklariert werden 69
    Die Headerdateien zur Laufzeitbibliothek 70
Die main()-Funktion aufsetzen 72

Ausgabe 73
Kommentare 76
    Sinnvolles Kommentieren 77
Stil 77
Programmausführung 78
Rätselhaftes C++ 79

Kapitel 5: Zahlen und Texte in C++-Programmen

Variablen und Konstanten 82
    Konstanten 82
    Variablen 83
Variablen deklarieren 84
Der Datentyp – Variablen für jeden Zweck 87
    Die Bedeutung des Datentyps 87
    Die Datentypen 90
Werte in Variablen speichern 92
    Variablen bei der Definition initialisieren 93
Werte von Variablen abfragen 93
    Gleichzeitige Abfrage und Zuweisung 95
Rätselhaftes C++ 96

Kapitel 6: Mit Zahlen und Texten arbeiten

Die Rechenoperationen 100
Mathematische Formeln ausrechnen 101
    Klammerung von Ausdrücken 103
Die mathematischen Funktionen 104
    Verwendung der Online-Hilfe 106
    Typenstrenge und Typumwandlung 110
    Verwendung der trigonometrischen Funktionen 113
Weitere Zahlenoperatoren 116
    Kombinierte Zuweisungen 116
    Inkrement und Dekrement 117
Mit Strings arbeiten 118
    String-Variablen definieren und zuweisen 118
    Strings aneinander hängen 119
    Sonderzeichen in Strings 122
    Strings manipulieren 123
    Vertiefung: Speicherverwaltung für Strings 129
Rätselhaftes C++ 131

Kapitel 7: Daten einlesen und ausgeben

Daten einlesen 134
    Mehrere Daten gleichzeitig einlesen 137
Formatierte Ausgabe mit cout 137
    Genauigkeit von Gleitkommazahlen 138

Feldbreite	138
Anpassung des Fahrenheit-Programms	139
Formatierte Ausgabe mit printf()	143
Formatierung der Platzhalter	147
Zahlen in Strings und Strings in Zahlen verwandeln	149
Zahlen in Strings umwandeln	150
Strings in Zahlen umwandeln	152
Rätselhaftes C++	153

Kapitel 8: Vergleichen und verzweigen

Zahlen und Strings vergleichen	156
Ergebniswerte von Vergleichen	156
Operatoren für Vergleiche	157
Strings vergleichen	158
Ja oder nein? – Die if-Verzweigung	160
Allgemeine Syntax	161
Bedingte Ausführung von Anweisungen	161
Die else-Alternative	164
if-else-Verzweigungen verschachteln	166
Die switch-Verzweigung	166
Allgemeine Syntax	166
Wie statte ich meine Anwendungen mit einem Menü aus?	167
Rätselhaftes C++	173

Kapitel 9: Anweisungen mehrfach ausführen lassen

Wozu braucht man Schleifen	176
Die for-Schleife	177
Allgemeine Syntax	177
Wie werden Schleifen kontrolliert?	177
Ausführung einer Schleife	178
Mit Schleifen Zahlenfolgen berechnen	180
Varianten und Fallstricke	183
Die while-Schleife	184
Vom Anwender gesteuerte Schleifen	184
Allgemeine Syntax	187
Schleifen vorzeitig abbrechen	187
Schleifendurchgang abbrechen	187
Schleife abbrechen	191
Rätselhaftes C++	195

Kapitel 10: Funktionen – Teilprobleme auslagern

Funktionen definieren und aufrufen	198
Funktionen definieren	198
Funktionen aufrufen	199
Vorteile von Funktionen	202

Parameter an Funktionen übergeben.. 203
    Parameter und Argumente.. 203
    Mehrere Parameter.. 205
Werte aus Funktionen zurückliefern 205
    Mehrere return-Anweisungen... 207
Code in Funktionen auslagern 208
Globale und lokale Variablen.. 211
Allgemeine Syntax.. 212
Rätselhaftes C++... 213

Kapitel 11: Arrays – 1000 Daten gleichzeitig bearbeiten
Arrays deklarieren... 216
Auf Array-Elemente zugreifen 217
Arrays in Schleifen durchlaufen 219
Rätselhaftes C++... 223

Kapitel 12: Strukturen – die ersten kombinierten Datentypen
Strukturen deklarieren... 226
    Komplexe Daten 226
Strukturvariablen erzeugen 228
Auf Strukturfelder zugreifen 229
Programm zur Vektorrechnung 233
Rätselhaftes C++... 243

Kapitel 13: Die objektorientierte Revolution
Objektorientiert denken... 246
Die Klasse als Datentyp und als Grundlage der
objektorientierten Programmierung.. 247
    Planung und Umsetzung eines Programms
    zur Vektorrechnung... 248
Rätselhaftes C++... 255

Kapitel 14: Klassen – objektorientiert programmieren
Einführung... 258
Grundkurs Klassendefinition... 259
    Das Klassengerüst.. 259
    Die Eigenschaften 260
    Die Methoden 262
    Der Konstruktor.. 265
    Die Zugriffsspezifizierer 268
    Zusammenfassung... 271
Aufbaukurs Klassendefinition... 272
    Methoden außerhalb der Klasse definieren... 272
    Private Elemente und öffentliche Schnittstelle....................................... 276
    Private Datenelemente – öffentliche Methoden 277

Mehrere Konstruktoren vorsehen	283
Das Vektorprogramm	286
Rätselhaftes C++	286

Kapitel 15: Programmieren mit Dateien

Streams	290
In Dateien schreiben	291
Aus Dateien lesen	299
Das Hauptstädte-Quiz	304
Das Konzept	304
Die Implementierung	305
Rätselhafter C++-Leser	315

Kapitel 16: Abschluss und Ausblick

#include und #define	318
Die Headerdateien	318
Verwendung von #include	321
Verwendung von #define	322
Programmcode auf mehrere Quelldateien verteilen	325
Quelltext verteilen	325
Programme aus mehreren Dateien kompilieren und erstellen	330
Headerdateien zu Quelldateien anlegen	332
Mehrfacheinbindung von Headerdateien verhindern	338
Programme debuggen	341
Grundlagen	341
Der C++BuilderX-Debugger	344
Der gdb-Debugger	350
Programme optimieren	356
Ausblick	358
C++ für Fortgeschrittene	358
Window-Programmierung mit C++	360
Rätselhaftes C++	362

Anhang

Der ASCII-Zeichensatz	363
FAQs und typische Fehler	364
Lexikon	368
Ausführung der Beispielprogramme	376
Stichwortverzeichnis	378

Liebe Leserin, lieber Leser

Glückwunsch, dass Sie sich entschlossen haben, mit C++ programmieren zu lernen, und Glückwunsch, dass Sie dazu dieses Buch gewählt haben.

Warum C++?

C++ ist eine äußerst effiziente, leistungsfähige und sehr mächtige Programmiersprache, der bei der professionellen Software-Entwicklung weltweit eine führende Rolle zukommt. Aber wozu erzähle ich Ihnen das? Sicherlich wissen Sie das alles bereits und haben sich aus genau diesen Gründen dazu entschieden, C++ zu erlernen. Vielleicht haben Sie aber auch gehört, dass C++ eine sehr schwierige Programmiersprache ist, und fragen sich, ob Sie sich an eine so schwierige Sprache heranwagen sollen?

C++ ist sicherlich keine einfache Programmiersprache, sie ist andererseits aber auch nicht wesentlich schwieriger zu erlernen als Basic, Pascal oder Java. Was C++ so kompliziert macht, sind gewisse Formalismen sowie die vielen fortgeschrittenen Konzepte und Möglichkeiten der Sprache. Wer Basic oder Pascal lernt, kann irgendwann mit Fug und Recht behaupten, dass er diese Sprache beherrscht. C++ ist dagegen so komplex, dass es nur ganz, ganz wenige Programmierer geben dürfte, die – ohne rot zu werden – behaupten können, C++ ganz zu beherrschen.

Die Komplexität von C++ muss den Anfänger aber nicht schrecken, ja sie ist sogar ein Vorteil, denn mit C++ kann man sich Schritt für Schritt in die Programmierung einarbeiten und sich fortwährend weiterbilden. Wer C++ beherrscht, wird zudem kaum Probleme haben, sich später in weitere Programmiersprachen (wie Pascal, Perl, Java[1], Basic etc.) einzuarbeiten. Der umgekehrte Weg ist dagegen meist viel schwieriger.

---

1   Der Java-Titel aus der Easy-Reihe wurde entsprechend dem C++-Titel aufgebaut (gleicher Kapitelaufbau, gleiche Beispiele). Wir hoffen, Umsteigern dadurch die Einarbeitung in die jeweils andere Programmiersprache zu erleichtern.

Warum dieses Buch?

Dieses Buch wurde für Leser konzipiert, die sich im Selbststudium in C++ einarbeiten wollen. Es legt daher viel Wert auf Verständlichkeit und ausführliche Erklärungen.

Es legt aber auch Wert auf Qualität und auf die Vermittlung fundierten Wissens. Neben der Einführung in die Programmierung mit C++ gehören hierzu: die Hinterfragung und Erläuterung allgemeiner Programmierkonzepte, die Darstellung wichtiger Programmiertechniken und die Einführung in die objektorientierte Programmierung (ohne die eine professionelle Software-Entwicklung heute kaum noch denkbar ist).

Sie sehen, es gibt viel zu lernen. Packen wir´s an!

Dirk Louis

E-Mail: *dirk @carpelibrum.de*

Website zum Buch:

www.carpelibrum.de

www.carpelibrum.de/buecher/cpp_easy/buch.html

Kapitel 1
Schnelleinstieg

> *Sie haben noch nie in Ihrem Leben ein eigenes Programm erstellt? Dann können Sie sich in diesem Kapitel kurz darüber informieren, was Sie zur Programmentwicklung brauchen und was an Lehrstoff in den folgenden Kapiteln auf Sie zukommt.*

Schnelleinstieg

1. Zur Programmierung benötigen Sie einen Editor und einen Compiler.

Programme werden als einfacher (ASCII-)Text aufgesetzt. Als Editor zum Aufsetzen der Programmquelltexte eignet sich daher jeder Editor, mit dem man den Quelltext als unformatierten Text abspeichern kann. Diesen Quelltext übersetzt der Compiler in binären Maschinencode. Als Ergebnis erhalten Sie eine ausführbare Programmdatei.

Reine Compiler sind meist einfache Programme ohne grafische Benutzeroberfläche, die von einem Konsolenfenster (unter Windows »Eingabeaufforderung« genannt) aus aufgerufen werden. Für Windows-Anwender gibt es beispielsweise den Borland 5.5-Compiler; Unix/Linux-Anwender finden auf ihren Systemen meist eine vorinstallierte Version des g++-Compilers.

Oft werden Compiler aber auch als komplette Entwicklungsumgebungen mit grafischer Benutzeroberfläche vertrieben, in die Compiler, Editor und andere Werkzeuge, die bei der Programmentwicklung helfen können, integriert sind. Ein Beispiel für eine solche integrierte Entwicklungsumgebung ist der C++BuilderX von Borland, den Sie von der Buch-CD aus installieren können und der sowohl unter Windows als auch Linux läuft.

2. Setzen Sie den Quelltext des Programms im Editor auf.

Im Quelltext legen Sie fest, was das Programm machen soll, wenn es ausgeführt wird. Vereinfacht ausgedrückt, besteht der Quelltext aus einer Folge von Anweisungen, die das Programm später nacheinander ausführen wird. Allerdings können wir diese Anweisungen nicht in unserer natürlichen Sprache (also Deutsch) formulieren, da der Quelltext ja von einem Compiler in ausführbaren Maschinencode übersetzt werden muss und es keinen Compiler gibt, der des Deutschen mächtig wäre. Als Kompromiss setzen wir den Quelltext in einer Sprache auf, für die es einen passenden Compiler gibt – in unserem Falle also die Sprache C++.

Dazu muss man aber die Syntax (Grammatik) der Sprache C++ kennen und man muss wissen, wie C++-Programme aufgebaut werden.

3. Lernen Sie, wie man Daten in Programmen repräsentiert.

So gut wie jedes Programm verarbeitet in der einen oder anderen Form irgendwelche Daten. Diese Daten werden im Programmquelltext durch Konstanten oder Variablen repräsentiert.

4. Lernen Sie, wie man Daten in Programmen verarbeitet.

Die Daten nur im Programm zu verwalten, reicht natürlich nicht aus. Man muss sie auch irgendwie verarbeiten – sei es, dass man mit ihnen rechnet, sie durchsucht, sie vergleicht, sie verändert, auf den Bildschirm ausgibt oder in einer Datei speichert.

Hierzu bedient man sich spezieller Operatoren und Funktionen, die entweder vordefiniert sind oder von uns selbst programmiert werden.

5. Lernen Sie, wie man den Programmfluss steuert.

Grundsätzlich werden die Anweisungen eines Programms von oben nach unten nacheinander ausgeführt. Mit Hilfe von Verzweigungen und Schleifen kann man festlegen,

- dass bestimmte Anweisungen nur alternativ ausgeführt werden (entweder der der eine Anweisungsblock oder der andere),
- dass ein Anweisungsblock mehrere Male hintereinander ausgeführt werden soll.

6. Lernen Sie, wie man objektorientiert programmiert.

Die objektorientierte Programmierung spielt in der modernen Software-Entwicklung eine wichtige Rolle. Sie gründet auf dem Datentyp der »Klasse« und verlangt vom Programmierer, dass er »objektorientiert denkt«.

7. Lernen Sie, wie man mit Dateien arbeitet.

Viele Programme greifen auf Dateien auf der Festplatte zu, um deren Inhalt einzulesen und zu verarbeiten oder um die eigenen Daten dauerhaft in einer Datei zu speichern.

8. Kompilieren Sie das Programm.

Ist der Quelltext des Programms fertig, ruft man den Compiler auf, der den Quelltext in ein ausführbares Programm umwandelt.

9. Führen Sie das Programm aus.

Zum Schluss empfiehlt es sich, das Programm auszuführen und auf Herz und Nieren zu prüfen, ob es auch das macht, wofür es erstellt wurde.

10. Debuggen Sie das Programm, falls es Fehler enthält.

Sollte sich herausstellen, dass das Programm nicht wie gewünscht funktioniert, muss man sich auf die Fehlersuche machen. Das ist oft gar nicht so einfach. Es gibt daher spezielle Programme, so genannte Debugger, die einem bei der dieser Aufgabe helfen.

Kapitel 2

Was sind Programme?

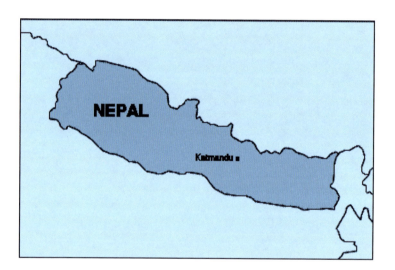

> *Bisher kennen Sie Programme vermutlich nur aus der Perspektive des Anwenders. Sie nutzen ein Textverarbeitungsprogramm zum Verfassen von Briefen und anderen Dokumenten, mit einem Datenbankprogramm verwalten Sie Adressen oder eine CD-Sammlung, Sie verwenden einen Browser zum Surfen im Internet. Wo aber kommen diese Programme her? Was unterscheidet ein Programm von einem Textdokument? Wie kann man eigene Programme schreiben? Diesen Fragen wollen wir in diesem Kapitel nachgehen.*

Ihr Erfolgsbarometer

Das können Sie schon:

Was braucht man zum Programmieren	13
Was muss man lernen	13–15

Das lernen Sie neu:

Was ist ein Programm?	18
C und C++	25
Programmieren macht Spaß	26

Was ist ein Programm?

Es gibt Leute, die erstarren vor Ehrfurcht, wenn Sie vor einem Computer stehen. Wenn diese Leute einen Computer nach der Hauptstadt von Nepal fragen und als Antwort Lhasa erhalten, werden Sie diese Antwort ohne zu zögern akzeptieren, weil Computer ja unfehlbar sind. Dabei ist Lhasa die Hauptstadt von Tibet und nicht von Nepal.

Sind Computer also dumm? Nein, denn den Fehler aus obigem Beispiel macht ja nicht der Computer selbst, sondern ein Programm, das auf diesem Computer ausgeführt wird. Computer selbst sind weder dumm noch intelligent. Es sind nichts anderes als Abspielgeräte für Programme. So wie Sie in Ihren CD-Player Musik-CDs stecken und dann abspielen, installieren Sie auf einem Computer Programme, die Sie dann ausführen.

Einen kleinen Unterschied gibt es aber doch!

Auf einer Musik-CD befinden sich nur Daten (Töne und Akkorde), die der CD-Player nacheinander abspielt. Ein Programm enthält dagegen Befehle, die vom Computer ausgeführt werden sollen.

Sprechen Sie Computer?

Programme enthalten Befehle. Die Bedeutung dieses Satzes muss man erst einmal verarbeiten. Wir können also einen Befehl wie »Nenne mir die Hauptstadt von Nepal!« als Programm verpackt auf dem Computer ausführen und erhalten als Antwort »Kathmandu« zurück? Nein, denn wenn es so einfach wäre, würden Programmierer nicht so gut bezahlt.

Das Problem ist, dass der Computer nur einen bestimmten Satz an elementaren Befehlen versteht. Diese Befehle lauten beispielsweise:

»Kopiere den Inhalt der Speicherzelle 325 in die Speicherzelle 326«

»Kopiere den Inhalt der Speicherzelle 12 in das Register A«

»Addiere zu dem Inhalt von Register A den Wert 1«

Erschwerend kommt hinzu, dass diese Befehle als eine Folge von Nullen und Einsen codiert sein müssen. Diese binärcodierten Befehle bezeichnet man als *Maschinencode*. Können Sie sich vorstellen, Ihre Programme als Maschinencode aufzusetzen?

0011001100111010

0011000100100101

1111011001101100

Brrrr!

Was macht man also? Man besorgt sich ein Übersetzungsprogramm, auch *Compiler* genannt, das die Befehle in Maschinencode umwandelt. Doch selbst ein Compiler ist nicht in der Lage, Befehle wie »Nenne mir die Hauptstadt von Nepal!« in Maschinencode zu übersetzen. Der Compiler verlangt nämlich, dass die Befehle in einer besonderen Sprache, einer Programmiersprache, aufgesetzt sind. Die Programmiersprache, die wir in diesem Buch zur Programmerstellung verwenden, ist C++. Schauen wir uns nun einmal an, wie wir zu einem Programm kommen, das uns die Hauptstadt von Nepal sagen kann.

Von der Idee zum Programm

Ein Programm zu schreiben, das einzig und allein die Hauptstadt von Nepal ausgibt, ist keine gute Idee. Ein Programm, das man nach den Hauptstädten beliebiger Länder fragen kann, wäre dagegen schon interessanter. Wie könnte ein solches Programm aufgebaut sein?

Zuerst einmal muss das Programm wissen, welches Land welche Hauptstadt hat. Zu diesem Zweck könnte man im Programmcode alle Länder mit Hauptstädten aufführen. Obwohl dies prinzipiell möglich wäre, denn ein Programm kann neben Befehlen auch Daten enthalten, ist es bei größeren Datenmengen doch zu empfehlen, diese in einer separaten Datei abzulegen. Diese Datei, die eine einfache Textdatei sein kann, dient dann quasi als Datenbank zu dem Programm.

Bei Programmstart soll das Programm den Anwender auffordern, das Land anzugeben, dessen Hauptstadt er wissen möchte. Das Programm liest die Eingabe des Anwenders ein, öffnet dann die Datenbank und geht alle Einträge in der Datenbank durch, bis es das betreffende Land gefunden hat. Dann schaut es nach, welche Hauptstadt zu diesem Land gehört. Schließlich schließt das Programm die Datenbank und zeigt dem Anwender die gefundene Hauptstadt an.

Ein solches Ablaufschema für die Arbeit eines Programms bezeichnet man auch als *Algorithmus*. Formuliert man ihn etwas übersichtlicher, sieht der Algorithmus für unser Programm wie folgt aus:

1. Fordere den Anwender auf, ein Land einzugeben.
2. Öffne die Datenbank.
3. Gehe die Einträge in der Datenbank der Reihe nach durch und suche nach dem Land.

Eintrag gefunden	Kein Eintrag gefunden
• lese die Hauptstadt aus • zeige die Hauptstadt dem Anwender an.[2]	gebe eine Fehlermeldung aus.

4. Schließe die Datenbank.

> **Hinweis**
>
> *Vielleicht denken Sie jetzt »Meine Güte, darauf wäre ich nie selbst gekommen« und Sie fragen sich, wie man das Formulieren von Algorithmen erlernen kann. Ganz einfach, man erlernt es zusammen mit der Programmiersprache. Ein gut formulierter Algorithmus gibt nämlich nicht nur an, wie ein Programm abläuft, sondern weist auch bereits darauf hin, wie das Programm zu implementieren ist, das heißt, er verwendet die gleichen typischen Elemente und Konstruktionen, die auch im Programmcode verwendet werden. Diese Elemente und Konstruktionen (Schleifen, Verzweigungen, Dateioperationen) werden Sie im weiteren Verlaufe dieses Buchs kennen lernen.*
>
> *Im Übrigen kann man sich bei kleineren Programmen das Aufsetzen eines Algorithmus sparen. Bei größeren Programmen hingegen empfiehlt es sich dringend, nicht drauflos zu programmieren, sondern erst einen Ablaufplan für das Programm zu erstellen.*

Der nächste Schritt besteht nun darin, den Algorithmus in Programmcode umzusetzen. Dazu muss man natürlich wissen, wie man C++-Programme aufsetzt, wie man in C++ Dateien öffnet, Schleifen programmiert, Code verzweigt und anderes mehr. Da wir dies erst im Laufe dieses Buchs lernen werden, überspringen wir diesen Schritt an dieser Stelle und nehmen einfach an,

---

[2] Um noch einmal auf die Unfehlbarkeit der Computer zurückzukommen: Es dürfte klar sein, dass dieses Programm nicht wirklich die Hauptstadt des Landes zurückliefert, sondern das, was als »Hauptstadt« des gesuchten Landes in der Datenbank abgespeichert ist. Wurde die Hauptstadt von Nepal gesucht und ist in der Datenbank als Hauptstadt zu Nepal Kathmandu eingetragen, liefert das Programm eine korrekte Antwort. Hat sich der Programmierer, der die Datenbank aufgesetzt hat, vertippt oder ist er in der Zeile verrutscht, steht in der Datenbank neben Nepal vielleicht Kazmandu oder Lhasa. Dann liefert das Programm als Hauptstadt von Nepal eben Kazmandu oder Lhasa zurück – so lange, bis jemand den Fehler bemerkt und die Eintragung in der Datenbank berichtigt.

Was ist ein Programm?

wir hätten den C++-Quelltext des Programms bereits vollständig in einen Texteditor eingegeben.

Jetzt rufen wir den Compiler auf und übergeben ihm die Datei mit unserem C++-Quelltext. Der Compiler prüft, ob unser C++-Code syntaktisch korrekt ist. Gibt es nichts zu bemängeln, wandelt er den C++-Code in Maschinencode um und speichert ihn in einer binären Datei ab (deren Inhalt man nicht mehr mit einem normalen Editor anschauen kann). Diese Binärdatei, die üblicherweise die Dateierweiterung .obj trägt, ist aber noch nicht das fertige Programm. Dieses wird erst von einem zweiten Hilfsprogramm, dem *Linker*, erzeugt. Der Linker nimmt den Maschinencode, verbindet ihn mit Code aus den verwendeten Bibliotheken und bereitet ihn so auf, dass er vom Betriebssystem gestartet und im Prozessor ausgeführt werden kann. Fertig ist das ausführbare Programm.

> **Hinweis**
>
> *Heutzutage ist der Linker meist in den Compiler integriert und muss nicht einzeln aufgerufen zu werden.*

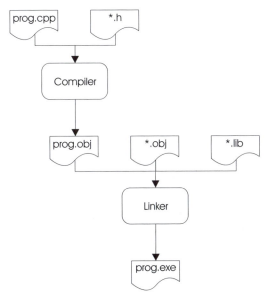

Abbildung 2.1: Ablauf der Programmerstellung

> **Hinweis**
>
> *Wenn Sie dieses Buch durchgearbeitet haben, werden Sie übrigens imstande sein, dass in diesem Abschnitt skizzierte Programm (in leicht abgewandelter und verbesserter Form) zu implementieren. Es wird sozusagen Ihr Gesellenstück sein.*

Von Windows, Fenstern und Konsolen

Viele Anwender – insbesondere jüngere Anwender, die mit Windows 95/Me/NT/2000 oder gar XP groß geworden sind – erwarten von einem Programm, dass es über ein Fenster mit Menüleiste, Werkzeugleisten, Arbeitsfläche, Bildlaufleisten, Statusleiste und anderen Oberflächenelementen verfügt. Mit anderen Worten: sie denken bei Programmen an den Windows Explorer, den Netscape Browser, an WinZip, RealPlayer, Paint oder wie sie alle heißen.

Programme müssen aber nicht über Fenster verfügen – was für uns Programmieranfänger ein Glück ist, denn die Einrichtung und Unterstützung von Fenstern ist recht kompliziert und dabei für die Erlernung einer Programmiersprache wie C++ vollkommen nutzlos.

Warum aber verfügen dann mittlerweile so viele Programme über Fenster?

Die Antwort ist natürlich, dass die Programme dadurch anwenderfreundlicher werden. Bedienbarkeit mit der Maus, Konfiguration über Dialoge, Interaktion mit dem Benutzer über eine Vielzahl von Steuerelementen (Schalter, Textfelder, Drehregler etc.) sind nur einige Stichpunkte, die hier zu nennen wären.

> **Was ist das?**
>
> *Da Fenster, Dialoge und Oberflächenelemente wie Menü, Statusleiste, Steuerelemente etc. vor allem der Interaktion mit dem Anwender dienen, bezeichnet man sie zusammen als die grafische Benutzerschnittstelle eines Programms, im Englischen »Graphical User Interface«, kurz GUI, genannt.*

Was ist ein Programm?

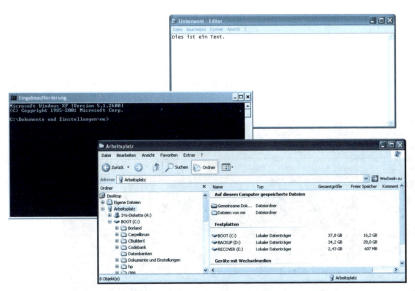

Abbildung 2.2: GUI-Programme unter Windows

Programmen, die über keine grafische Oberfläche verfügen, fehlen diese Annehmlichkeiten. Trotzdem sind es natürlich vollwertige Programme, die auch in der Lage sind, Daten vom Anwender entgegen zu nehmen und Ergebnisse auszugeben. Nur dass dies eben nicht über Steuerelemente geschieht, sondern über die Konsole.

Früher war der Computer selbst die Konsole. Die Anwender saßen vor einem schwarzen Bildschirm (ganz früher noch mit grüner oder brauner Schrift) und sahen dort eine Eingabeaufforderung, kurz Prompt genannt. Über die Tastatur konnten sie Befehle eintippen, die nach dem Abschicken mit der ⏎ -Taste vom Computer ausgeführt wurden. Neben allgemeinen Betriebssystembefehlen, wie dem Wechseln des aktuellen Verzeichnisses oder dem Löschen einer Datei, konnte man von der Konsole aus auch Programme aufrufen. Diese übernahmen dann die Konsole und nutzten sie, um Ergebnisse auszugeben oder Daten vom Anwender abzufragen.

Seitdem hat sich einiges geändert und die Anwender sind es gewohnt, auf den PCs ein grafisches Desktop vorzufinden, auf dem sie vorzugsweise GUI-Anwendungen ausführen – also Programme, deren Benutzeroberfläche aus Fenster besteht. Die Konsole ist dadurch aber nicht verschwunden. Man kann sie sogar unter dem grafischen Desktop aufrufen, wo sie in einem eigenen Fenster erscheint. Unter Linux heißt die Konsole je nach verwendetem Window-Manager Konsole oder Terminal, unter Windows heißt sie meist MS-DOS-Eingabeaufforderung oder einfach nur Eingabeaufforderung und kann über das *Start/Programme*-Menü aufgerufen werden. Achtung, bei einigen Betriebssystemversionen ist sie im Untermenü *Zubehör* versteckt. (Ausführlichere Informationen zur Windows-Eingabeaufforderung finden Sie in dem Tutorial »Arbeiten mit der Windows-Konsole«, das Sie von der Website www.carpelibrum.de herunterladen können.)

Abbildung 2.3: Die Eingabeaufforderung (Konsole unter Windows)

Für uns als Programmieranfänger ist es von Vorteil, wenn wir uns ganz auf die Erstellung von Konsolenprogrammen konzentrieren.

- Wer echte GUI-Programme schreiben will, muss viel Arbeit in die Entwicklung der grafischen Benutzeroberfläche stecken. Zudem muss man das Programm so implementieren, dass es mit dem auf dem Rechner installierten Window-Manager zusammenarbeitet. (Unter Windows ist der Window-Manager in das Betriebssystem integriert, unter UNIX/Linux kann man zwischen verschiedenen Managern wählen (KDE, GNOME), die auf dem X-Window-System aufsetzen.) Als Anfänger wird man dadurch nur von dem eigentlichen Ziel, dem Erlernen von C++, abgelenkt.

- GUI-Programme sind plattformabhängig. Wenn Sie ein Konsolenprogramm schreiben, können Sie es – sofern Sie nicht ganz spezielle betriebssystemspezifische Befehle nutzen – sowohl unter Microsoft Windows als auch unter UNIX/Linux ausführen. Sie müssen nur den Quelltext des Programms auf den jeweiligen Rechner kopieren und dort mit einem passenden Compiler neu kompilieren. Mit GUI-Programmen geht dies nicht, da diese ganz spezifisch auf einen Window-Manager abgestimmt werden müssen.

> **Hinweis**
>
> *Lesern, die sich nach der Lektüre dieses Buchs fortbilden und in die Entwicklung von GUI-Programmen einarbeiten möchten, finden auf der Webseite zu diesem Buch,* `www.carpelibrum.de/buecher/cpp_easy/buch.html`*, Links zu passenden betreuten Online-Kursen.*

C und C++

In Zeitschriften und Büchern ist neben C++ gelegentlich auch von C die Rede – was bei Anfängern meist die Frage aufwirft, ob man nun C oder C++ erlernen sollte.

Bevor ich diese Frage beantworte, sollten wir kurz klären, was überhaupt der Unterschied zwischen C und C++ ist.

C ist eine sehr leistungsfähige Programmiersprache, die Anfang der Siebziger von Brian Kernighan und Dennis Ritchie entwickelt wurde und für die damalige Zeit nahezu ideale Eigenschaften hatte: effizient, schnell, mächtig, logisch, strukturiert. Insbesondere die Effizienz und Schnelligkeit der mit C geschriebenen Programme war zur Zeit der 20 MHz getakteten Computerdinosaurier eine wichtige Eigenschaft.

In dem Maße, in dem die Computer aber immer schneller, die Programme immer umfangreicher und komplizierter und die Arbeitsstunden der Programmierer immer teurer wurden, wuchs das Interesse an Programmiertechniken, die das Schreiben und Warten der Programme vereinfachen und beschleunigen konnten. Hier tat sich besonders die Idee der objektorientierten Programmierung hervor (auf die wir ab Kapitel 13 näher eingehen werden). Es gab damals auch schon Programmiersprachen, die objektorientiert waren, doch kamen diesen beileibe nicht die gleiche Bedeutung zu wie C. Es war also nur eine Frage der Zeit, bis jemand versuchen würde, C um objektorientierte Konzepte zu erweitern. Und tatsächlich, Mitte der Achtziger war es soweit und Bjarne Stroustrup stellte seine erste Version von C++ vor, die damals noch »C mit Klassen« hieß.

Wichtig ist, dass C++ tatsächlich eine Erweiterung von C ist. Im Kern unterscheiden sich C und C++ fast überhaupt nicht und ob ein Programm in C oder C++ geschrieben ist, erkennt man meist nur daran, dass es Klassen und damit verbundene Konzepte nutzt oder eben nicht nutzt. Dies führt uns zurück zu unserer ursprünglichen Frage: Soll man als Programmierneuling mit C oder C++ anfangen?

Vor einigen Jahren hätte ich Ihnen geantwortet: »Fangen Sie mit C an, da es leichter zu erlernen ist. Wenn Sie später auf C++ umsteigen, können Sie das Gelernte direkt anwenden (da C++ auf C aufbaut) und müssen sich nur in die objektorientierten Konzepte von C++ neu einarbeiten.«

Heute kann ich Ihnen dagegen nur raten, gleich mit C++ und der objektorientierten Programmierung zu beginnen, denn objektorientierte Konzepte sind heute in der Programmierwelt allgegenwärtig. Wenn Sie sich also schon entschlossen haben, Programmieren zu lernen, und den Sprung ins kalte Wasser wagen wollen, dann lernen Sie doch auch gleich schwimmen und begnügen Sie sich nicht damit, nur irgendwie wieder ans Ufer zu kommen.

Programmieren macht Spaß

Programmieren ist eine faszinierende Tätigkeit. Es fordert unsere logischen Fähigkeiten ebenso heraus wie unser kreatives Denken. Es macht Spaß, bei professioneller Ausübung bringt es auch Geld, auf jeden Fall aber die Genugtuung, schöpferisch tätig zu sein.

Natürlich gibt es auch Zeiten des Verdrusses und des Frusts. Oh ja, die gibt es! Aber seien wir ehrlich: Wäre der Weg nicht so steinig, wäre die Freude am Ziel auch nicht so groß. Was sind das denn für trostlose Gesellen, die in ihrer gesamten Zeit als Programmierer noch keine Nacht durchwacht haben, weil sie den Fehler, der das Programm immer zum Abstürzen bringt, nicht finden konnten? Und was soll man von einem Programmierer halten, der noch nie aus Versehen ein Semikolon hinter eine if-Bedingung gesetzt hat? (Und dem die Schamesröte ins Gesicht schoss, als er einen vorbeikommenden Kollegen um Hilfe bat und ihn dieser nach einem flüchtigen Blick auf den Quellcode auf den Fehler aufmerksam machte.) Sind das überhaupt echte Programmierer?

Wer programmieren lernen will, der muss auch erkennen, dass bei der Programmierung nicht immer alles glatt geht. Das ist nicht ehrenrührig, man darf sich nur nicht unterkriegen lassen. Dieses Buch will Sie mit Lust und ohne Verdruss in die C++-Programmierung einführen. Sollten Sie trotzdem irgendwo auf Schwierigkeiten stoßen – sei es, dass Sie etwas nicht ganz verstanden haben oder ein Programm nicht zum Laufen bekommen –, versuchen Sie sich nicht zu sehr in das Problem zu verbohren. Legen Sie eine kleine Pause ein oder lesen Sie erst einmal ein wenig weiter – oftmals klärt sich das Problem danach von selbst. Sollten Sie gar nicht weiter kommen, können Sie sich gerne direkt an mich wenden. Sie erreichen mich via E-Mail unter *dirk@carpelibrum.de*. Hinweise und FAQs zum Buch finden Sie zudem auf der Website http://www.carpelibrum.de/buecher/cpp_easy/buch.html.

Rätselhaftes C++

Dass die Programmierung im Allgemeinen und die Programmierung mit C++ nicht immer einfach ist, lässt sich leider nicht leugnen. Warum aber soll man sich ständig darüber beklagen? Warum nicht seinen Spaß damit haben? In diesem Sinne werde ich Ihnen zum Abschluss jedes Kapitels eine kleine Tüftelaufgabe stellen, an der Sie Ihren C++-Verstand schärfen dürfen. Nehmen Sie die Aufgaben bitte nicht zu ernst – es sind wirklich nur Knobeleien und keine Erfolgskontrollen!

Schon der Name C++ ist ein Rätsel. Tippen Sie doch mal, warum C++ eigentlich C++ heißt.

a) Der Name hat keine besondere Bedeutung

b) Der Name ist eine Kombination aus C und dem Inkrementoperator ++

c) Der Name steht für C plus objektorientierten Konzepten

d) Der Name steht für C plus, also ein besseres C (wie eine Eins plus eine bessere Schulnote ist als eine Eins)

c) und d) sind nicht wirklich falsch, aber korrekt ist einzig Lösung b). Zur Erklärung: Die Sprache C hatte einen Vorgänger, die Sprache B. Es wäre also logisch gewesen, den Nachfolger von C auf den Namen D zu taufen. Doch es gab Gründe, die dagegen sprachen. B war nur eine winzige Entwicklergemeinde bekannt und wurde von C komplett abgelöst. C dagegen hatte in den Achtzigern, als Stroustrup die Sprache C++ entwickelte, bereits weltweite Verbreitung gefunden, und es war klar, dass C++ C nicht einfach ablösen würde. Außerdem war C++ eine Erweiterung von C, die C nahezu unverändert mit einschloss, und dies sollte sich auch im Namen ausdrücken. Statt für D entschied man sich daher für den Namen C++, der eine Kombination aus C und dem in vielen Programmiersprachen bekannten Inkrementoperator ++ ist. So blieb die Verwandtschaft zu C erkennbar, die Assoziation eines erweiterten (besseren) C wurde geweckt und Insider konnten in C++ unschwer ein Synonym für D lesen. (Inkrement bedeutet nämlich die Erhöhung um Eins oder das Vorrücken zum nächsten Wert. Angewandt auf den Buchstaben C wäre dies dann ... D.)

Kapitel 3

Wie erstellt man eigene Programme?

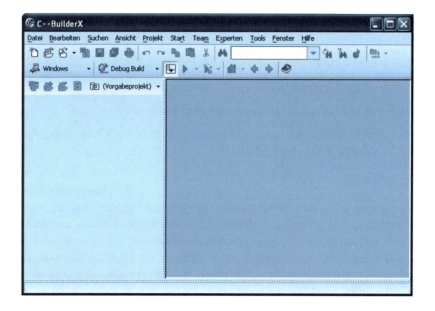

> *In diesem Kapitel geht es darum, dass Sie Ihren Compiler und Ihre Programmierumgebung wählen und kennen lernen.*
> *Lesen Sie dieses Kapitel aufmerksam durch, denn die beschriebenen Techniken brauchen Sie zur Nachprogrammierung der in den folgenden Kapiteln vorgestellten Programme.*

Das können Sie schon:

Was braucht man zum Programmieren	13
Was muss man lernen	13–15
Von der Idee zum Programm	19
C und C++	25

Das lernen Sie neu:

Welcher Compiler darf es sein?	30
Programmerstellung mit dem C++BuilderX-Compiler (Win2000/XP/Linux)	31
Programmerstellung mit dem reinen Borland 5.5-Compiler (Windows)	56
Programmerstellung mit dem g++-GNU-Compiler (Linux)	61

Welcher Compiler darf es sein?

Stellvertretend für viele andere leistungsfähige Compiler mit integrierter Entwicklungsumgebung stelle ich Ihnen hier den C++BuilderX-Compiler von Borland vor, den Sie von der Buch-CD aus installieren können. Der C++BuilderX kann unter Windows XP, Windows 2000 sowie RPM-basierten Linux-Systemen (vorzugsweise RedHat) installiert werden.

Sollten Sie keines dieser Betriebssysteme Ihr eigen nennen oder feststellen, dass die Komplexität des C++BuilderX Sie eher abschreckt, als Ihnen Lust auf das Programmieren zu machen, müssen Sie deshalb nicht verzweifeln:

- Wenn Sie mit einem Windows-Betriebssystem arbeiten, beispielsweise Windows 98 oder Windows Me, können Sie auf den Borland 5.5-Compiler (auch C++Builder 5.5 genannt) zurückgreifen, den Sie kostenlos aus dem Internet herunterladen oder von der Buch-CD installieren Buch-CD

- können. (Siehe Abschnitt »Programmerstellung mit dem reinen Borland 5.5-Compiler (Windows)«.)

- Wenn Sie Linux-Anwender sind, wird auf Ihrem System höchstwahrscheinlich bereits der GNU-C++-Compiler g++ installiert sein. Wenn nicht, sollten Sie ihn zumindest auf der Linux-Installations-CD finden. (Siehe Abschnitt »Programmerstellung mit dem g++-GNU-Compiler (Linux)«.)

Vielleicht möchten Sie aber auch mit einem ganz anderen Compiler arbeiten, beispielsweise dem Watcom-Compiler oder dem Microsoft Visual C++-Compiler, weil einer Ihrer Freunde oder Kollegen bereits mit diesem Compiler arbeitet. Kein Problem! Sie können dieses Buch zusammen mit jedem Compiler lesen, der sich an den C++-ANSI-Standard hält – was für die meisten gängigen Compiler erfreulicherweise zutrifft.

Für welchen Compiler auch immer Sie sich entscheiden, überfliegen Sie trotzdem die Ausführungen zum C++BuilderX, da diese neben compilerspezifischen Schritt-für-Schritt-Anleitungen auch Hinweise von allgemeiner Gültigkeit enthalten (Beachtung der Groß-/Kleinschreibung, Umgang mit Compiler-Meldungen etc.).

> **Hinweis**
>
> *Die Installation der verschiedenen Compiler ist nicht wirklich schwierig, hat aber so ihre Tücken. Sollte es nicht auf Anhieb klappen, versuchen Sie es einfach noch einmal und achten Sie darauf, alle Schritte korrekt nachzuvollziehen. Lesen Sie im Zweifelsfall die Installationshinweise zu Ihrem Compiler –* install.html *im C++BuilderX-Verzeichnis auf der Buch-CD bzw.* readme.txt *im Installationsverzeichnis des Borland 5.5-Compilers. Sollte dies nicht fruchten, können Sie sich selbstverständlich auch an mich wenden (dirk@carpelibrum.de). Ferndiagnosen zu fehlgeschlagenen Installationsversuchen sind zwar meist schwierig, aber soweit ich kann, helfe ich gerne.*

Programmerstellung mit dem C++BuilderX-Compiler (Win2000/XP/Linux)

Als Beispiel für einen Compiler mit integrierter Entwicklungsumgebung stelle ich Ihnen hier den C++BuilderX vor, den Sie von der Buch-CD installieren können.

Installation

Bevor Sie mit der Installation des C++BuilderX, Personal Edition, beginnen, sollten Sie sicher sein, dass diese Version für Sie geeignet ist. Um den C++BuilderX von der Buch-CD installieren und verwenden zu können, müssen Sie

- mit Windows 2000 oder Windows XP arbeiten
- über ungefähr 300-500 MByte freien Festplattenspeicher verfügen (ca. 700 MByte für Linux-Anwender oder Sie müssen sich zuerst eine Installations-CD brennen)
- Internetanschluss haben, um den Aktivierungsschlüssel anzufordern (der an eine von Ihnen anzugebende E-Mailadresse gesendet wird)
- Linux-Anwender müssen sicherstellen, dass der GNU-C++-Compiler installiert ist. (Von Konsole aus g++ eingeben. Ist der Befehl unbekannt, müssen Sie g++ installieren, siehe Abschnitt »Programmerstellung mit dem g++-GNU-Compiler (Linux)«.

Wenn Sie diese Bedingungen erfüllen, können Sie mit der Installation beginnen:

1 Schließen Sie alle Programme und legen Sie die Buch-CD in Ihr CD-ROM-Laufwerk ein.

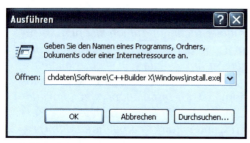

Abbildung 3.1: Start des Installationsprogramms über Start/Ausführen.

2 Starten Sie das Installationsprogramm.

Windows-Anwender öffnen das Start-Menü und wählen den Befehl *Ausführen* aus. Im gleichnamigen Dialogfenster tippen Sie den Pfad zum Installationsprogramm des C++BuilderX ein (*CD-ROM:\Buchdaten/Software/C++Builder X*) oder wählen die *install.exe*-Datei über den Schalter *Durchsuchen* und den zugehörigen Suchdialog aus. Schicken Sie den Dialog mit einem Klick auf den *OK*-Schalter ab.

Für Linux-Anwender ist es etwas schwieriger, weil die Download-Datei nur noch in gepackter Form auf der Buch-CD Platz fand. Sie finden die Original-Downloaddatei im *Buchdaten/Software/C++Builder X/Linux*-Verzeichnis der Buch-CD.

Entpacken Sie diese Datei in ein beliebiges Verzeichnis (nach erfolgreicher Installation können Sie dieses Verzeichnis wieder löschen). Öffnen Sie ein Konsolenfenster, wechseln Sie in das gerade entpackte Unterverzeichnis *Linux* und schicken Sie den Befehl `./install.bin` ab, um das Installationsprogramm zu starten.

> **Hinweis**
>
> *Die nachfolgenden Screenshots illustrieren die Installation und die Arbeit mit dem C++BuilderX. Die Screenshots wurden unter Windows XP geschossen, gelten aber auch für Linux und andere Windows-Betriebssysteme.*

Es springen nun nacheinander verschiedene Installationsfenster auf, die nach einer Weile wieder verschwinden. Schließlich erscheint das *Einführung*-Fenster, in dem Sie auf *Weiter* klicken.

Abbildung 3.2: Der Lizenzvertrag

3 Lesen Sie den Lizenzvertrag. Nachdem Sie Ihr Einverständnis erklärt haben (obere Option anklicken), können Sie die Installation mit *Weiter* fortsetzen.

Sie kommen zur Auswahl der zu installierenden Produktkomponenten.

Abbildung 3.3: Welche Komponenten sollen installiert werden?

4 Im Dialog der Produktkomponenten deaktivieren Windows-Anwender die Optionen *MinGW* und *Zusätzliche Tools aktivieren*. Linux-Anwender deaktivieren die Option *Installierte Toolsets aktivieren*. Anschließend klicken Sie auf *Weiter*.

Abbildung 3.4: Festlegung des Installationsverzeichnisses

5 Im fünften Dialog können Sie festlegen, in welches Verzeichnis der C++BuilderX installiert werden soll.

Wenn nichts dagegen spricht, behalten Sie einfach die Vorgabe bei.

Abbildung 3.5: Aufruf mit einem Klick

Programmerstellung mit dem C++BuilderX-Compiler (Win2000/XP/Linux)

6 Im sechsten Dialog können Sie festlegen, wo und für welche Benutzer die Produktsymbole angezeigt werden sollen.

Wenn nichts dagegen spricht, behalten Sie auch hier einfach die Vorgabe bei.

7 Im letzten Dialog werden Ihre Installationsdaten noch einmal zusammengefasst. Starten Sie nun die eigentliche Installation, indem Sie auf *Installieren* drücken.

Wenn alle Dateien kopiert sind, ist Ihre Festplatte um ca. 150 MByte ärmer und Sie um eine C++BuilderX-Version reicher. Ein allerletzter Dialog zeigt Ihnen an, dass die Installation erfolgreich abgeschlossen wurde.

Nachdem die Installation abgeschlossen ist, müssen Sie die Software noch aktivieren. Borland stellt Ihnen den C++BuilderX in der Personal Edition zwar kostenlos zur Verfügung, möchte aber dafür, dass Sie sich online registrieren und einen kurzen Fragebogen ausfüllen.

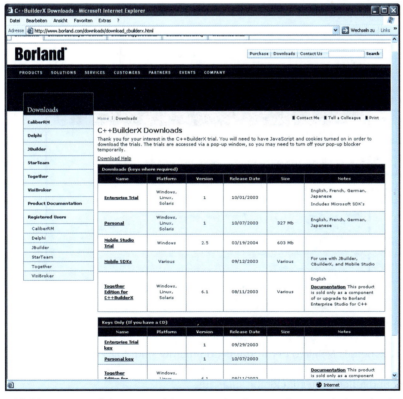

Abbildung 3.6: Auf der C++BuilderX-Download-Seite gibt es auch den Aktivierungsschlüssel.

8 Stellen Sie eine Verbindung zum Internet her und steuern Sie die Webseite `http://www.borland.com/downloads/download_cbuilderx.html` an. In der unteren Tabelle finden Sie einen Link »Personal Key«, den Sie anklicken.

> **Hinweis**
>
> *Falls Borland seine Website in der nächsten Zukunft umstrukturieren sollte, sodass die Webseite nicht mehr unter der angegebenen Adresse zu finden ist, gehen Sie einfach zu* `http://www.borland.de` *und folgen Sie den Links zum Download-Bereich und zum C++BuilderX.*

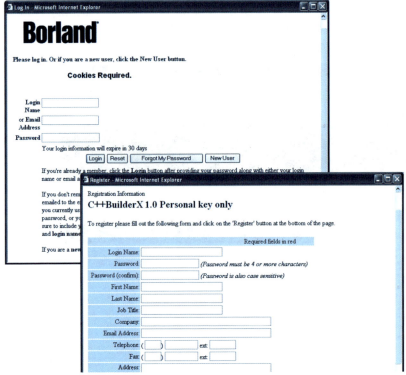

Abbildung 3.7: Ohne Registrierung kein Aktivierungsschlüssel

9 Wenn Sie bereits Mitglied der Borland-Community sind, loggen Sie sich mit Ihrem Benutzernamen und Passwort ein. Andernfalls drücken Sie auf den Schalter *New User* und füllen das Anmeldeformular aus.

Bis auf »Job Title«, »Fax« und »Address« müssen Sie alle Felder ausfüllen. Notieren Sie sich Ihren Benutzernamen (»Login Name«) und Ihr Passwort für den Fall, dass Sie irgendwann wieder einmal etwas von der Borland-Site herunterladen möchten. Mogeln Sie nicht bei der E-Mail-Adresse! An diese Adresse wird der Aktivierungsschlüssel für den C++BuilderX gesendet. Wählen Sie am unteren Ende als Sprache (»Language«) *German* aus und drücken Sie dann den *Register*-Schalter.

10 Anschließend werden Sie möglicherweise noch aufgefordert, ein Frageformular auszufüllen und die E-Mail-Adresse zu bestätigen.

Als Belohnung für Ihre Bemühungen erhalten Sie per E-Mail den endgültigen Aktivierungsschlüssel.

11 Kontrollieren Sie Ihr E-Mail-Postfach. Es sollte eine Mail von Borland eingegangen sein. Die Mail enthält als Anlage eine Textdatei, die Sie unverändert in Ihrem Home-Verzeichnis abspeichern. (Unter Windows 2000/XP wäre dies das Verzeichnis *C:\Dokumente und Einstellungen\<Ihr_Benutzername>*[2].)

C++BuilderX das erste Mal starten

Der C++BuilderX ist ein Compiler mit einer integrierten Entwicklungsumgebung (kurz IDE für »Integrated Developing Environment«). Für uns als Programmierer bedeutet dies, dass wir auch bei der Programmierung nicht auf den Komfort einer grafischen Benutzeroberfläche verzichten müssen.

> ### Was ist das?
>
> *Bei der Programmerstellung ist der Programmierer auf eine Reihe von Hilfsprogrammen angewiesen (Editor, Compiler, Linker, Debugger), von denen die meisten traditionell Befehlszeilenprogramme sind (Compiler, Linker, Debugger), d.h. sie verfügen über keine Fenster oder grafische Oberflächen und müssen von der Konsole aus (MS-DOS-Eingabeaufforderung) ausgeführt werden (siehe den im Anschluss beschriebenen Borland- oder den GNU-Compiler). Die* **integrierte Entwicklungsumgebung** *des C++BuilderX ist eine Art Über-Programm, von dem aus alle für die Programmentwicklung benötigten Programme aufgerufen werden können. Sie verfügt über einen integrierten Editor, Dialogfenster und Menübefehle zum Aufruf des Compilers und eine ausgereifte Projektverwaltung.*

---

[2] Gemeint ist hier der Benutzername, unter dem Sie auf dem Rechner eingeloggt sind.

Starten Sie nun die C++BuilderX-Entwicklungsumgebung, um sich mit ihr vertraut zu machen.

Abbildung 3.8: Aufruf des C++BuilderX über das Start-Menü

1 Doppelklicken Sie auf dem Desktop auf das C++BuilderX-Symbol oder klicken Sie in der Taskleiste auf die Schaltfläche *Start* und rufen Sie den Eintrag des C++BuilderX-Compilers aus der Borland-C++BuilderX-Programmgruppe auf.

Nach kurzer Ladezeit erscheinen die integrierte Entwicklungsumgebung des C++BuilderX und ein Dialogfenster, in dem Sie festlegen können, welche Dateiendungen mit dem C++BuilderX verbunden werden sollen (sodass der C++BuilderX automatisch gestartet wird, wenn Sie eine Datei mit einer dieser Endungen öffnen).

> **Hinweis**
>
> *Falls statt des C++BuilderX das Lizensierungsfenster erscheint, konnte der C++BuilderX die Aktivierungsdatei, die Ihnen per E-Mail zugesandt wurde, nicht auf der Festplatte finden. Wählen Sie im Lizenzierungsfenster die Option für den Aktivierungsschlüssel und geben Sie im nachfolgenden Dialog den Pfad zu Ihrer Aktivierungsdatei an. (Alternativ können Sie auch noch einmal kontrollieren, ob Sie die Aktivierungsdatei korrekt in Ihrem Home-Verzeichnis gespeichert habe, siehe letzter Schritt im vorherigen Abschnitt. Schieben Sie die Datei gegebenenfalls an die richtige Stelle und starten Sie den C++BuilderX neu.)*

2 Wenn Sie mit mehreren Compilern arbeiten möchten, registrieren Sie nur die Dateiendungen für die Projekte und Projektgruppen. Ansonsten registrieren Sie alle vorgeschlagenen Dateiendungen.

Nach Abschicken des Dialogs wird die Sicht auf den C++BuilderX frei.

Programmerstellung mit dem C++BuilderX-Compiler (Win2000/XP/Linux)

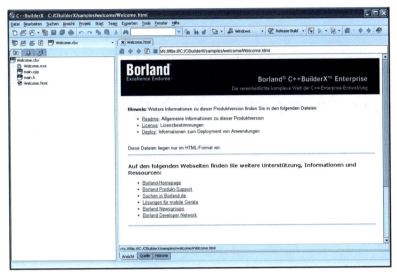

Abbildung 3.9: Die integrierte Entwicklungsumgebung des C++BuilderX

Neben der Menüleiste, mit den vielversprechend klingenden Menüeinträgen *Projekt* und *Start*, sehen Sie links das Projektfenster und rechts das Inhaltsfenster. Der C++BuilderX ist werksmäßig nämlich so eingestellt, dass er bei Programmstart automatisch das vorinstallierte Begrüßungsprojekt *Welcome.cbx* startet.

Für uns ist das Begrüßungsprojekt aber nicht weiter von Interesse; wir ziehen es vor, mit eigenen Projekten zu arbeiten.

3 Schließen Sie das Begrüßungsprojekt. Rufen Sie dazu den Befehl *Datei/Projekte schließen* auf, markieren Sie im gleichnamigen Dialog das Kästchen zu dem *Welcome.cbx*-Projekt und drücken Sie auf *OK*.

Ein neues Projekt anlegen

Im C++BuilderX werden Programme in Form von Projekten verwaltet (die wiederum in Projektgruppen organisiert werden).

> **Was ist das?**
>
> *Die Quelldateien und Informationen, die zur Erstellung eines Programms benötigt werden, verwaltet der C++BuilderX in Form eines **Projekts**. Die Projektverwaltung ist für den Programmierer umso wertvoller, je komplexer und umfangreicher die erstellten Programme sind.*

Der erste Schritt bei der Programmerstellung mit dem C++BuilderX besteht daher darin, ein passendes Projekt anzulegen.

1 Um ein neues Projekt anzulegen, rufen Sie den Menübefehl *Datei/Neu* auf.

Auf dem Bildschirm erscheint das Dialogfenster der Objektgalerie.

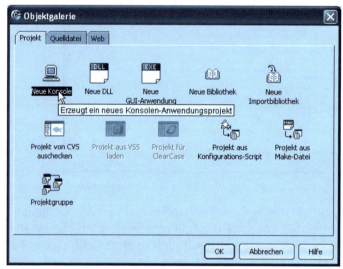

Abbildung 3.10: Die Objektgalerie des C++BuilderX

2 In der Objektgalerie sollte die *Projekt*-Seite angezeigt werden. Falls nicht, klicken Sie einfach auf das gleichnamige Register.

Auf der Seite *Projekt* wählen Sie aus, welche Art von Programm oder Programmmodul Sie erstellen und bearbeiten möchten. Die Auswahl ist recht umfangreich. Für uns ist allerdings nur ein Projekttyp interessant: *Neue Konsole*, der ein neues Projekt für eine Konsolenanwendung erstellt.

Programmerstellung mit dem C++BuilderX-Compiler (Win2000/XP/Linux)

> **Hinweis**
>
> *Konsolenanwendungen haben keine grafische Benutzeroberfläche, ja im Grunde genommen verfügen sie über gar keine eigene Benutzeroberfläche. Stattdessen nutzen sie zur Ein- und Ausgabe die Konsole, von der sie aufgerufen wurden (unter Windows ist dies die (MS-DOS-Eingabeaufforderung). Konsolenanwendungen haben aber den Vorteil, dass man sich ganz auf den reinen C++-Code konzentrieren kann. Im Übrigen werden Konsolenanwendungen auch heute noch eingesetzt – beispielsweise als Hilfsprogramme für Webserver. Und wenn Sie später zur Window-Programmierung überwechseln wollen ... die reine C++-Programmierung bleibt stets die gleiche, Sie müssen nur noch lernen, wie man Programme Window-fähig macht.*

3 Wählen Sie das *Neue Konsole*-Symbol aus und klicken Sie auf *OK*.

Es erscheint das Dialogfeld des Konsolenanwendungsexperten, der Ihnen bei der weiteren Konfiguration des neu anzulegenden Projekts hilft. Wichtig sind dabei vor allem die Einstellungen im ersten Dialog des Experten.

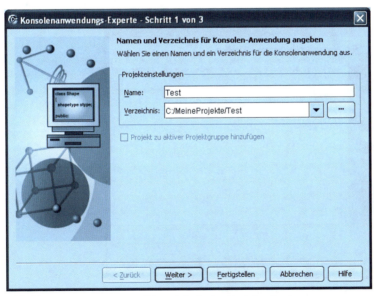

Abbildung 3.11: Name und Verzeichnis des Projekts festlegen

4 Im ersten Dialog des Experten legen Sie Namen und Verzeichnis für das Projekt fest. Danach klicken Sie auf *Weiter*.

Aufgepasst! Um von Anfang an Ordnung auf Ihrer Festplatte zu halten, sollten Sie auf Ihrer Festplatte ein eigenes Verzeichnis anlegen, unter dem Sie alle C++-Projekte speichern, beispielsweise *C:\MeineProjekte*. Neue Projekte speichern Sie dann unter diesem Verzeichnis in eigenen Unterverzeichnissen, die den gleichen Namen wie die Projekte tragen.

Tippen Sie nun das übergeordnete Verzeichnis (beispielsweise also *C:\MeineProjekte*) in das Eingabefeld *Verzeichnis* ein. Wenn Das Verzeichnis bereits existiert, können Sie es über den ...-Schalter auswählen. Anschließend hängen Sie an den Verzeichnispfad noch einen zusätzlichen Schrägstrich / an.

Wechseln Sie in das Eingabefeld *Name* und geben Sie dort den gewünschten Projektnamen ein (der im Übrigen auch der Name des Programms sein wird). Der Assistent sollte dabei den Verzeichnispfad automatisch um ein gleichnamiges Unterverzeichnis erweitern.

Achtung

Name und Verzeichnis dürfen kein +-Zeichen enthalten!

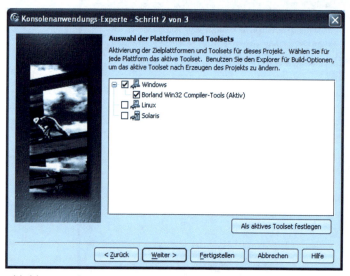

Abbildung 3.12: Die Zielplattform auswählen

5 Vergewissern Sie sich, dass im zweiten Dialog des Assistenten die Option *Windows* und darunter die Option *Borland Win32 Compiler-Tools* aktiviert sind.

> **Hinweis**
>
> Sollte die zweite Option gar nicht angezeigt werden, ist etwas bei der Installation schief gelaufen. In diesem Fall sollten Sie den C++-BuilderX zuerst de- und dann neu installieren (wobei Sie besonders auf die Einstellungen im Dialog Produktkomponenten auswählen achten).

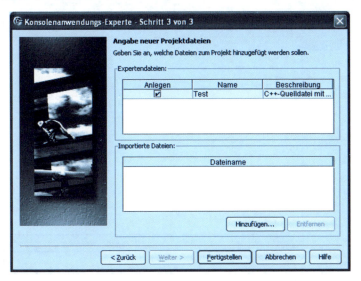

Abbildung 3.13: Projekt mit einer ersten Quelltextdatei starten

6 Wenn Sie möchten, können Sie im letzten Dialog des Konsolenexperten gleich auch eine Quelltextdatei anlegen lassen. Doppelklicken Sie auf das Feld unter *Name* und ersetzen Sie *untitled* durch den Projektnamen. Markieren Sie dann das Kästchen unter der Spalte *Anlegen* und klicken Sie anschließend auf *Fertigstellen*.

> **Hinweis**
>
> Später, wenn Ihre Projekte mehrere Dateien umfassen, sollten Sie den einzelnen Quelldateien Namen geben, die auf ihre Bedeutung für das Programm oder ihren Inhalt schließen lassen. Für den Anfang, wo alle unsere Programme aus einer einzigen Quelldatei bestehen, ist es am übersichtlichsten, wenn Sie die Quelldatei des Projekts genauso nennen wie das Projekt selbst.

Der C++BuilderX legt jetzt das neue Projekt an. Es verfügt über eine Quelldatei namens *Test.cpp*, die der C++BuilderX bereits mit einem rudimentären Codegerüst versehen hat. Um sich das Codegerüst anzuschauen, brauchen Sie nur im Projektfenster auf den Eintrag für die Quelldatei doppelt zu klicken.

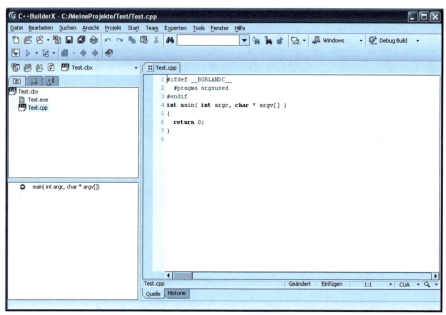

Abbildung 3.14: Die IDE nach dem Anlegen des Projekts

Wenn Sie später einmal größere Projekte angehen, die aus mehreren Dateien bestehen, siehe letztes Kapitel, können Sie dem Projekt über den Befehl *Datei/Neue Datei* oder über *Datei/Neu*, Seite *Quelldatei* zusätzliche Quelldateien hinzufügen.

> **Hinweis**
>
> *Die weiteren Beispielprogramme aus diesem Buch sind nach Kapiteln geordnet. Die Programme jedes Kapitels stehen in einem eigenen Unterverzeichnis:* Kap04, Kap05, Kap06 *und so weiter. Jedes Programm besitzt ein eigenes Projektverzeichnis (*Kap06/Ersetzen, Kap06/Fahrenheit*). Die Projektdateien tragen den gleichen Namen wie die Projektverzeichnisse.*

Den Quelltext aufsetzen

Nachdem die Quelldatei des Projekts in den Editor geladen wurde, können Sie den Quelltext des Programms eingeben.

> **Tipp**
>
> *Wenn Sie einmal nicht sicher sind, ob das richtige Projekt und die richtige Datei geladen wurden, schauen Sie einfach in die Titelleiste der C++BuilderX-IDE. Dort werden Pfad und Name der gerade geladenen Datei angezeigt. Den einfachen Namen der Quelldatei können Sie zudem auf dem zugehörigen Reiter am oberen Rand des Editorfensters lesen. Wenn Sie mehrere Dateien in den Editor geladen haben, können Sie die Dateien über die Reiter auswählen.*

1 Tippen Sie den folgenden Programmquelltext ein.

Wenn Sie möchten, können Sie das vom C++BuilderX angelegte Programmgerüst anpassen. Einfacher und übersichtlicher dürfte es jedoch sein, das vorgegebene Programmgerüst ganz zu löschen und den Quelltext komplett abzutippen.

```cpp
// Hallo Welt-Programm

#include <iostream>
using namespace std;

int main()
{
    cout << "Hallo Welt!" << endl;

    return 0;
}
```

Tippen Sie den Quelltext bitte genauso ab, wie er oben aufgelistet ist. Was dieser Code im Einzelnen bedeutet, werden Sie im nächsten Kapitel erfahren. Wenn Sie unsicher sind, ob Sie den Quelltext richtig abgetippt haben, kopieren Sie den Quelltext einfach aus der Datei *Test.cpp* auf der Buch-CD.

> **Achtung**
>
> *In C++ wird zwischen Groß- und Kleinschreibung unterschieden. Wenn Sie also beispielsweise* `Main()` *statt* `main()` *eintippen, ist dies ein Fehler!*

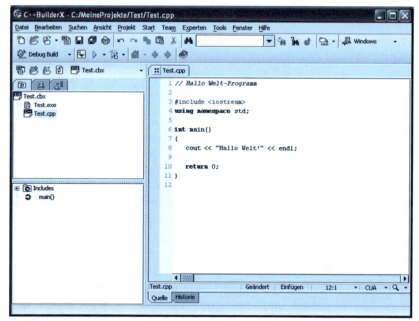

Abbildung 3.15: Der Programmcode wurde in die Datei Test.cpp eingetippt

Den Quelltext kompilieren

Bevor wir das Programm kompilieren, speichern wir den Quellcode ab. Dies ist zwar nicht unbedingt notwendig, gibt uns aber das sichere Gefühl, dass unser Programmcode nicht verloren geht, wenn die C++BuilderX-Entwicklungsumgebung beim Kompilieren (oder späteren Ausführen) des Programms abstürzen sollte.

1 Speichern Sie die Quelldatei durch Aufruf des Befehls *Datei/"Test.cpp" speichern* oder durch Drücken der Tastenkombination [Strg]+[S].

Bis jetzt haben wir im Grunde nicht mehr als eine ganz normale Textdatei, deren Inhalt zufälligerweise der C++-Sprachspezifikation entspricht. Das mag nicht sonderlich aufregend klingen, aber unter Umständen bedeutet es, dass wir nur noch wenige Minuten von unserem ersten eigenen Programm entfernt sind.

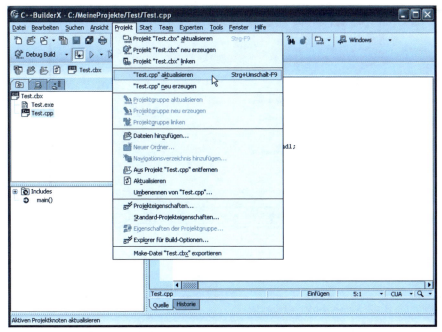

Abbildung 3.16: Die aktuelle Quelltextdatei kompilieren

2 Rufen Sie den Befehl *Projekt/"Test.cpp" aktualisieren* auf, um den Quelltext zu kompilieren.

Für einen kurzen Moment erscheint das Dialogfenster *Fortschritt*, welches Sie über den Fortgang der Kompilation informiert. Gleichzeitig wird am unteren Rand der IDE das Meldungsfenster mit dem Reiter *Compiler* eingeblendet. Im Idealfall sollte dort der Name der kompilierten Quelldatei, ohne Angabe von Fehlern und Warnungen, zu lesen sein.

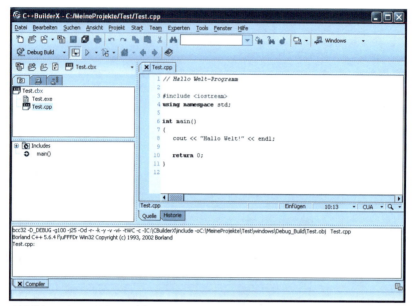

Abbildung 3.17: Keine Fehler – super!!!

Es kommt jedoch eher selten vor, dass man beim Aufsetzen des Quelltextes keinen Fehler macht. Oft sind es ganz unnötige Tippfehler, die dem C++-Novizen das Studium zur Hölle machen. Dabei sind diese so genannten »syntaktischen Fehler« noch recht harmlos, denn sie werden – im Gegensatz zu den logischen Fehlern – vom Compiler entdeckt und meist recht gut lokalisiert.

1 Bauen Sie in den Quelltext einen Fehler ein. Löschen Sie dazu beispielsweise eine der spitzen Klammern aus der cout-Zeile.

```
cout << "Hallo Welt!" < endl;
```

2 Rufen Sie erneut den Befehl *Projekt/"Test.cpp" aktualisieren* auf.

Das Meldungsfenster weist Sie nun daraufhin, dass ein Fehler aufgetreten ist.

> **Tipp**
>
> *Schneller kompilieren Sie durch Drücken der Tastenkombination* [Strg]+[⇧]+[F9].

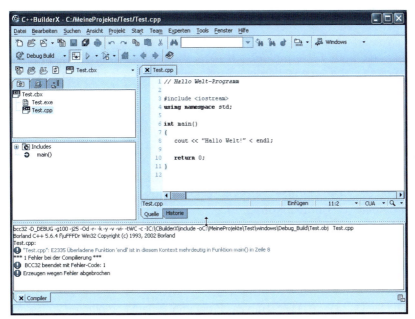

Abbildung 3.18: Beim Kompilieren wurde ein Fehler festgestellt

In unserem Fall gibt es nur eine einzige Fehlermeldung (rote Zeile) Die Quelltextzeile, die nach Einschätzung des Compilers für den Fehler verantwortlich ist, wird am Ende der Fehlermeldung angegeben: hier Zeile 8.

Wenn Sie im Meldungsfensters auf die Fehlermeldung doppelklicken, wird die auslösende Quelltextzeile im Editor rot unterlegt. Wenn Sie die Fehlermeldung markieren und F1 drücken, wird die Online-Hilfe geöffnet und Sie erhalten ausführlichere Erklärungen zu dem aufgetretenen Fehler. Auf diese Weise hilft Ihnen der Compiler dabei, syntaktisch korrekte Quelltexte aufzusetzen!

Beachten Sie aber, dass der Compiler die Fehler nicht immer korrekt einschätzt und lokalisiert (sonst könnte er sie ja gleich an Ihrer statt korrigieren). Die in unserem Fall erzeugte Fehlermeldung ist beispielsweise eher irreführend als hilfreich, da sie auf endl statt auf den fehlerhaften Operator < hinweist.

> **Tipp**
>
> *Wenn mehrere Fehlermeldungen erzeugt werden, sollten Sie diese von oben nach unten abarbeiten und zwischendurch mehrmals neu kompilieren, denn es ist gut möglich, dass es sich bei den unteren Fehlermeldungen um Nachfolgefehler handelt, die automatisch verschwinden, wenn der vorangehende Fehler behoben wurde.*
>
> *Warnungen sind nicht ganz so schwerwiegend wie Fehler. Sie werden ausgegeben, wenn der Compiler auf syntaktisch korrekten Quelltext trifft, den er aber trotzdem für logisch falsch hält. Prüfen Sie auf jeden Fall, ob der Compiler die Warnung zu Recht ausgegeben hat, oder ob der betreffende Code unkritisch ist.*

3 Korrigieren Sie den Fehler.

```
cout << "Hallo Welt!" << endl;
```

4 Drücken Sie [Strg]+[⇧]+[F9], um das Programm erneut kompilieren zu lassen.

Das Programm erstellen und testen

Treten beim Kompilieren keine Fehler auf, übersetzt der Compiler den Quelltext in Maschinencode und speichert diesen in einer eigenen Datei mit der Extension *.obj*. Damit haben wir aber noch kein ausführbares Programm. Dazu müssen wir erst noch den Linker aufrufen, der aus dem Maschinencode in der obj-Datei eine ausführbare exe-Datei macht.

1 Rufen Sie den Befehl *Projekt/Projekt "Test.cbx" aktualisieren* auf. Fortschritt und Erfolg des Linkvorgangs können Sie wiederum im Fortschrittsdialog und im Meldungsfenster kontrollieren. Wieder gilt: keine Meldungen sind gute Meldungen.

Programmerstellung mit dem C++BuilderX-Compiler (Win2000/XP/Linux)

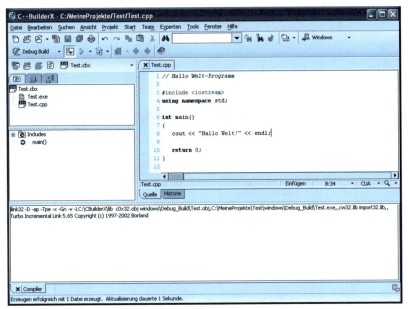

Abbildung 3.19: Das Programm wurde erfolgreich gelinkt, die EXE-Datei erzeugt

> **Tipp**
>
> *Der Befehl* Projekt "Test.cbx" aktualisieren *kann auch zum Kompilieren verwendet werden. Enthält das Projekt Quelldateien, die noch nicht kompiliert oder seit der letzten Kompilierung überarbeitet wurden, ruft der Befehl zuerst den Compiler und dann den Linker auf. Wenn Sie also nach Bearbeitung des Quelltextes das Programm erstellen wollen, brauchen Sie nicht zuerst den Befehl* "Quelldatei" aktualisieren *aufrufen, sondern können gleich den* Projekt "Projektname" aktualisieren -*Befehl ausführen.*

Wenn der Compiler das Programm ohne Probleme erstellen konnte, bedeutet dies noch nicht, dass das Programm auch korrekt arbeitet. Der letzte Schritt bei der Programmerstellung besteht daher darin, das Programm auszuführen und zu testen, ob es das macht, wofür es programmiert wurde.

2 Rufen Sie den Befehl *Start/Projekt ausführen* auf.

Der C++BuilderX lädt das Programm und führt es aus. Als »Konsole« muss wiederum das Meldungsfenster herhalten. Hier sollten Sie die Ausgabe des Programms

```
Hallo Welt!
```

lesen können.

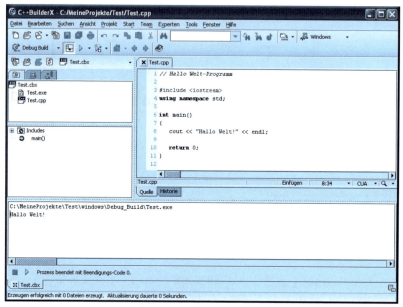

Abbildung 3.20: Das Programm arbeitet wie erwartet

Das Programm ausführen

Natürlich will man nicht immer den C++BuilderX aufrufen, um ein selbst erstelltes Programm auszuführen. Aber das ist ja auch nicht nötig. Die EXE-Datei des Programms ist auf der Festplatte abgespeichert und kann direkt aufgerufen werden.

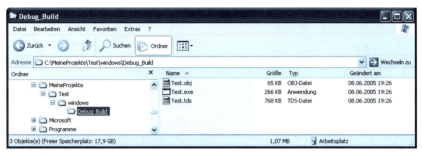

Abbildung 3.21: Das Projekt auf der Festplatte

1 Öffnen Sie im Windows Explorer das Verzeichnis des Projekts und expandieren Sie die Unterverzeichnisse *windows* und *Debug_Build*.

> **Hinweis**
>
> *Erschrecken Sie nicht wegen der zusätzlichen Dateien im Verzeichnis Ihres Projekts (*Test.tds, Test.obj*) Dies sind lediglich Hilfsdateien, die vom C++BuilderX automatisch angelegt wurden. Wenn das Programm fertig und ausgetestet ist, können Sie alle Dateien mit den Endungen tds und obj sowie eventuell angelegte Sicherungsdateien (zu erkennen an der Tilde ~ in der Dateierweiterung) löschen.*

2 Doppelklicken Sie auf die EXE-Datei.

Das Konsolenprogramm wird daraufhin ausgeführt. Da das Programm über kein eigenes Fenster verfügt, richtet Windows für das Programm ein Konsolenfenster ein. Leider schließt Windows das Konsolenfenster auch direkt wieder, wenn das Programm beendet ist. Im Falle unseres Test-Programms bleibt Ihnen dadurch kaum Zeit die Ausgabe des Programms zu kontrollieren, ja womöglich werden Sie das Öffnen und Schließen des Konsolenfenster nur als kurzes Aufblinken wahrnehmen!

In diesem Fall können Sie auf zweierlei Wegen Abhilfe schaffen.

Erstens: Sie rufen am Ende des Programms die Methode `cin.get()` auf und erstellen das Programm neu.

```
// Hallo Welt-Programm

#include <iostream>
using namespace std;

int main()
```

```
{
    cout << "Hallo Welt!" << endl;

    cin.get();
    return 0;
}
```

Die Methode `cin.get()` wartet darauf, dass der Anwender über die Tastatur ein Zeichen eingibt und mit der ⏎-Taste abschickt. Hier wird sie ein wenig zweckentfremdet. Wir nutzen sie dazu, die Beendigung des Programms so lange hinauszuzögern, bis der Anwender – in diesem Falle wir – die ⏎-Taste drückt.

Die zweite Möglichkeit ist, selbst ein Konsolenfenster zu öffnen und das Programm in diesem ausführen zu lassen.

3 Rufen Sie die MS-DOS-Eingabeaufforderung auf. Öffnen Sie dazu das *Start*-Menü von Windows und wählen Sie je nach Betriebssystem den Eintrag *Programme/MS-DOS-Eingabeaufforderung* oder *Programme/Zubehör/Eingabeaufforderung* auf. (Unter manchen Windows-Versionen können Sie die Eingabeaufforderung aufrufen, indem Sie im Dialog des Befehls *Start/Ausführen* `cmd` eingeben und abschicken.)

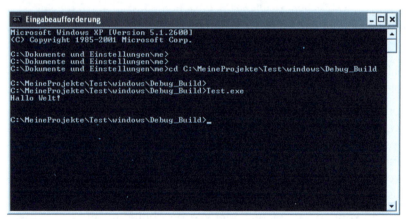

Abbildung 3.22: Ausführung in einem Konsolenfenster

4 Wechseln Sie mit Hilfe des `cd`-Befehls in das Verzeichnis, in der die EXE-Datei steht.

5 Rufen Sie das Programm von der Konsole aus auf, indem Sie hinter dem Prompt den Namen der EXE-Datei eintippen und mit der ⏎-Taste abschicken.

Wenn Sie statt der Ausgabe des Programms eine Fehlermeldung erhalten, dass der »Befehl« womöglich falsch geschrieben oder nicht gefunden wurde, kann dies daran liegen, dass Sie sich im falschen Verzeichnis befinden oder Sie vergessen haben, die EXE-Datei zu erstellen. Kontrollieren Sie dann zur Sicherheit, welche Dateien sich im aktuellen Verzeichnis befinden, indem Sie von der Konsole aus den Befehl `dir` oder `dir/p` abschicken.

> **Hinweis**
>
> *Ausführlichere Informationen zur Windows-Eingabeaufforderung finden Sie in dem Tutorial »Arbeiten mit der Windows-Konsole«, das Sie von der Website* `www.carpelibrum.de` *herunterladen können.*

Projekte schließen und C++BuilderX beenden

Wenn Sie mit der Arbeit an Ihrem Programm fertig sind oder ein neues Projekt beginnen wollen, speichern Sie Ihre Arbeit und schließen Sie dann das aktuelle Projekt.

1 Rufen Sie den Befehl *Datei/Alles Speichern* auf.

2 Schließen Sie das Projekt über den Befehl *Datei/Projekte schließen*.

Wenn Sie Ihre Arbeit mit C++BuilderX ganz beenden wollen...

3 ... rufen Sie den Befehl *Datei/Beenden* auf.

Wenn Sie am nächsten Tag an Ihrem Projekt weiterarbeiten wollen, rufen Sie zuerst C++BuilderX auf und laden dann das gewünschte Projekt.

- Sie können den Befehl *Datei/Projekt öffnen* aufrufen und die cbx-Datei aus dem Projektverzeichnis laden. (So können Sie auch die Projekte auf der Buch-CD öffnen.)

- Kürzlich bearbeitete Projekte können Sie über den Befehl *Datei/Neu öffnen* laden.

Kompilierung der Beispielprogramme auf der CD

Die Beispiele zu diesem Buch wurden alle mit dem C++BuilderX erstellt und stehen auf der Buch-CD. Wenn Sie eines der Beispiele mit dem C++BuilderX kompilieren möchten, kopieren Sie einfach das betreffende Projektverzeichnis von der Buch-CD auf Ihre Festplatte, laden Sie die Projektdatei (erkennbar an der Extension .cbx) in den C++BuilderX, kompilieren Sie das Projekt und führen Sie das Programm aus (siehe auch Anhang D).

> **Achtung**
>
> *Linux-Anwender müssen die Projektdateien vor dem Kompilieren neu konfigurieren. Rufen Sie dazu nach dem Laden des Projekts den Menübefehl* Projekt/Projekteigenschaften *auf und gehen Sie zur Seite* Plattformen. *Deaktivieren Sie dort den Windows-Knoten und aktivieren Sie den Linux-Knoten mit dem GNU-C++-Compiler.*

Programmerstellung mit dem reinen Borland 5.5-Compiler (Windows)

Nicht alle Compiler werden mit integrierter Entwicklungsumgebung und Projektverwaltung ausgeliefert. Viele gute C++-Compiler sind reine Kommandozeilenwerkzeuge, die von der Konsole aus aufgerufen werden. Der Leistungsfähigkeit dieser Compiler tut dies keinen Abbruch, es fehlt halt nur die Annehmlichkeit der integrierten, grafischen Benutzeroberfläche.

Als Beispiel für einen Kommandozeilen-Compiler möchte ich Ihnen die Kommandozeilenversion des Borland 5.5-Compilers vorstellen, den Sie kostenlos von der Borland-Website `http://www.borland.de` herunterladen können.

Installation

1 Schließen Sie alle Programme und legen Sie die Buch-CD in Ihr CD-ROM-Laufwerk ein.

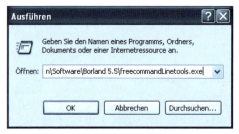

Abbildung 3.23: Start des Installationsprogramms über Start/Ausführen.

Programmerstellung mit dem reinen Borland 5.5-Compiler (Windows)

2 Führen Sie die EXE-Datei des Installationsprogramms aus, um den Compiler zu installieren. Öffnen Sie beispielsweise das Start-Menü und wählen den Befehl *Ausführen* aus Im gleichnamigen Dialogfenster tippen Sie den Pfad zum Installationsprogramm ein oder wählen die *freecommandLineTools.exe*-Datei über den Schalter *Durchsuchen* und den zugehörigen Suchdialog aus. Schicken Sie den Dialog mit einem Klick auf den *OK*-Schalter ab. Installieren Sie den Compiler am besten in das vorgeschlagene Verzeichnis *C:\Borland\BCC55*.

Nach der Installation sollten Sie Ihr System so anpassen, dass Sie den Compiler möglichst bequem aufrufen können.

3 Tragen Sie dazu das BIN-Verzeichnis des Compilers in Ihren Systempfad ein:

Wenn Ihr Windows-Betriebssystem die *C:\Autoexec.bat*-Datei auswertet, können Sie diese in einen Texteditor laden und am Ende der Datei folgende Zeile hinzufügen:

```
SET PATH=%PATH%;c:\Borland\Bcc55\bin;
```

Ansonsten rufen Sie den zugehörigen Windows-Konfigurationsdialog auf und erweitern Sie den Wert der PATH-Variable um den Eintrag `C:\Borland\Bcc55\bin;`.

Wie Sie den Konfigurationsdialog aufrufen, hängt von dem jeweiligen Windows-Betriebssystem ab. In einigen Versionen können Sie den Dialog aufrufen, indem Sie im *Start*-Menü den Befehl *Ausführen* auswählen und in dem erscheinenden Eingabefeld `msconfig` eintippen. In den Versionen der NT/2000/XP-Familie klicken Sie in der Systemsteuerung (klassische Ansicht) auf das Symbol *System*, wechseln zur Seite *Erweitert* und klicken dort auf die Schaltfläche *Umgebungsvariablen*. Im Listenfeld für die Systemvariablen wählen Sie dann die Variable `Path` aus und drücken den *Bearbeiten*-Schalter.

> **Hinweis**
>
> *Falls Sie den Compiler unter einem anderen Verzeichnis als* c:\Borland\Bcc55 *installiert haben, müssen Sie die Pfadangabe entsprechend anpassen.*

4 Damit der Borland-Compiler seine Bibliotheken findet, müssen Sie im *Bin*-Verzeichnis des Compilers zwei Textdateien *bcc32.cfg* und *ilink32.cfg* anlegen.

Die Datei *bcc32.cfg* hat folgenden Inhalt:

```
-I"c:\Borland\Bcc55\include"
-L"c:\Borland\Bcc55\lib"
```

Die Datei *ilink32.cfg* enthält nur eine Zeile:

```
-L"c:\Borland\Bcc55\lib"
```

Ich habe beide Dateien bereits für Sie vorbereitet und im Verzeichnis *Borland55* der Buch-CD gespeichert. So brauchen Sie die Dateien nur noch in Ihr *Bin*-Verzeichnis zu kopieren.

> **Hinweis**
>
> *Falls Sie den Compiler unter einem anderen Verzeichnis als* c:\Borland\Bcc55 *installiert haben, müssen Sie die Pfadangabe entsprechend anpassen.*

5 Starten Sie den Rechner danach neu. (Ist unter Windows XP nicht nötig.)

Um zu prüfen, ob der Compiler korrekt installiert und eingerichtet ist, rufen Sie nach dem Neustart die Windows-Konsole auf (*Start/Programme/MS-DOS-Eingabeaufforderung* oder *Start/Programme/Zubehör/Eingabeaufforderung*) und tippen Sie `bcc32` ein. In der Konsole sollte daraufhin eine Meldung des Compilers erscheinen.

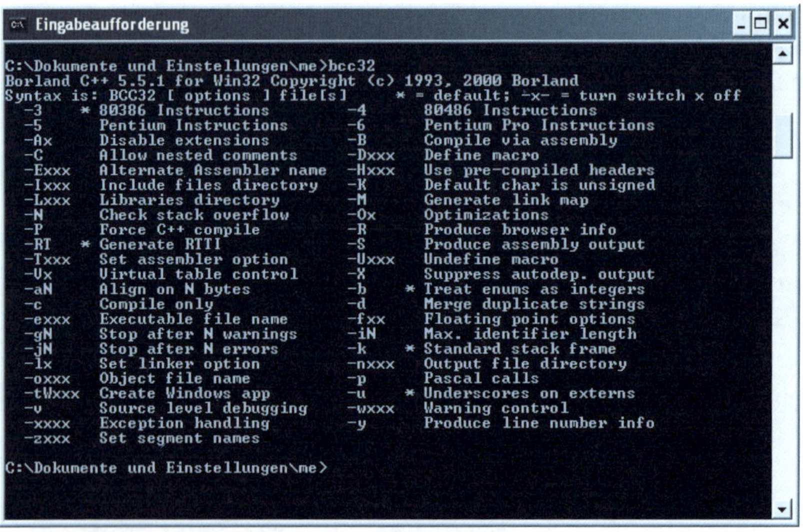

Abbildung 3.24: Der Compiler ist korrekt installiert.

Wenn Sie stattdessen eine Meldung der Form »Befehl oder Dateiname nicht gefunden« erhalten, haben Sie entweder den Compiler-Namen falsch eingetippt oder der PATH-Eintrag stimmt nicht.

Programme erstellen und kompilieren

Ist der Compiler ordnungsgemäß installiert und eingerichtet, können Sie Ihre Programme wie folgt kompilieren:

```
// Hallo Welt-Programm

#include <iostream>
using namespace std;

int main()
{
    cout << "Hallo Welt!" << endl;

    return 0;
}
```

Abbildung 3.25: Zum Eintippen der Quelltexte genügt ein einfacher Editor.

1 Tippen Sie den Quelltext des Programms in einen Texteditor ein – beispielsweise Notepad (Aufruf über *Start/Programme/Zubehör/Editor* oder im *Start/Ausführen*-Dialog notepad eingeben).

2 Speichern Sie das Programm mit der Extension .cpp.

Um von Anfang an Ordnung auf Ihrer Festplatte zu halten, sollten Sie auf Ihrer Festplatte ein eigenes Verzeichnis für Ihre zukünftigen C++-Projekte anlegen, beispielsweise *C:\MeineProjekte*. Für jedes neue Programm, das Sie schreiben möchten, legen Sie dann unter diesem Verzeichnis ein eigenes Unterverzeichnis an, das den gleichen Namen wie das Programm trägt. In diesem Unterverzeichnis speichern Sie die Quelltextdateien des Programms. Gibt es nur eine Quelltextdatei nennen Sie diese einfach ebenso wie das Programm.

Zum Testen der Programmerstellung schlage ich Ihnen vor, unter *C:\MeineProjekte* einfach ein Unterverzeichnis *Test* anzulegen und darunter die in Schritt 1 aufgesetzte Quelltextdatei als *Test.cpp* zu speichern.

> **Hinweis**
>
> *Bei Verwendung von Notepad gibt es manchmal Probleme, weil der Notepad-Editor die Dateiendung .txt an die gespeicherten Dateien anhängt (aus* Dateiname.cpp *wird dann* Dateiname.cpp.txt*). Um dies zu vermeiden gibt es zwei Möglichkeiten. Die erste Lösung besteht darin, den kompletten Dateinamen, samt Extension, in Anführungszeichen zu setzen: "Dateiname.cpp". Die zweite Möglichkeit ist, die Extension .cpp im Windows Explorer zu registrieren. Speichern Sie dazu nach Methode 1 eine Datei mit der Extension .cpp. Wechseln Sie danach in den Windows Explorer und doppelklicken Sie auf die Datei. Ist die Extension noch nicht registriert, erscheint jetzt der Öffnen mit-Dialog. Wählen Sie als gewünschtes Bearbeitungsprogramm Notepad aus und aktivieren Sie die Option* Diese Datei immer mit diesem Programm öffnen*. Wenn Sie den Dialog jetzt abschicken, wird die Extension .cpp registriert und mit Notepad als Standardverarbeitungsprogramm verknüpft. Danach können Sie .cpp-Dateien per Doppelklick in Notepad laden und werden nie wieder Ärger mit an CPP-Dateien angehängte .txt-Extensionen haben..*

3 Öffnen Sie zum Kompilieren ein Konsolenfenster (*Start/Programme/MSDOS-Eingabeaufforderung* oder *Start/Programme/Zubehör/Eingabeaufforderung*).

4 Wechseln Sie in der Konsole mit Hilfe des `cd`-Befehls in das Verzeichnis, in dem das Programm steht (beispielsweise `cd c:\MeineProjekte\Test`).

5 Kompilieren Sie die Datei mit folgendem Befehl:

```
bcc32 Test.cpp
```

6 Führen Sie das Programm in der Konsole aus. (Namen der EXE-Datei eintippen und abschicken).

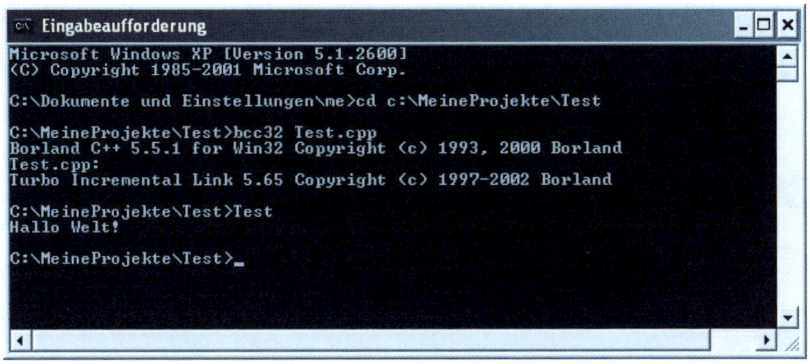

Abbildung 3.26: Ausführung in einem Konsolenfenster

Kompilierung der Beispielprogramme auf der CD

Die Beispiele auf der Buch-CD wurden alle mit dem C++BuilderX erstellt und sind daher in Projekte eingebettet. Wenn Sie eines der Beispiele mit dem 5.5-Compiler kompilieren möchten, kopieren Sie einfach das betreffende Projektverzeichnis von der Buch-CD auf Ihre Festplatte, wechseln Sie in das kopierte Projektverzeichnis und kompilieren Sie die CPP-Datei des Projekts (siehe auch Anhang D).

> **Hinweis**
>
> *Die Erstellung von Programmen aus mehreren Quelldateien ist in Kapitel 16 beschrieben.*

Programmerstellung mit dem g++-GNU-Compiler (Linux)

Als Beispiel für einen Linux-Compiler sei hier die Programmerstellung mit dem g++-Compiler beschrieben.

Installation

Auf vielen Systemen ist der g++-Compiler standardmäßig installiert. Sie können dies testen, indem Sie ein Konsolenfenster öffnen und den Befehl g++ abschicken. Erscheint eine Meldung des Compilers (beispielsweise ein Hinweis auf eine fehlende Dateiangabe), ist alles bestens. Erscheint ein Befehl, dass der Compiler nicht gefunden werden kann, müssen Sie den Compiler nachinstallieren. Ein Besuch bei www.gnu.org ist dabei nur selten nötig, meist ist der GNU-C++-Compiler g++ im Umfang der Linux-Distribution enthalten und kann von der Linux-Installations-CD nachinstalliert werden.

Programme erstellen und kompilieren

Abbildung 3.27: Konsolenfenster unter Linux

1 Öffnen Sie ein Konsolenfenster.

Wie Ihr Konsolenfenster aussieht und mit welchem Befehl es aufgerufen wird, hängt von Ihrer Linux-Version und dem verwendeten Window-Manager ab. Unter KDE können Sie Konsolenfenster beispielsweise über die KDE-Taskleiste aufrufen (Symbol *Terminal-Programm*).

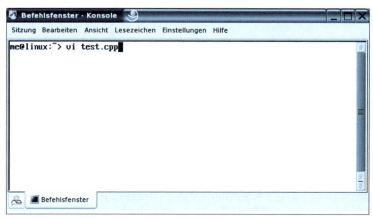

Abbildung 3.28: Aufruf des vi

2 Legen Sie mit dem Editor *vi* eine neue Quelltextdatei an.

Programmerstellung mit dem g++-GNU-Compiler (Linux)

Statt des *vi* können Sie auch jeden beliebigen anderen ASCII-Editor verwenden, beispielsweise den *emacs*, *KEdit* oder *KWrite* unter KDE.

Wenn Sie den *vi* verwenden, geben Sie im Aufruf gleich den Namen der neu anzulegenden Quelldatei an. Nach dem Aufruf können Sie den Text der neuen Datei direkt im Konsolenfenster (in dem jetzt der *vi* ausgeführt wird) aufsetzen.

3 Drücken Sie die i-Taste, um in den Einfügemodus zu wechseln.

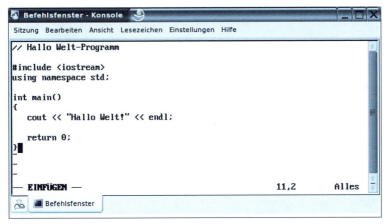

Abbildung 3.29: Quelltext eintippen

4 Geben Sie den Programmquelltext ein.

5 Drücken Sie die `Esc`-Taste, um in den Befehlsmodus zu wechseln.

Abbildung 3.30: Speichern und beenden

6 Tippen Sie :wq ein, um die Datei zu speichern und den *vi* zu beenden.

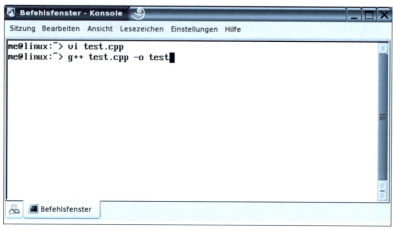

Abbildung 3.31: Kompilieren mit dem g++-Compiler

7 Rufen Sie von der Konsole aus den g++-Compiler auf.

Übergeben Sie dem g++-Compiler in der Kommandozeile den Namen der zu kompilierenden Datei sowie den Schalter -o mit dem gewünschten Namen für die ausführbare Datei.

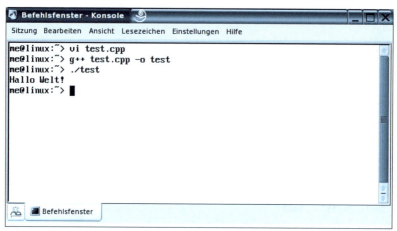

Abbildung 3.32: Ausführung in einem Konsolenfenster

8 Führen Sie das Programm aus.

Kompilierung der Beispielprogramme auf der CD

Die Beispiele auf der Buch-CD wurden alle mit dem C++BuilderX erstellt und sind daher in Projekte eingebettet. Wenn Sie eines der Beispiele mit dem g++-Compiler kompilieren möchten, kopieren Sie einfach das betreffende Projektverzeichnis von der Buch-CD auf Ihre Festplatte, wechseln Sie in das kopierte Projektverzeichnis und kompilieren Sie die CPP-Datei des Projekts (siehe auch Anhang D).

> **Hinweis**
>
> *Die Erstellung von Programmen aus mehreren Quelldateien ist im Anhang beschrieben.*

Rätselhaftes C++

Wer sind wir? Woher kommen wir? Wohin gehen wir? Nichts steht isoliert in der Welt. Auch nicht die Programmiersprache C++. Eine der Ursprünge von C++ haben Sie bereits kennen gelernt: die Sprache C. Doch welche Programmiersprache stand für die objektorientierten Konzepte Modell? Und in welche Richtung wird sich C++ entwickeln?

Lösung: Bei der Entwicklung der objektorientierten Konzepte wurde Stroustrup von der objektorientierten Programmiersprache Simula67 inspiriert. Einen direkten Nachfolger von C++ gibt es nicht und wird es wohl auch nie geben. Es gibt jedoch zwei Programmiersprachen, die stark von C++ inspiriert sind: Java und C#. Beide, Java wie C# sind rein objektorientiert, d.h. sie zwingen den Programmierer seine Quelltexte von Anfang an aus Klassendefinitionen aufzubauen. Außerdem werden Java- und C#-Programme interpretiert, d.h. auf dem System, auf dem ein Java- (C#-) Programm ausgeführt werden soll, muss eine entsprechende Laufzeitumgebung (für Java die JRE, für C# das ,,.NET-Framework") installiert sein, die den Programmcode ad hoc in Maschinencode umwandelt und ausführen lässt.

Kapitel 4

Unser erstes Programm

```
// Hallo.cpp - Das Hallo Welt-Programm

#include <iostream>
using namespace std;

int main()
{
   cout << "Hallo Welt!" << endl;

   return 0;
}
```

Es gibt eine Reihe von typischen Programmelementen, die man in so gut wie jedem C++-Programm wiederfindet. Diese Elemente werden wir uns jetzt einmal näher anschauen.

Das können Sie schon:

Von der Idee zum Programm	19
C und C++	25
Installation des Compilers	31, 56, 61
Arbeit mit dem Compiler	37, 59, 62
Erstellung und Ausführung des ersten eigenen Programms	39, 59, 62

Das lernen Sie neu:

Der Programmcode	68
Headerdateien und Laufzeitbibliothek	68
Die main()-Funktion aufsetzen	72
Ausgabe	73
Kommentare	76
Stil	77
Programmausführung	78

Der Programmcode

Bevor ich Ihnen die Programmelemente im Einzelnen vorstelle, sollten wir einen Blick auf den vollständigen Quelltext des Programms werfen.

```
// Hallo.cpp - Das Hallo Welt-Programm

#include <iostream>
using namespace std;

int main()
{
    cout << "Hallo Welt!" << endl;

    return 0;
}
```

Haben Sie es wiedererkannt? Es ist das gleiche Programm, das wir schon in Kapitel 3 zum Austesten unseres Compilers verwendet haben. Während wir es in Kapitel 3 jedoch eingetippt haben, ohne es uns genauer anzusehen, wollen wir es nun genauer unter die Lupe nehmen. Packen Sie bitte Ihr Sezierbesteck aus und schärfen Sie Ihren Verstand. Wir beginnen mit der Analyse.

Headerdateien und Laufzeitbibliothek

Die erste Zeile des Programms ist ein Kommentar. Kommentare sind Anmerkungen des Programmierers, die er als Gedächtnisstützen und zur Erläuterung des eigentlichen Quelltextes einfügt. Kommentare werden vom Compiler ignoriert und genau das machen wir jetzt auch. Springen wir zur zweiten und dritten Zeile.

```
#include <iostream>
using namespace std;
```

Ein flüchtiger Blick auf diese beiden Zeilen kann einen schnell davon überzeugen, dass C++ tatsächlich sehr kompliziert und kryptisch ist. Doch der erste Eindruck kann täuschen. Wenn Sie dieses Buch durchgearbeitet haben, werden Ihnen diese beiden Zeilen so vertraut sein wie der kleine dunkelgraue Fleck an der Wand neben Ihrem Bett, wo Sie die Schnake zerdrückt haben.

Um besser verstehen zu können, was die beiden Zeilen bewirken, müssen wir ein wenig weiter ausholen.

Die C++-Laufzeitbibliothek

Zusammen mit Ihrem C++-Compiler haben Sie eine umfangreiche Bibliothek von vordefinierten Funktionen, Klassen, Variablen u.a. erhalten. Diese Bibliothek ist wie eine riesige Werkzeugkiste, in der es für viele Standardaufgaben das passende Werkzeug gibt.

- Sie wollen den Sinus von 0.3 ausrechnen? Versuchen Sie es doch einmal mit der Bibliotheksfunktion `sin()`.

- Sie wollen den Inhalt einer Datei einlesen? Mit der vordefinierten Klasse `fstream` ist das gar nicht so schwierig.

- Sie wollen einen Text auf den Bildschirm ausgeben, so dass der Anwender des Programms ihn lesen kann? Sie wären dumm, wenn Sie einen eigenen Ausgabemechanismus implementieren würden. Verwenden Sie lieber das `cout`-Objekt aus der C++-Laufzeitbibliothek.

> **Was ist das?**
>
> *Bibliotheken mit nützlichen Funktionen und Klassen für C++-Programme gibt es viele, und jeder kann selbst neue Bibliotheken zusammenstellen und an andere Programmierer verteilen oder verkaufen. Wenn wir allerdings von der C++-Laufzeitbibliothek sprechen, dann meinen wir die spezielle Bibliothek, die fest zum Standardumfang von C++ gehört und über die jeder C++-Programmierer verfügt, der einen aktuellen C++-Compiler verwendet.*

Alle Namen müssen deklariert werden

Bevor Sie ein Element aus einer Bibliothek verwenden können, müssen Sie das Element beim Compiler bekannt machen – im Fachjargon sagt man »deklarieren«.

Warum ist dies erforderlich?

Jedes Element in der Bibliothek hat einen eigenen Namen. Das Element, über das wir Text auf dem Bildschirm ausgeben können, heißt beispielsweise `cout`. Wenn wir das Element in einem Programm nutzen wollen, tippen wir einfach an entsprechender Stelle seinen Namen ein. Wenn der Compiler aber später beim Übersetzen des Quelltextes in Maschinencode auf `cout` trifft, kann er mit diesem Namen überhaupt nichts anfangen.

Stellen Sie sich vor, Sie hätten in Ihrem Werkzeugkasten zwei Metallsägen und einen Hammer. Um die beiden Sägen auseinander halten zu können, haben Sie die eine liebevoll Edwina und die andere Moses genannt, den Hammer nennen Sie Herbert. Nun basteln Sie zusammen mit einem Freund an einer schmiedeeisernen Stehlampe und rufen ihm zu: »Hol doch mal Edwina und säge hier das Ende ab.« Zweifellos wird Ihr Freund erst einmal stutzen – genau wie der Compiler, wenn er plötzlich auf ein ihm unbekanntes Element `cout` stößt. Erst nachdem Sie Ihrem Freund erklärt haben, dass Edwina die Metallsäge ist, weiß Ihr Freund, was zu tun ist. Und in gleicher Weise müssen Sie dem Compiler für jeden Namen (man sagt auch Bezeichner), den Sie im Programm verwenden, mitteilen, was sich hinter diesem Namen verbirgt.

> **Hinweis**
>
> *Das Bekanntmachen (Deklarieren) der Namen hat noch einen weiteren praktischen Nebeneffekt. Da der Compiler nach der Deklaration weiß, was für eine Art Element sich hinter einem bestimmten Namen verbirgt, kann er kontrollieren, ob Sie das Element korrekt verwenden. Wenn Sie beispielsweise versuchen, das `cout`-Objekt statt zum Ausgeben von Daten zum Einlesen von Daten zu verwenden, wird der Compiler dies genauso beanstanden, wie wenn Sie Ihren Freund auffordern, das Metallende mit Hilfe von Herbert abzusägen.*

Die Headerdateien zur Laufzeitbibliothek

In der Laufzeitbibliothek gibt es sehr viele Elemente und die meisten Programme machen auch ausgiebig Gebrauch von diesen Elementen. Müsste man nun in jedem C++-Programm alle Elemente der Laufzeitbibliothek, die man verwenden will, explizit deklarieren, hätte man viel zu tun. Um uns diese ebenso aufwändige wie stupide Arbeit zu ersparen, gibt es zur Laufzeitbibliothek eine Reihe von einfachen Textdateien (die Headerdateien), in denen die Deklarationen sämtlicher Bibliothekselemente – nach Funktionalität geordnet – zusammengefasst sind. Wenn Sie also bestimmte Bibliothekselemente verwenden wollen, müssen Sie die zugehörigen Deklarationen nicht selbst in den Quelltext schreiben, sondern lediglich die betreffenden Headerdateien einbinden.

Und genau das geschieht in der zweiten Zeile unseres Programms.

Headerdateien und Laufzeitbibliothek

> **Hinweis**
>
> *In den Schritt-für-Schritt-Anweisungen dieses und der nachfolgenden Kapitel sind die jeweils neu hinzukommenden Codezeilen zur leichteren Orientierung farblich hervorgehoben.*

1 Binden Sie die erforderlichen Headerdateien ein.

```
// Hallo.cpp - Das Hallo Welt-Programm

#include <iostream>
```

Headerdateien werden mit Hilfe der #include-Direktive eingebunden. Die #include-Direktive weist den Compiler an, den Text der nachfolgend genannten Datei an der Stelle der #include-Direktive in den Quelltext zu kopieren.

> **Was ist das?**
>
> Direktiven *sind Anweisungen an den Compiler. Sie nehmen darauf Einfluss, wie der Compiler den Quelltext in Maschinencode übersetzt.*

Welche Headerdateien man dabei einbindet, hängt von den Bibliothekselementen ab, die man benötigt. Für unser erstes Programm benötigen wir zum Beispiel nur die Headerdatei iostream, die unter anderem die Deklaration des Stream-Objekts cout für die Ausgabe enthält. Gegen Ende des Buches, in Kapitel 16, werden wir noch einmal auf die Headerdateien und die Elemente der Laufzeitbibliotheken zu sprechen kommen.

2 Schalten Sie den std-Namensbereich ein.

```
// Hallo.cpp - Das Hallo Welt-Programm

#include <iostream>
using namespace std;
```

Im Zuge der letzten Überarbeitung der C++-Sprachspezifikation wurde unter anderem das Konzept der Namensbereiche (im Englischen »namespaces«) eingeführt. Obwohl dieses Konzept vor allem für professionelle C++-Programmierer gedacht ist, betrifft es auch uns, denn alle Elemente der C++-Laufzeitbibliothek liegen in dem Namensbereich std. Die Konsequenz daraus ist, dass das Element cout gar nicht cout, sondern std::cout heißt. Damit wir nun aber nicht allen Bibliothekselementen, die wir in einem Programm verwenden, das Präfix `std::` voranstellen müssen, teilen wir dem Compiler durch die Anweisung

```
using namespace std;
```

mit, dass wir fortan grundsätzlich den Namensbereich `std` verwenden.

> **Achtung**
>
> *Wenn Sie mit einem älteren Compiler arbeiten, der keine Namensbereiche unterstützt, löschen Sie die Anweisung* `using namespace std;`.

Damit wären die Formalitäten erledigt und wir kommen ganz allmählich zum Kern des Programms.

Die main()-Funktion aufsetzen

Jedes C++-Programm muss eine Funktion namens `main()` enthalten. Die `main()`-Funktion ist deshalb so wichtig, weil mit dieser Funktion die Ausführung des Programms beginnt.

3 Legen Sie die `main()`-Funktion an.

```
// Hallo.cpp - Das Hallo Welt-Programm

#include <iostream>
using namespace std;

int main()
{
}
```

Zuerst setzt man den Funktionskopf auf. Wie dieser auszusehen hat, ist mehr oder weniger vorgegeben. In diesem Buch halten wir uns an die Schreibweise `int main()`.

Auf den Funktionskopf folgt der Anweisungsblock der `main()`-Funktion. Anweisungsblöcke werden in C++ immer in geschweifte Klammern gefasst. Wir beginnen den Anweisungsblock der `main()`-Funktion daher mit einer öffnenden geschweiften Klammer. Das Ende der Funktion wird durch eine schließende geschweifte Klammer angezeigt.

> **Hinweis**
>
> *Die Befehle, die ein Programm ausführen soll, bezeichnet man als Anweisungen. Zusammengehörende Anweisungen kann man in geschweifte Klammern einfassen – man spricht dann von einem Anweisungsblock.*

Zwischen den geschweiften Klammern können wir jetzt die Anweisungen einfügen, die das Programm ausführen soll. Die letzte Anweisung steht dabei schon fest. C++ verlangt nämlich, dass die `main()`-Funktion mit einer `return`-Anweisung beendet wird, die einen Ergebniswert zurückliefert. Das Zurückliefern eines Ergebniswertes ist eine wichtige Eigenschaft der Funktionen; für die `main()`-Funktion ist es aber im Grunde nichts weiter als eine Formalität, da es meist niemanden gibt, der diesen Wert übernimmt und auswertet. Trotzdem wollen wir keine Spielverderber sein und am Ende der `main()`-Funktion als Ergebnis den Wert 0 zurückliefern.

4 Liefern Sie am Ende der `main()`-Funktion einen Wert (üblicherweise 0 oder 1) zurück.

```
// Hallo.cpp - Das Hallo Welt-Programm

#include <iostream>
using namespace std;

int main()
{
    return 0;
}
```

Ausgabe

Nachdem wir die Formalitäten im letzten Abschnitt erledigt haben, kommen wir nun zur Kür.

5 Setzen Sie in der `main()`-Funktion den Code auf, der bei Aufruf des Programms ausgeführt werden soll.

```
// Hallo.cpp - Das Hallo Welt-Programm

#include <iostream>
using namespace std;

int main()
```

```
{
    cout << "Hallo Welt!" << endl;

    return 0;
}
```

Unser Programm soll uns mit einem freundlichen »Hallo Welt!« begrüßen. »Hallo Welt!« ist also der auszugebende Text. Damit der Compiler weiß, dass es sich bei diesem Text um Text handelt, den das Programm verarbeitet (und nicht um Quellcode, der in Maschinencode verwandelt werden soll), schließen wir den Text in doppelte Anführungszeichen ein: `"Hallo Welt!"`

> **Was ist das?**
>
> *Textstücke, die das Programm verarbeitet, bezeichnet man als* Strings. *Strings, die direkt im Quellcode stehen, werden in doppelte Anführungszeichen eingefasst.*

Um diesen Text auszugeben, schicken wir ihn an das »Standardausgabegerät«. Das Standardausgabegerät ist nichts weiter als der Bildschirm (genauer gesagt, der Bereich des Bildschirms, den die Konsole einnimmt).

Glücklicherweise gibt es in der Standardbibliothek ein vordefiniertes Element, das das Standardausgabegerät repräsentiert: es heißt `cout` und ist in der Headerdatei `iostream` deklariert. Da wir die Headerdatei `iostream` bereits in Schritt 1 eingebunden haben, können wir `cout` direkt verwenden. Wir tippen es einfach am Anfang einer neuen Zeile ein. Dann schicken wir mit Hilfe des <<-Operators den auszugebenden Text an `cout` und beenden die Anweisung mit einem Semikolon:

```
cout << "Hallo Welt!";
```

Die obige Anweisung bedeutet also: »Gebe den String `Hallo Welt!` auf `cout` aus.«

> **Achtung**
>
> *Anweisungen müssen immer mit einem Semikolon abgeschlossen werden!!!*

Wir können die Ausgabe beliebig erweitern – beispielsweise durch Bearbeitung des Strings:

```
cout << "Hallo Welt, ich gruesse Dich!";
```

oder durch Ausgabe eines weiteren Strings:

```
cout << "Hallo Welt,";
cout << " ich gruesse Dich!";
```

Beachten Sie, dass die Ausgabe der obigen beiden Codezeilen ohne Zeilenumbruch erfolgt. Die Ausgabe sähe in beiden Fällen also wie folgt aus:

```
Hallo Welt, ich gruesse Dich!
```

Um in einer Ausgabe eine neue Zeile anfangen zu wollen, müssen Sie den Zeilenumbruch-Manipulator an cout schicken. Ein furchtbares Wortungetüm, aber die Umsetzung ist ganz einfach. Der Zeilenumbruch-Manipulator heißt einfach endl (für »end of line«) und wird wie ein String an cout geschickt:

```
cout << "Hallo Welt,";
cout << endl;
cout << "ich gruesse Dich!";
```

Die Ausgabe dieser Zeilen lautet:

```
Hallo Welt,

ich gruesse Dich!
```

Schließlich braucht man für direkt aufeinander folgende Ausgaben nicht jedes Mal eine neue Codezeile mit cout zu beginnen. Man kann die auszugebenden Daten auch mit Hilfe des <<-Operators aneinander reihen:

```
cout << "Hallo Welt!" << endl;
```

Damit wären wir wieder beim eigentlichen Code unseres Beispielprogramms, das den Gruß »Hallo Welt!« ausgibt und danach die Zeile umbricht.

> **Achtung**
>
> *Wenn Sie Text mit deutschen Umlauten auf die Windows-Konsole (MS-DOS-Eingabeaufforderung) ausgeben, sehen Sie statt der Umlaute nur grafische Sonderzeichen. Dies liegt daran, dass die Windows-Konsole einen anderen Zeichensatz (OEM-Zeichensatz) verwendet als Windows. Sie können dieses Manko beheben, indem Sie statt der Zeichen den OEM-Code angeben:*
>
> ```
> cout << "Umlaute \x84 \x94 \x81 \xE1 \n" << endl;
> ```

Kommentare

Kommentare dienen dazu, erklärenden Text direkt in den Quellcode einzufügen.

6 Kommentieren Sie Ihr Programm.

```
// Hallo.cpp - Das Hallo Welt-Programm
#include <iostream>
using namespace std;

int main()
{
   cout << "Hallo Welt!" << endl;

   return 0;
}
```

Da es in unserem ersten Beispiel nichts gibt, was sich zu kommentieren lohnen würde, begnügen wir uns damit, am Anfang des Quelltextes einen Kommentar einzufügen, der darauf hinweist, was das Programm macht.

- Will man eine einzelne Zeile oder den Rest einer Zeile als Kommentar kennzeichnen, verwendet man die Zeichenfolge //. Alles, was hinter der Zeichenfolge // bis zum Ende der Quelltextzeile steht, wird vom Compiler als Kommentar angesehen und ignoriert.

- Mehrzeilige Kommentare beginnt man dagegen mit /* und schließt sie mit */.

```
int main()                            // Kommentar
{
   cout << "Hallo Welt!" << endl;  /* Ich bin ein
                                      mehrzeiliger
                                      Kommentar    */
   return 0;
}
```

> **Hinweis**
>
> *Kommentare werden vom Compiler ignoriert, das heißt, er löscht sie, bevor er den Quelltext in Maschinencode umwandelt. Sparsam veranlagte Leser brauchen sich also keine Sorgen darüber zu machen, dass eine ausführliche Kommentierung die Größe der ausführbaren Programmdatei aufplustern könnte.*

Sinnvolles Kommentieren

So einfache Programme, wie wir sie am Anfang dieses Buches erstellen, bedürfen im Grunde keiner Kommentierung. Kommentare sind nicht dazu gedacht, einem Programmieranfänger C++ zu erklären. Kommentare sollen gestandenen C++-Programmierern helfen, sich in einen Quelltext einzudenken und diesen zu erklären. Kommentare sollten daher eher kurz und informativ sein. Kommentieren Sie beispielsweise die Verwendung wichtiger Variablen (siehe nachfolgendes Kapitel) sowie die Aufgabe größerer Anweisungsabschnitte. Einfache Anweisungen oder leicht zu verstehende Konstruktionen sollten nicht kommentiert werden.

Stil

Zum Abschluss noch ein Wort über guten und schlechten Stil.

C/C++ besitzt eine sehr kryptische Syntax, die daraus resultiert, dass es viele bedeutungstragende Syntaxelemente gibt, die durch einzelne Zeichen dargestellt werden ({, (, ++, %, ., ->, etc.), und dass sich die einzelnen Syntax-Elemente zu den merkwürdigsten Konstrukten verbinden lassen (`for(;;)` oder `while(strcmp(getc(),'c'))`).

Zwar kann man den sich daraus ergebenden Quelltexten eine gewisse asketische Eleganz kaum absprechen, doch trägt dies weder zur Lesbarkeit noch zur Wartbarkeit der Programme bei – was umso schwerer wiegt, als ein Tippfehler in nur einem Zeichen in C++ schnell zu einem katastrophalen Fehler führen kann.

Tun Sie also Ihr Bestes, um den Quelltext übersichtlich und gut lesbar zu gestalten.

- Schreiben Sie möglichst nur eine Anweisung in eine Zeile.
- Rücken Sie Anweisungsblöcke ein.
- Trennen Sie die einzelnen Elemente durch Leerzeichen[3].
- Kommentieren Sie Ihren Code.

Achten Sie also darauf, dass Ihre Quelltexte nicht wie folgt aussehen:

---

3   Zwischen Namen und Schlüsselwörtern müssen Leerzeichen stehen. Sie können also nicht `intmain()` schreiben. Zwischen Namen und Operatoren müssen keine Leerzeichen stehen.

```
#include <iostream>
using namespace std;
int main() {cout<<"Hallo Welt!"<<endl;return 0;}
```

Programmausführung

Wie Sie den Quelltext eines Programms kompilieren und ausführen, haben Sie bereits in Kapitel 3 erfahren. Hier wollen wir den Mechanismus der Programmausführung näher betrachten.

Wie Sie bereits aus Kapitel 2 wissen, ruft der Compiler im Zuge der Programmerstellung auch den Linker auf. Dieser verbindet den Programmcode nicht nur mit dem Code der verwendeten Bibliothekselemente, sondern versieht ihn auch mit zusätzlichem Code zum Starten des Programms.

Wenn Sie oder irgendjemand anderes das Programm später aufruft – sei es, dass Sie den Programmnamen am Prompt der Konsole eintippen oder in Ihrem Dateimanager auf den Eintrag der Programmdatei klicken (oder doppelklicken) –, erkennt das Betriebssystem, dass es sich um eine ausführbare Datei handelt und führt den Startcode aus, der nach Durchführung verschiedener Initialisierungsarbeiten die main()-Funktion Ihres Programms aufruft. Von da an werden die Anweisungen in der main()-Funktion nacheinander von oben nach unten in der Reihenfolge, in der sie im Quellcode stehen, ausgeführt.

Sind alle Anweisungen in der main()-Funktion abgearbeitet, wird das Programm beendet.

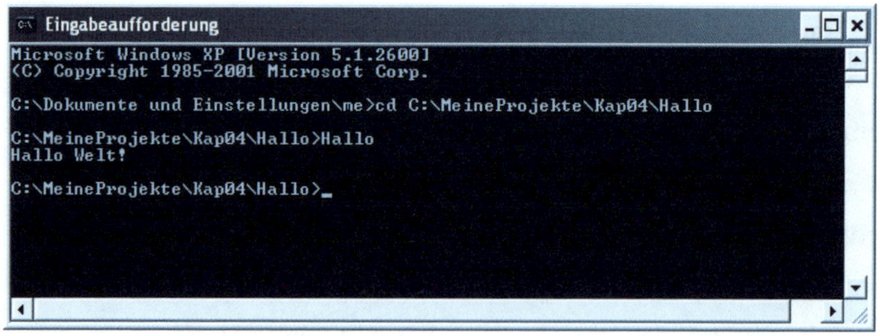

Abbildung 4.1: Das Hallo Welt-Programm

> **Achtung**
>
> *Die Abbildungen, die die Programmausgaben zeigen, gehen davon aus, dass die jeweilige Programmdatei im Projektverzeichnis (hier Hallo) steht, wie es der Fall ist, wenn Sie mit dem Borland5.5- oder dem g++-Compiler arbeiten. Wenn Sie mit dem C++BuilderX arbeiten, steht die Programmdatei im Unterverzeichnis* windows/Debug_Build *(bzw.* linux/Debug_Build*) und Sie müssen zur Ausführung des Programms entweder in dieses Unterverzeichnis wechseln oder die Programmdatei vorab in das Projektverzeichnis kopieren.*

Rätselhaftes C++

Im Abschnitt »Stil« habe ich Sie aufgefordert, Ihre Quelltexte durch Umbrüche nach einzelnen Anweisungen und Einrückungen übersichtlich und gut lesbar zu gestalten. Wenn Sie neben C++ auch an der Erstellung von und Programmierung für Webseiten interessiert sind, haben Sie vielleicht aber schon einmal Webseiten-Quelltexte mit JavaScript-Code gesehen, die offensichtlich in voller Absicht diesem Prinzip zuwider handeln. Warum?

Lösung: Webseiten-Quelltexte und darin enthaltenen JavaScript-Code kann man nicht vor neugierigen Blicken verbergen. Wenn Sie also viel Arbeit in die Entwicklung einer JavaScript-Routine stecken, die einen besonderen dynamischen Effekt erzeugt, müssen Sie damit rechnen, dass andere Webseitenentwickler von Ihrer Kreativität profitieren und Ihren Code einfach kopieren und verwenden. Manche JavaScript-Programmierer löschen daher aus dem fertigen Code alle Einrückungen und Zeilenumbrüche, um den Code möglichst unleserlich zu machen. Als C++-Programmierer haben Sie dies jedoch nicht nötig. Sie liefern Ihren Kunden lediglich die fertige binäre Programmdatei aus (eventuell inklusive Bilddateien, INI-Dateien etc.) und behalten die Quelltextdateien sicher bei sich zu Hause. Der einzige Nachteil dieses Verfahrens ist, dass Sie für jede Zielplattform (Windows, Linux, MacOS) eigene binäre Programmdateien kompilieren müssen oder sich spezialisieren, wie es auch viele Software-Schmieden tun, auf die Programmierung für eine Plattform – üblicherweise diejenige, mit der Sie selbst arbeiten.

Kapitel 5

Zahlen und Texte in C++-Programmen

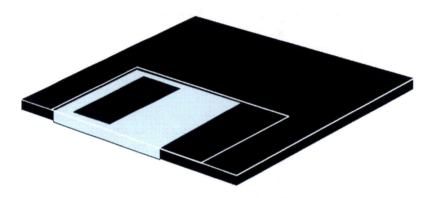

Sicherlich ist Ihnen bekannt, dass Programme dazu dienen, Daten zu verarbeiten. Wie aber werden Daten in Programmen repräsentiert? Wo kann das Programm Daten zwischenspeichern? Welche Arten von Daten gibt es überhaupt? Diesen Fragen wollen wir in diesem Kapitel nachgehen.

Das können Sie schon:

Von der Idee zum Programm	19
Arbeit mit dem Compiler	37, 59, 62
Typische Elemente eines C++-Programms	68

Das lernen Sie neu:

Variablen und Konstanten	82
Variablen deklarieren	84
Der Datentyp – Variablen für jeden Zweck	87
Werte in Variablen speichern	92
Werte von Variablen abfragen	93

Variablen und Konstanten

Daten können in einem Programm in zwei Formen vorkommen:

- als Konstanten oder
- als Variablen

Konstanten

Von Konstanten spricht man, wenn die Daten direkt im Quelltext stehen. Eine Art von Konstante haben Sie bereits kennen gelernt: die String-Konstante:

```
#include <iostream>
using namespace std;

int main()
{
   cout << "Hallo Welt!" << endl;

   return 0;
}
```

String-Konstanten stehen in doppelten Anführungszeichen und stehen für sich selbst (das heißt für den Text in den Anführungszeichen). Des Weiteren gibt es Zahlenkonstanten und einzelne Zeichenkonstanten (letztere müssen in einfachen Anführungszeichen stehen).

```
#include <iostream>
using namespace std;

int main()
{
    cout << "Ich bin ein String" << endl;
    cout << 3.1415 << endl;
    cout << 'C' << endl;

    return 0;
}
```

> **Was ist das?**
>
> *Die hier vorgestellte Form der Konstante bezeichnet man übrigens auch als Literal – um sie von anderen Formen wie der symbolischen Konstante (siehe Kapitel 16) oder den als konstant deklarierten Variablen (auf die wir im Rahmen dieses Buchs nicht eingehen werden) abzugrenzen.*

Variablen

Konstanten sind eine wunderbare Sache, aber um richtig programmieren zu können, reichen Konstanten nicht aus. Wir brauchen zusätzlich auch noch eine Möglichkeit, wie man Daten zwischenspeichern kann – und zwar so, dass wir jederzeit auf die Daten zugreifen und sie bei Bedarf auch verändern können. Diese Möglichkeiten eröffnen uns die Variablen.

Um sich ein wenig in das Konzept und die Funktionsweise von Variablen einzudenken, stellt man sich die Variablen am besten als Schubladen vor. Am Anfang haben Sie einen Schrank mit Hunderten unbenutzter Schubladen vor sich. Wenn Sie jetzt eine Zahl oder irgendwelche anderen Daten speichern wollen – nehmen wir beispielsweise an, Sie züchten Kaninchen und wollen den aktuellen Bestand festhalten –, suchen Sie sich eine noch unbenutzte Schublade aus, öffnen sie und schreiben auf den Boden der Schublade die betreffende Zahl. Damit Sie immer wissen, in welcher Schublade der aktuelle Kaninchenbestand abgespeichert ist, denken Sie sich einen Namen für die Schublade aus, `anzKaninchen`, und schreiben diesen vorne auf die Schublade. Wenn Sie später einmal wissen wollen, wie viele Kaninchen Sie derzeit haben, müssen Sie nur an den Schubladenschrank treten, die Schublade `anzKaninchen` öffnen und nachlesen. Wenn sich der Kaninchenbestand geändert hat, öffnen Sie die Schublade, radieren den alten Wert aus und schreiben den neuen Wert hinein.

Abbildung 5.1: Variablen sind wie Schubladen Zwischenspeicher.

Bei der Programmierung gibt es natürlich keine Schubladenschränke, wohl aber einen Arbeitsspeicher. Wenn Sie in einem Programm eine Variable deklarieren, sorgt der Compiler dafür, dass bei Ausführung des Programms im Arbeitsspeicher Platz für diese Variable reserviert wird. Danach können Sie in der Variable Werte speichern und den jeweils aktuellen Wert der Variablen abfragen. Wie aber deklariert man eine Variable?

Achtung

Auf einen wichtigen Unterschied zwischen unserem Schubladenschrank und dem Arbeitsspeicher sollte ich Sie gleich hinweisen: Daten, die in einem Schubladenschrank abgespeichert werden, können dort Tage, Wochen oder Jahre bestehen bleiben. Die Variablen eines Programms bestehen allerdings maximal so lange, wie das Programm ausgeführt wird. Spätestens bei Beendigung des Programms werden die Variablen aufgelöst und der Platz, den sie im Arbeitsspeicher belegt haben, wird wieder freigegeben (und kann beispielsweise von anderen Programmen, die auf dem Rechner laufen, benutzt werden).

Variablen deklarieren

Jede Variablendeklaration besteht aus der Angabe des Datentyps der Variablen und dem Variablennamen:

```
int meineVar;
```

- Der Datentyp teilt dem Compiler mit, welche Art von Daten in der Variable verwahrt werden und wie groß deren Speicherbedarf ist.

Variablen deklarieren

- Der Name der Variable muss eindeutig sein, wobei zu beachten ist, dass C++ zwischen Groß- und Kleinschreibung unterscheidet.

Aber ein Schritt nach dem anderen.

1 Beginnen Sie ein neues Programm (siehe Kapitel 3).

2 Setzen Sie das Programmgerüst auf.

```
// Demo-Programm zur Variablendeklaration
#include <iostream>
using namespace std;

int main()
{

  return 0;
}
```

3 Geben Sie den Datentyp der einzurichtenden Variablen ein.

```
// Demo-Programm zur Variablendeklaration
#include <iostream>
using namespace std;

int main()
{
  int

  return 0;
}
```

Der Datentyp teilt dem C++-Compiler mit, welche Art von Daten die Variable aufnehmen soll. In Variablen vom Typ int kann man beispielsweise Ganzzahlen (Integer) ablegen. Weiter unten werden wir noch weitere Datentypen kennen lernen.

4 Geben Sie den Namen der Variablen an.

```
// Demo-Programm zur Variablendeklaration
#include <iostream>
using namespace std;

int main()
{
  int meineVar

  return 0;
}
```

Den Namen der Variablen können Sie frei wählen, solange Sie sich an einige Regeln halten:

- Der Variablenname muss mit einem Buchstaben anfangen und darf keine Leer- oder Sonderzeichen enthalten. _Ausnahmen: _ $_

- Der Name sollte nicht zu lang, aber dennoch aussagekräftig sein, damit man am Namen der Variablen ihre Verwendung ablesen kann.

  Für Hilfsvariablen, die keine besonderen Daten speichern, gibt es aber meist keine sinnvolle Namen. Solche Variablen heißen dann meist n, m, x, y oder tmp.

- Schließlich muss der Variablenname eindeutig sein, das heißt, Sie dürfen keine zwei Variablen mit gleichem Namen definieren.

5 Schließen Sie die Deklaration mit einem Semikolon ab.

```
// Demo-Programm zur Variablendeklaration
#include <iostream>
using namespace std;

int main()
{
    int meineVar;

    return 0;
}
```

Achtung

Anweisungen und Deklarationen müssen in C++ immer mit einem Semikolon abgeschlossen werden.

Hinweis

Bei der Programmierung wird grundsätzlich zwischen Deklaration und Definition unterschieden. Eine Deklaration dient dazu, einen selbst definierten Bezeichner beim Compiler anzumelden. Eine Definition erzeugt dagegen ein Objekt im Speicher. In vielen Fällen gehen Deklaration und Definition aber miteinander einher. Die in diesem Buch verwendeten Variablendeklarationen sind beispielsweise alle auch Variablendefinitionen.

Der Datentyp – Variablen für jeden Zweck

In C++ beginnt jede Variablendeklaration mit einer Typangabe, die dem Compiler mitteilt, welche Art von Daten in der Variablen abgespeichert werden können.

Wir könnten diese Aussage nun einfach hinnehmen und damit fortfahren, uns die verschiedenen zur Verfügung stehenden Datentypen anzuschauen. Andererseits wäre es auch ganz interessant zu hinterfragen, wofür der Compiler die Typangabe eigentlich benötigt. Wer neugierig genug ist, darf mit mir zur Klärung dieser Frage im nächsten Abschnitt in die Tiefen des Arbeitsspeichers abtauchen. Alle anderen treffen wir im übernächsten Abschnitt bei der Vorstellung der C++-Datentypen wieder.

Die Bedeutung des Datentyps

Für jede Variable, die Sie in Ihrem Programm deklarieren, reserviert der Compiler Platz im Arbeitsspeicher.[4] Wenn Sie der Variablen im weiteren Verlauf des Programms einen Wert zuweisen, legt der Compiler diesen Wert im Speicher der Variablen ab. Wenn Sie im Programm den Wert der Variablen abfragen, liest der Compiler den Wert aus dem Speicher der Variablen aus.

Soweit scheint alles recht einfach. Kompliziert wird es erst dadurch, dass der Arbeitsspeicher des Rechners ein elektronischer, digitaler Speicher ist, der aus Tausenden von Zellen besteht, die jede nur eine 1 (Spannung an) oder eine 0 (Spannung aus) speichern können. Sie können diese Speicher selbst simulieren. Nehmen Sie einfach ein Blatt mit Rechenkästchen zur Hand, umrahmen Sie ca. 20 mal 20 Kästchen, stellen Sie sich vor, dass Sie in jedes Kästchen nur eine 1 oder eine 0 schreiben dürfen, und fertig ist Ihr Arbeitsspeicher.

Jetzt wollen Sie eine Variable var deklarieren und in ihr die Zahl 3 abspeichern. Da man im Arbeitsspeicher nur Nullen und Einsen speichern kann, müssen Sie die Zahl 3 in eine Folge von Nullen und Einsen umwandeln, eine so genannte Binärdarstellung. Im Binärsystem wird aus der 3 die Zahl 11 (1*2 + 1*1).

---

[4] Der Compiler reserviert den Arbeitsspeicher natürlich nicht direkt. Korrekter wäre es zu sagen, dass der Compiler den Maschinencode erzeugt, der später bei Ausführung des Programms den Arbeitsspeicher reserviert.

> **Hinweis**
>
> *Eine dezimale Zahl als Binärzahl auszudrücken, bedeutet sie als die Summe der Potenzen von 2 (1, 2, 4, 8, 16, etc.) auszudrücken (statt als Summe der Potenzen von 10, wie wir es von unseren Dezimalzahlen gewohnt sind).*

Sie könnten nun die ersten zwei Zeilen in Ihrem simulierten Arbeitsspeicher für die Variable var reservieren und in ihr die Zahl 11 ablegen. Was aber, wenn Sie später den Wert 5 in var ablegen wollen? 5 ist binär gleich 101 und benötigt drei Speicherzellen. Für unsere Variable sind aber nur zwei Speicherzellen reserviert und der Compiler hat keine Möglichkeit, den Speicherplatz einer bereits reservierten Variablen nachträglich zu erweitern. Wir müssen also direkt bei der Deklaration der Variablen genügend Speicherzellen reservieren. Seien wir etwas großzügiger und reservieren wir für var1 doch gleich 2 Byte.

> **Was ist das?**
>
> *Programmierer zählen Speicherzellen in Bits und Bytes. Ein Bit ist eine Informationseinheit, die einen der Werte 1 oder 0 annehmen kann. Die binäre Zahl 101 besteht also aus drei Bits. Im Arbeitsspeicher kann jede Speicherzelle genau eine 1-Bit-Information speichern. Ein Byte sind 8 Bit.*

2 Byte entsprechen 16 Speicherzellen (= 16 Bit). Wenn wir festlegen, dass die erste Speicherzelle das Vorzeichen festlegt (0 für positive, 1 für negative Zahlen), bleiben 15 Bit für den eigentlichen Wert – das bedeutet, wir können in var1 jetzt Werte zwischen -32.768 und +32.767 abspeichern.

Als Nächstes wollen wir eine Bruchzahl mit Nachkommastellen (im Programmierjargon heißt das »Gleitkommazahl«) abspeichern. Wir deklarieren dazu eine neue Variable var2 und reservieren für diese die nächsten 2 Byte in unserem simulierten Arbeitsspeicher. In der Variablen wollen wir jetzt den Wert 1,3 speichern.

Hoppla! Wie sollen wir die Zahl 1,3 als Bitfolge codieren? Sollen wir 1 und 3 einzeln in Binärzahlen umwandeln und dann festlegen, dass im ersten Byte der Wert vor dem Komma und im zweiten Byte der Wert hinter dem Komma abgelegt wird? Dann könnten wir selbst in 2 Byte nur kleine Zahlen mit wenigen Nachkommastellen abspeichern. Besser ist es, die Zahl in Exponentialschreibweise auszudrücken und dabei so umzuformulieren, dass vor dem Komma eine 0 steht. So wird aus

1, 3 zuerst 1, 3 * 10^0 und dann 0,13 * 10^1

Statt 2 Byte belegen wir 4 Byte für die Gleitkommavariable. In den ersten drei Byte speichern wir die Nachkommastellen (13 = 1101) – die Null brauchen wir nicht zu speichern, da wir ja alle Gleitkommazahlen so umwandeln, dass sie mit einer Null vor dem Komma beginnen. Im vierten Byte speichern wir die Potenz zur Basis 10 (in unserem Beispiel also 1).

Zu guter Letzt reservieren wir auch noch eine Variable var3, in der wir den Buchstaben 'C' ablegen wollen. Buchstaben werden mit Hilfe der so genannten ASCII-Tabelle codiert. In dieser Tabelle ist für jeden Buchstaben ein Zahlenwert angegeben. Um den Buchstaben C im Speicher abzulegen, reservieren wir 1 Byte Speicher, schauen in der ASCII-Tabelle (siehe Anhang dieses Buchs) nach, welchen Codewert der Großbuchstabe C hat (67) und wandeln diesen in Binärcode um (67 = 0100 0011), den wir in der Variablen speichern.

So, jetzt haben wir Speicher für Variablen von drei verschiedenen Datentypen reserviert (Ganzzahlen, Gleitkommazahlen und Zeichen). Wir wissen, dass jeder Datentyp über einen spezifischen Speicherbedarf und ein eigenes Codierungsverfahren verfügt. Und genau deshalb benötigt der Compiler zu jeder Variablendeklaration die Typangabe. Aus ihr kann er ablesen,

- wie viel Speicher er für die Variable reservieren soll und
- wie er Werte, die der Variablen zugewiesen werden, in Bitfolgen codieren und im Speicherbereich der Variablen ablegen soll (und umgekehrt, beim Abfragen des Variablenwerts die Bitfolge in einen Wert zurückverwandelt).

Hinweis

Die in diesem Abschnitt vorgestellten Codierungsverfahren für Ganzzahlen, Gleitkommazahlen und Zeichen sind vereinfachte Versionen der im Rechner ablaufenden Codierungen.

Der Vollständigkeit halber sei noch erwähnt, dass der Compiler die Datentypangabe auch dazu verwendet, den korrekten Gebrauch der Variablen sicherzustellen. So muss der Compiler für die Division zweier Ganzzahlen anderen Maschinencode erzeugen als für die Division zweier Gleitkommazahlen – und die Division zweier Strings erlaubt er erst gar nicht (wie sollte die auch aussehen?).

Die Datentypen

C++ kennt zwei unterschiedliche Kategorien von Datentypen:

- elementare Datentypen
- definierte Datentypen

Die elementaren Datentypen sind in der Sprache fest verankert. Jeder dieser Datentypen verfügt über ein eigenes Schlüsselwort, das Sie in der Variablendeklaration als Typ angeben.

Wenn Sie beispielsweise eine Variable einrichten wollen, in der Sie Ganzzahlen speichern möchten, geben Sie als Datentyp `int` an:

`int meineZahl;`

Wenn Sie in einer Variablen besonders große Ganzzahlen abspeichern wollen, reicht der Speicherplatz, den der Compiler für `int`-Variablen reserviert, aber vielleicht nicht aus. Dann deklarieren Sie die Variable zur Sicherheit als `long`:

`long meineZahl;`

In Tabelle 5.1 sind die wichtigsten elementaren Datentypen aufgeführt. Zu jedem Datentyp ist angegeben, welche Art von Daten man in Variablen des jeweiligen Datentyps abspeichern kann.

Der Datentyp – Variablen für jeden Zweck

Handschriftliche Notizen:
- int – abhängig vom Rechner: 64 bit = wie long; 32 bit = 2·short
- short ≈ 32.000 (+/-)
- long ≈ 2 Mrd. (+/-)
- float, double, long double – Gleitkommazahl

Datentyp	Wertebereiche[6]
bool	Wahrheitswerte: true, false *(oder 1, 0)*
char	Einzelnes Zeichen: 'a', '!', '\n'
short	Ganzzahlen im Bereich von -32768 bis 32.767
long	Ganzzahlen im Bereich von -2147483648 bis 2147483647
float	Beliebige Zahlen im Bereich von -3.40e+38 bis +3.40e+38
double	Beliebige Zahlen im Bereich von -1.79e+308 bis +1.79e+308

Tabelle 5.1: Die wichtigsten elementaren Datentypen

Alle anderen Datentypen müssen als Kombinationen dieser elementaren Datentypen definiert werden: als Array, Struktur oder Klasse.

Wie Sie selbst solche Datentypen definieren, werden Sie im Laufe dieses Buchs noch erfahren. Vorab möchte ich Ihnen aber schon einmal einen Datentyp vorstellen, der als Teil der C++-Laufzeitbibliothek definiert und in der Headerdatei <string> deklariert ist. Ich spreche von der Klasse string, in deren Variablen man Strings speichern kann.

Um eine string-Variable zu deklarieren, gehen Sie genauso vor wie bei der Deklaration einer Variable eines elementaren Datentyps. Zuerst kommt die Typenangabe, dann der Variablenname:

string meinString;

> **Was ist das?**
>
> *Variablen von Klassentypen bezeichnet man auch als* Instanzen *oder* Objekte *(mehr dazu in Kapitel 13).*

---

5   Die angegebenen Wertebereiche sind Mindestbereiche, die vom C++-Standard vorgeschrieben sind. Je nach verwendetem Betriebssystem und Compiler sind aber auch größere Bereiche möglich. So ist der Wertebereich für int beim Visual C++-Compiler ebenso groß wie der Wertebereich des Datentyps long.

Werte in Variablen speichern

Nun war schon so oft die Rede davon, dass man in Variablen Werte speichern kann, dass es Zeit wird, sich dies in der Praxis anzuschauen:

1 Beginnen Sie ein neues Programm (siehe Kapitel 3).

2 Setzen Sie das Programmgerüst auf.

```
// Variablen.cpp - Werte zuweisen und abfragen
#include <iostream>
using namespace std;

int main()
{

   return 0;
}
```

3 Definieren Sie eine int-, double- und eine string-Variable. Vergessen Sie auch nicht, die Headerdatei <string> für die string-Klasse einzubinden.

```
// Variablen.cpp - Werte zuweisen und abfragen
#include <iostream>
#include <string>
using namespace std;

int main()
{
   int    zahl;
   double bruchzahl;
   string str;

   return 0;
}
```

4 Weisen Sie den Variablen mit Hilfe des =-Operators Werte zu.

```
// Variablen.cpp - Werte zuweisen und abfragen
#include <iostream>
#include <string>
using namespace std;

int main()
{
   int    zahl;
   double bruchzahl;
   string str;
```

```
zahl       = 100;
bruchzahl  = 333.33;
str        = "Hallo";

    return 0;
}
```

> **Achtung**
>
> *Die Art der Konstante muss zu dem Datentyp der Variablen passen. So ist es nicht erlaubt, einer* string*-Variablen eine Ganzzahl zuzuweisen.*

Variablen bei der Definition initialisieren

Wenn Sie möchten, können Sie einer Variable auch direkt bei der Deklaration einen Anfangswert zuweisen:

```
int main()
{
   int    zahl       = 100;
   double bruchzahl  = 333.33;
   string str        = "Hallo";
```

Werte von Variablen abfragen

Einen Wert in einer Variablen abzuspeichern, ist natürlich nur dann interessant, wenn man auf den Wert der Variablen später noch einmal zugreifen möchte.

Das folgende Listing setzt das Beispiel aus dem vorangegangenen Abschnitt fort und fragt die Werte der deklarierten Variablen ab, um sie zur Kontrolle auszugeben.

5 Fragen Sie die Werte der Variablen ab und geben Sie sie aus.

```
// Variablen.cpp - Werte zuweisen und abfragen
#include <iostream>
#include <string>
using namespace std;

int main()
{
   int    zahl;
```

```
    double bruchzahl;
    string str;

    zahl       = 100;
    bruchzahl  = 333.33;
    str        = "Hallo";

    cout << "Wert von zahl:        " << zahl << endl;
    cout << "Wert von bruchzahl:   " << bruchzahl
                                    << endl;
    cout << "Wert von str:         " << str << endl;

    return 0;
}
```

6 Kompilieren Sie das Programm und führen Sie es aus.

Abbildung 5.2: Ausgabe des Variablen-Programms

Offensichtlich kann man über den Variablennamen der Variablen einen neuen Wert zuweisen als auch den aktuellen Wert der Variablen abfragen. Woher aber weiß der Compiler, wenn er auf das Vorkommen eines Variablennamens trifft, ob er der Variablen einen Wert zuweisen soll oder ob er den aktuellen Wert der Variablen abfragen soll?

Ganz einfach!

- Taucht der Variablenname auf der linken Seite einer Zuweisung auf (wie in `zahl = 100;`), weist der Compiler der Variablen den Wert des Ausdrucks auf der rechten Seite des =-Operators zu.

- Taucht der Variablenname an irgendeiner anderen Stelle auf (wie in `cout << zahl;`), ersetzt der Compiler den Variablennamen durch den aktuellen Wert der Variablen.

Schauen wir uns dazu noch ein weiteres Beispiel an.

Werte von Variablen abfragen

Gleichzeitige Abfrage und Zuweisung

Wenn Ihnen zwei Variablen des gleichen Datentyps vorliegen, können Sie der einen Variable den Wert der anderen Variablen zuweisen.

```
#include <iostream>
using namespace std;

int main()
{
   int   zahl1;
   int   zahl2;

   zahl1 = 11;
   zahl2 = zahl1;

   return 0;
}
```

Beachten Sie vor allem die Zeile

```
zahl2 = zahl1;
```

Hier ersetzt der Compiler den Variablennamen `zahl1` durch den aktuellen Wert der Variablen (11) und weist diesen der Variablen `zahl2` zu. Nach dieser Anweisung steht in beiden Variablen `zahl1` und `zahl2` der Wert 11.

> **Hinweis**
>
> *Wenn Sie mehrere Variablen eines Datentyps deklarieren, reicht es, den Datentyp einmal anzugeben und dahinter die einzelnen Variablen – durch Kommata voneinander getrennt – aufzuführen.*
>
> `int zahl1, zahl2;`

Ja, wir können sogar in einer Anweisung den Wert einer Variablen abfragen, manipulieren und der Variablen wieder zuweisen:

```
#include <iostream>
using namespace std;

int main()
{
   int   zahl = 11;

   zahl = zahl * 3;

   return 0;
}
```

95

Hier wird die Variable zahl deklariert und mit dem Wert 11 initialisiert. Interessant wird es in der nächsten Anweisung:

zahl = zahl * 3;

Bei der Auswertung dieser Anweisung fängt der Compiler auf der rechten Seite des =-Operators an. Er ersetzt zahl durch den aktuellen Wert der Variablen (11). Diesen multipliziert er mit 3. Das Ergebnis (33) speichert er als neuen Wert von zahl.

Rätselhaftes C++

Wird das folgende Programm fehlerfrei kompiliert? Wenn ja, wie lautet die Ausgabe?

```
#include <iostream>
using namespace std;

int main()
{
   int  zahl1 = 1, zahl2 = zahl1+1, zahl3 = 1;

   cout << zahl2 << endl;

   return 0;
}
```

Lösung: Hier werden nicht nur mehrere Variablen eines Datentyps zusammen in einer Zeile deklariert, sondern auch gleich alle Variablen initialisiert, wobei die Variable zahl2 sogar mit dem Wert von zahl1 initialisiert wird. Beides ist statthaft. Die Ausgabe des Programms lautet 2.

Wird das folgende Programm fehlerfrei kompiliert? Wenn ja, wie lautet die Ausgabe?

```
#include <iostream>
using namespace std;

int main()
{
   int  zahl1 = 1, zahl2 = zahl3+1, zahl3 = 1;

   cout << zahl2 << endl;

   return 0;
}
```

Lösung. Nein, dies ist nun doch zuviel des Guten. Hier wird die Variable zahl2 mit dem Wert einer Variablen (zahl3) initialisiert, die zu diesem Zeitpunkt noch gar nicht deklariert ist (die Deklaration folgt ja erst nach dem Komma). Das akzeptiert kein C++-Compiler. Das Programm wird nicht kompiliert.

Kapitel 6

Mit Zahlen und Texten arbeiten

Bis jetzt waren unsere Beispielprogramme weder besonders nützlich noch besonders aufregend. Das lag daran, dass wir noch nicht gelernt haben, wie man die Daten, die in den Variablen abgespeichert sind, weiterverarbeiten kann.

Das können Sie schon:

Von der Idee zum Programm	19
Arbeit mit dem Compiler	37, 59, 62
Typische Elemente eines C++-Programms	68
Variablen und Konstanten	82
Datentypen	87

Das lernen Sie neu:

Die Rechenoperationen	100
Mathematische Formeln ausrechnen	101
Die mathematischen Funktionen	104
Weitere Zahlenoperatoren	116
Mit Strings arbeiten	118

Die Rechenoperationen

Neben der Zuweisung von Werten an Variablen gibt es noch andere Operationen auf Daten. Dabei legt der Datentyp bereits fest, welche Operationen auf die Daten angewendet werden dürfen. Zahlen lassen sich zum Beispiel addieren, subtrahieren, dividieren und multiplizieren:

```
// Multiplikation.cpp - Multiplikation von Zahlen
#include <iostream>
using namespace std;

int main()
{
   int n1, n2;

   n1 = 10;
   n2 = n1;

   n1 = n1 * n2;      // Multiplikation

   cout << "Ergebnis der Multiplikation = " << n1
        << endl;

   return 0;
}
```

Ausgabe:

```
Ergebnis der Multiplikation = 100
```

Wie Sie sehen erfolgt die Multiplikation durch das *-Zeichen – den Multiplikations-Operator. C++ kennt noch eine Reihe weiterer Operatoren zur Manipulation von Zahlen, siehe Tabelle 6.1.

Operator	Bedeutung	Beispiel	
=	Zuweisung	var = 3;	
+	Addition	var = 3 + 4;	// var = 7;
-	Subtraktion	var = 3 - 4;	// var = -1;
-	Vorzeichen	var = - 4;	// var = -4;
*	Multiplikation	var = 3 * 4;	// var = 12;
/	Division	var = 3 / 4; var = 3.0/4.0;	// var = 0; // var = 0.75;

Tabelle 6.1: Die arithmetischen Operatoren

Operator	Bedeutung	Beispiel
%	Modulo (ganzzahliger Rest einer Division von Ganzzahlen)	`var = 3 % 4;    // var = 3;`

Tabelle 6.1: Die arithmetischen Operatoren (Forts.)

> **Achtung**
>
> *Beachten Sie, dass die Modulo-Operation nur auf Ganzzahlen (`int` oder `long`) angewendet werden darf, während die Division unterschiedliche Ergebnisse für Ganzzahlen und Gleitkommazahlen liefert. Bei der Division von Gleitkommazahlen liefert der Operator das exakte Ergebnis zurück, bei der Division von Ganzzahlen liefert er dagegen ein ganzzahliges Ergebnis zurück, das heißt, er verwirft einfach den Nachkommaanteil.*

Mathematische Formeln ausrechnen

Mit Hilfe der oben vorgestellten Operatoren kann man bereits einfache Formeln berechnen.

Stellen Sie sich vor, Sie wollen im Urlaub nach Arizona fliegen. Im Internet recherchieren Sie, dass es in Arizona derzeit 20 Grad Fahrenheit warm ist. 20 Grad Fahrenheit? Entspricht das 20 Grad Celsius?

Die Formel für die Umrechnung von Fahrenheit in Celsius lautet

`c = (f - 32) * 5 / 9`

Lassen Sie uns nun zusammen ein Programm aufsetzen, das nach dieser Formel berechnet, wie warm 20 Grad Fahrenheit wirklich sind.

1 Beginnen Sie ein neues Programm (siehe Kapitel 3).

2 Setzen Sie das Programmgerüst auf.

```cpp
// Fahrenheit.cpp
#include <iostream>
using namespace std;

int main()
{
```

```
   return 0;
}
```

3 Deklarieren Sie zwei Variablen für die Temperatur in Fahrenheit und Celsius.

```
// Fahrenheit.cpp
#include <iostream>
using namespace std;

int main()
{
   double fahrenheit;
   double celsius;

   return 0;
}
```

Für die Variable `fahrenheit` wählen wir den Datentyp `double`, damit wir auch Werte mit Nachkommaanteil (beispielsweise 20.5) umrechnen lassen können.

Für die Variable `celsius` wählen wir den Datentyp `double`, weil das Ergebnis der Formel wegen der Multiplikation mit 5 / 9 in den meisten Fällen eine Zahl mit Nachkommaanteil ergibt.

4 Initialisieren Sie die Variable `fahrenheit`.

```
// Fahrenheit.cpp
#include <iostream>
using namespace std;

int main()
{
   double fahrenheit;
   double celsius;

   fahrenheit = 20;

   return 0;
}
```

> **Hinweis**
>
> Wenn Sie einen anderen Fahrenheit-Wert in Celsius umrechnen wollen, ersetzen Sie 20 durch den betreffenden Wert.

5 Berechnen Sie den zugehörigen Celsius-Wert.

```
// Fahrenheit.cpp
#include <iostream>
using namespace std;

int main()
{
  double fahrenheit;
  double celsius;

  fahrenheit = 20;
  celsius = fahrenheit - 32 * 5.0 / 9.0;

  return 0;
}
```

Warum schreiben wir in dieser Formel 5.0 / 9.0 statt einfach 5 / 9?

5 / 9 ist eine Ganzzahldivision, die der Compiler zu 1 berechnen würde.

5.0 / 9.0 dagegen ist eine Gleitkommadivision, die der Compiler wie gewünscht zu 0.55555555 berechnet.

Damit haben wir aber noch nicht alle Fallstricke umgangen.

Klammerung von Ausdrücken

Wie in der Mathematik gilt auch in C++, dass die Punktrechnung vor der Strichrechnung kommt. Der obige Ausdruck wird also nicht als

```
(fahrenheit - 32) * 5.0 / 9.0
```

berechnet, sondern als

```
fahrenheit - (32 * 5.0 / 9.0)
```

Damit der Compiler die einzelnen Operatoren in der von uns gewünschten Reihenfolge auswertet, müssen wir – wie in der Mathematik – Klammern setzen.

6 Setzen Sie Klammern, um die korrekte Reihenfolge bei der Auswertung der Operatoren sicherzustellen.

```
// Fahrenheit.cpp
#include <iostream>
using namespace std;

int main()
{
```

```
    double fahrenheit;
    double celsius;

    fahrenheit = 20;
    celsius = (fahrenheit - 32) * 5.0 / 9.0;

    return 0;
}
```

7 Geben Sie das Ergebnis der Berechnung aus.

```
// Fahrenheit.cpp
#include <iostream>
using namespace std;

int main()
{
    double fahrenheit;
    double celsius;

    fahrenheit = 20;
    celsius = (fahrenheit - 32) * 5.0 / 9.0;

    cout << fahrenheit
         << " Grad Fahrenheit entsprechen "
         << celsius
         << " Grad Celsius" << endl;
    return 0;
}
```

8 Kompilieren Sie das Programm und führen Sie es aus.

Abbildung 6.1: Das Fahrenheit-Programm (1. Version)

Die mathematischen Funktionen

Bestimmte häufig benötigte Rechenoperationen, wie das Ziehen einer Wurzel oder das Berechnen des Sinus eines Winkels, sind mit Hilfe der Operationen für die Grundrechenarten nur sehr schwer umzusetzen. Für die wichtigsten dieser Rechenoperationen gibt es daher in der C++-Laufzeitbibliothek passende Funktionen.

Funktion	Beschreibung
acos(x)	Arkuskosinus
asin(x)	Arkussinus
atan(x)	Arcustangens von x
atan2(x,y)	Arcustangens von x/y
ceil(x)	Rundet auf die nächste Ganzzahl ab
cos(x)	Kosinus
cosh(x)	Kosinus hyperbolicus
exp(x)	Exponentialfunktion e^x
fabs(x)	Absoluter Betrag
floor(x)	Größte Ganzzahl, die kleiner oder gleich dem übergebenen Wert ist
fmod(x, y)	Rest einer Gleitkommadivision
frexp(x, y)	Zerlegt eine Gleitkommazahl in Mantisse und Exponent
ldexp(x, y)	Berechnet den Wert von $x * 2^y$.
log(x)	Natürlicher Logarithmus
log10(x)	Logarithmus zur Basis 10
modf(x, y)	Zerlegt eine Gleitkommazahl in Vor- und Nachkommaanteil
pow(x)	Zahl potenzieren
sin(x)	Sinus
sinh(x)	Sinus hyperbolicus
sqrt(x)	Wurzel
tan(x)	Tangens
tanh(x)	Tangens hyperbolicus

Tabelle 6.2: Vordefinierte mathematische Funktionen

Die Programmierung mit diesen Funktionen ist die Einfachheit selbst: Sie rufen die Funktion über ihren Namen auf, übergeben ihr die benötigten Parameter und erhalten das Ergebnis zurück. Um beispielsweise die Wurzel von 102355 zu berechnen, schreiben Sie:

```
double wurzel;      // Variable zur Aufnahme des Ergebnisses
wurzel = sqrt(102355);
```

Woher aber weiß man, was eine Funktion macht, welche Parameter sie benötigt und was sie als Ergebnis zurückliefert?

Nun, entweder besorgt man sich ein gutes Buch, in dem die einzelnen Funktionen (und am besten auch gleich die anderen Elemente der C++-Laufzeitbibliothek) vorgestellt werden, oder man schaut in die Hilfe des Compilers, sofern dieser mit einer solchen ausgestattet ist.

Verwendung der Online-Hilfe

Die Personal Edition des C++BuilderX verfügt nur über eine sehr rudimentäre, in Englisch geschriebene Online-Hilfe, deren Hauptaugenmerk zudem auf der Arbeit mit der Entwicklungsumgebung liegt. Immerhin, sie reicht aus, um sich über den Inhalt der C++-Standardbibliothek und der Verwendung der einzelnen Funktionen und Klassen zu informieren. Lassen Sie uns jetzt also einmal nachschauen, wie man mit der Funktion `tan()` arbeitet.

> **Hinweis**
>
> *Der Borland5.5-Compiler wird ohne Hilfesystem ausgeliefert. Wenn Sie unter Linux mit dem g++-Compiler arbeiten, können Sie die man-pages befragen (beispielsweise in Konsolenfenster* `man tan` *abschicken).*

> **Hinweis**
>
> *Einen Überblick über die wichtigsten Headerdateien und Bibliothekselemente finden Sie zudem in Kapitel 16, Abschnitt »#include und #define«.*

Die mathematischen Funktionen

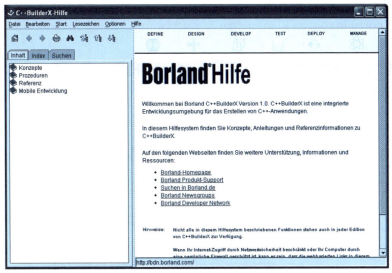

Abbildung 6.2: Begrüßungsbildschirm der Borland-Hilfe

1 Rufen Sie das Hilfesystem auf. Wählen Sie dazu in der Menüleiste der C++BuilderX-Entwicklungsumgebung den Befehl *Hilfe/Hilfesystem* aus.

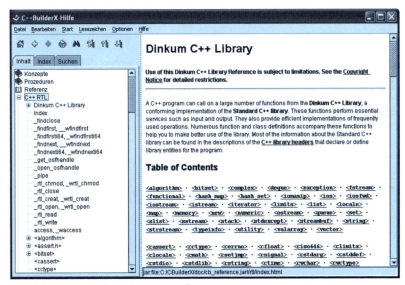

Abbildung 6.3: Aufbau der C++-Referenz

2 Klicken Sie im Inhaltsverzeichnis auf die Knoten *Referenz* und *C++-RTL* und scrollen bis Sie zum Eintrag für die Headerdatei *math.h.*

Die C++-Referenz ist im Wesentlichen nach Headerdateien geordnet (dies sind die Knoten in spitzen Klammern wie *<algorithm>*, *<assert.h>* oder eben *<math.h>*.

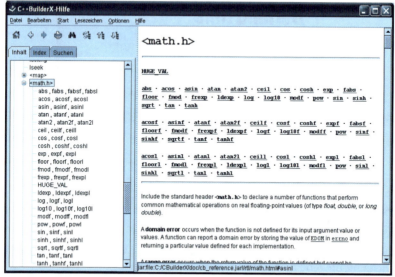

Abbildung 6.4: Inhalt der math.h-Headerdatei

3 Klicken Sie auf den Knoten *<math.h>*.

Im Fenster rechts werden Links zu den einzelnen Elementen der Math-Bibliothek aufgelistet.

4 Wählen Sie das Element aus, das Sie interessiert – im vorliegenden Fall also der Link *tan* im zweiten Block.

Die mathematischen Funktionen

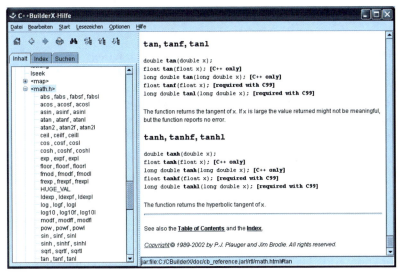

Abbildung 6.5: Hilfe zur tan-Funktion

Die Informationen zur tan()-Funktion sind äußerst knapp. Manche Hilfetexte in der Borland-Hilfe enthalten weitere Links, über die Hintergrundinformationen abgerufen werden können. Nicht so der Abschnitt zur tan()-Funktion, der lediglich die verschiedenen Funktionsdeklarationen auflistet und darunter in einem knappen Satz zusammenfasst, was die Funktion macht.

Wie gesagt, es ist nicht viel Information, aber es sind die Informationen, die wir benötigen:

Erstens: Dass die Funktion tan() unter dem Knoten für *<math.h>* aufgelistet ist, bedeutet natürlich, dass sie in der Headerdatei *math.h* deklariert ist. Wenn wir die Funktion in einem Programm verwenden wollen, müssen wir also am Anfang der Quelltextdatei die Headerdatei *math.h* einbinden:

```
#include <math.h>
```

109

> **Hinweis**
>
> Die Headerdatei math.h *stammt noch aus den alten C-Tagen. C++ hat diese Headerdateien komplett übernommen. Es gibt auch eigene C++-Headerdateien für die Bibliothekselemente, die auf C zurückgehen. Diese heißen ebenso wie ihre C-Pendants, jedoch mit vorangestelltem kleinen c und ohne die Dateiextension .h. Die C++-Headerdatei für die mathematischen Funktionen heißt folglich:* cmath *statt* math.h.
>
> *Ansonsten unterscheiden sich die beiden Headerdateien nur darin, dass in der Headerdatei* cmath *alle Deklarationen im Namensbereich* std *stehen (siehe auch Kapitel 16, Abschnitt »#include und #define«).*

Des Weiteren erfahren wir, dass der Parameter, der beim Aufruf der Funktion zwischen den runden Klammern angegeben wird, und der Ergebniswert, der von der Funktion zurückgeliefert wird, vom Typ `double` sein müssen.

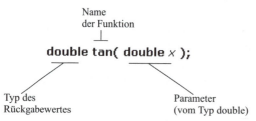

Abbildung 6.6: Teile einer Funktionsbeschreibung

Schließlich bestätigt uns die Funktionsbeschreibung, dass die Funktion tatsächlich wie erwartet den Tangens des übergebenen Arguments berechnet. Gleichzeitig werden wir gewarnt, dass der Ergebniswert für große Zahlen möglicherweise nicht mehr korrekt ist.

Typenstrenge und Typumwandlung

Bevor wir uns im nächsten Abschnitt damit beschäftigen, wie man eine Funktion wie `tan()` in einem Programm verwendet, müssen wir noch kurz auf die Bedeutung der Datentypen der Parameter und des Ergebniswertes der Funktion eingehen.

Beginnen wir mit dem Parameter der `tan()`-Funktion. Was bedeutet es, dass dieser vom Typ `double` ist?

Die mathematischen Funktionen

C++ ist eine sehr typenstrenge Programmiersprache. Das bedeutet, wenn der Compiler irgendwo einen Wert eines bestimmten Typs erwartet, dann dürfen Sie an dieser Stelle auch nur Werte dieses Typs verwenden!

Der Typ double steht für alle reellen Zahlen (soweit sie im Wertebereich des Datentyps liegen, siehe Tabelle 5.1). Das heißt, wir können als Argumente Konstanten wie -3.14 oder 2.0 oder eine double-Variable übergeben:

```
double wert = 0.575;
tan(3.14);
tan(2.0);
tan(wert);
```

Können wir auch die Ganzzahl 2 übergeben?

```
tan(2);     // ist das korrekt?
```

Auf den ersten Blick würde man sagen, »Natürlich, die 2 ist schließlich auch eine reelle Zahl.«

Aber Achtung, der C++-Compiler ist hier pingelig. Für ihn ist die Konstante 2 eine Ganzzahl, also vom Typ int (im Gegensatz zur Konstante 2.0, die vom Typ double ist). Wir haben es also mit unterschiedlichen Typen zu tun und der Compiler sollte den Aufruf tan(2) eigentlich mit einer Fehlermeldung quittieren.

Dass er keine Fehlermeldung ausgibt, liegt daran, dass er für bestimmte Typkombinationen den einen Typ automatisch in den anderen Typ umwandeln kann. Dies gilt beispielsweise für die Umwandlung von int in long oder von float in double oder eben auch für die Umwandlung einer Ganzzahl (int oder long) in eine Gleitkommazahl (float oder double).

> **Hinweis**
>
> *Dass man dem double-Parameter keine Zeichen oder Strings übergeben kann, selbst wenn diese Ziffern enthalten ('1' oder "314"), dürfte klar sein.*

Und wie sieht es mit dem Ergebnis aus? Die Funktion double tan(double x) liefert den berechneten Tangens als Wert vom Typ double zurück. Diesen Wert können wir nur in einer float- oder einer double-Variablen speichern:

```
double tangens;
tangens = tan(0.54);
```

> **Achtung**
>
> *Wenn Sie das Ergebnis in einer* float*-Variablen speichern, müssen Sie damit rechnen, dass der Wert verkrüppelt wird – sei es, dass der* double*-Wert einfach zu groß ist, um in einer* float*-Variablen abgespeichert zu werden (*double *hat ja den größeren Wertebereich), sei es, dass bei der Umwandlung aus Platzgründen Nachkommastellen verloren gehen.*

Was passiert, wenn wir das Ergebnis in einer long-Variablen speichern wollen?

long tangens;

tangens = tan(0.54);

Kann der Compiler dann nicht auch eine automatische Konvertierung durchführen. Nein! Bedenken Sie, dass es etwas ganz anderes ist, eine Ganzzahl in eine Gleitkommazahl umzuwandeln, als umgekehrt eine Gleitkommazahl in eine Ganzzahl zu konvertieren.

Aus 2 oder irgendeiner anderen Ganzzahl eine Gleitkommazahl zu machen, ist für den Compiler genauso einfach wie für Sie, aus der 2 eine 2.0 zu machen. Aber nicht jede Gleitkommazahl kann man ebenso einfach in eine Ganzzahl verwandeln. Die meisten Gleitkommazahlen haben nämlich Nachkommastellen oder einen Wert, der weit außerhalb des Wertebereichs des long-Datentyps liegt. Eine Umwandlung dieser Gleitkommazahlen in eine Ganzzahl wäre nicht ohne Datenverlust möglich. Grund genug für den Compiler keine automatische Typumwandlung vorzunehmen. Der obige Versuch, das double-Ergebnis der Funktion an eine long-Variable zuzuweisen, wird also zu einer Fehlermeldung des Compilers führen.

Manchmal möchte man aber ganz bewusst eine Typumwandlung durchführen. Dann kann man den gewünschten Datentyp vor den umzuwandelnden Wert stellen:

long tangens;

tangens = (long) tan(0.54);

Diese Anweisung sagt dem Compiler:

»Ich weiß, dass Du Umwandlungen von double-Werten in long-Werten eigentlich nicht erlaubst und dass es dabei zu Datenverlusten kommen kann, aber der Wert ist in diesem Fall nicht zu groß und die Nachkommastellen interessieren mich nicht. Ich übernehme also die Verantwortung, speichere den Wert bitte in der `long`-Variablen ab.«

In der Variablen `tangens` wird dann statt des Wertes 0.59943 (= Tangens von 0.54) der Wert 0 gespeichert.

> **Achtung**
>
> *Die explizite Typumwandlung ist nicht für jede beliebige Kombination von Typen erlaubt, sondern nur für Umwandlungen, die vom Compiler unterstützt werden. Beispielsweise können Sie Strings, die Zahlen enthalten (beispielsweise "312"), nicht durch explizite Typumwandlung in einen `int`-Wert verwandeln. Für die Umwandlung von Strings in Zahlen (und umgekehrt) gibt es in C++ spezielle Funktionen, die wir in Kapitel 7, Abschnitt »Zahlen in Strings und Strings in Zahlen verwandeln« kennen lernen werden.*

Verwendung der trigonometrischen Funktionen

Wenn Sie mit den trigonometrischen Funktionen arbeiten, müssen Sie beachten, dass diese Funktionen als Parameter stets Werte in Bogenmaß (Radiant) erwarten. Beim Bogenmaß wird der Winkel nicht in Grad, sondern als Länge des Bogens angegeben, den der Winkel aus dem Einheitskreis (Gesamtumfang 2) ausschneidet: 1 rad = 360°/2 ; 1° = 2 /360 rad.)

Nehmen wir an, Sie wollen die Höhe eines Bungalows ermitteln. Sie stellen sich in einiger Entfernung vor das Haus und markieren diesen Punkt am Boden. Von diesem Punkt aus peilen Sie die Dachkante an und messen den Winkel zwischen der Peillinie zur Dachkante und dem Boden, sagen wir 25 Grad. Jetzt müssen Sie noch die Entfernung zum Haus messen, sagen wir 18 Meter. Nach der Formel

```
h = distanz * tan a
```

können wir jetzt die Höhe berechnen.

1 Beginnen Sie ein neues Programm (siehe Kapitel 3).

2 Setzen Sie das Programmgerüst auf.

```
// Tangens.cpp
#include <iostream>
using namespace std;

int main()
```

```
{
    return 0;
}
```

3 Binden Sie die Headerdatei `cmath` ein.

```
// Tangens.cpp
#include <iostream>
#include <cmath>
using namespace std;

int main()
{

    return 0;
}
```

4 Deklarieren und initialisieren Sie die Variablen für den Winkel, die Entfernung zur Hauswand und die zu berechnende Höhe.

```
// Tangens.cpp
#include <iostream>
#include <cmath>
using namespace std;

int main()
{
    double winkel = 25.0;    // Winkel Peillinie-Boden
                             // (in Grad)

    double distanz = 18.0;   // Entfernung
                             // Peilpunkt - Hauswand

    double hoehe;

    return 0;
}
```

5 Rechnen Sie den Winkel von Grad in RAD um.

```
// Tangens.cpp
#include <iostream>
#include <cmath>
using namespace std;

int main()
{
    double winkel = 25.0; // Winkel Peillinie-Boden
                          // (in Grad)
```

Die mathematischen Funktionen

```
    double distanz = 18.0; // Entfernung
                           // Peilpunkt - Hauswand

    double hoehe;

    winkel = winkel * 2 * 3.14159 / 360;

    return 0;
}
```

6 Rufen Sie die Funktion `tan()` auf, um die Haushöhe zu berechnen.

```
// Tangens.cpp
#include <iostream>
#include <cmath>
using namespace std;

int main()
{
    double winkel = 25.0; // Winkel Peillinie-Boden
                          // (in Grad)

    double distanz = 18.0; // Entfernung
                           // Peilpunkt - Hauswand

    double hoehe;

    winkel = winkel * 2 * 3.14159 / 360;

    hoehe = distanz * tan (winkel);

    return 0;
}
```

7 Geben Sie das Ergebnis aus.

```
// Tangens.cpp
#include <iostream>
#include <cmath>
using namespace std;

int main()
{
    double winkel = 25.0; // Winkel Peillinie-Boden
                          // (in Grad)

    double distanz = 18.0; // Entfernung
                           // Peilpunkt - Hauswand

    double hoehe;
```

```
    winkel = winkel * 2 * 3.14159 / 360;

    cout << "Das Haus ist " << hoehe
         << " Meter hoch." << endl;

    return 0;
}
```

8 Kompilieren Sie das Programm und führen Sie es aus.

Abbildung 6.7: Ausgabe der berechneten Haushöhe

Weitere Zahlenoperatoren

Wir können das Thema Zahlen und Operatoren nicht abschließen, ohne uns einige wichtige Kurzformen für Zuweisungen anzuschauen.

Kombinierte Zuweisungen

Bisher würden Sie, um den Wert einer Variablen zu verändern (sagen wir ihn mit 3 zu multiplizieren), schreiben:

```
int var = 12;
var = var * 3;
```

Hierfür gibt es eine Kurzform, die auf der Verwendung des kombinierten *=-Operators beruht:

```
int var = 12;
var *= 3;
```

Diese Kurzform ist zunächst zwar etwas gewöhnungsbedürftig, spart aber dem Programmierer Tipparbeit und dem Anwender Laufzeit.

Kombinierte Zuweisungsoperatoren stehen für alle arithmetischen Operationen zur Verfügung: +=, -=, *=, /=, %=.

Inkrement und Dekrement

Zwei in der Programmierung häufig benötigte Operationen sind die Erhöhung beziehungsweise Verminderung einer ganzzahligen Variablen um 1 (siehe unter anderem Kapitel 9).

Hierfür gibt es in C++ zwei spezielle Operatoren: ++ und --.

Die Anweisung

```
++var;
```

setzt den Wert der Variablen var um 1 hoch.

> **Was ist das?**
>
> *Die Erhöhung um 1 bezeichnet man auch als* Inkrement.

Die Anweisung

```
--var;
```

setzt den Wert der Variablen var um 1 herab.

> **Was ist das?**
>
> *Die Verminderung um 1 bezeichnet man auch als* Dekrement.

Das Besondere an den Operatoren ++ und -- ist, dass man sie auch in Ausdrücken (also auf der rechten Seite von Zuweisungen) verwenden kann

```
var1 = 3 * ++var2;
```

und dass man sie sowohl vor als auch hinter den Namen der Variablen setzen kann:

```
++var;     // erhöht var um 1, repräsentiert in
           // Zuweisung die Summe von var+1
var++;     // erhöht var um 1, repräsentiert in
           // Zuweisung aber den alten Wert von var
```

Die Möglichkeiten und Fallstricke zu erläutern, die mit diesen Schreibweisen einhergehen, würde an dieser Stelle zu weit führen (außerdem gibt es weit mehr Fallstricke als Möglichkeiten). Sie können die Fallstricke aber umgehen, wenn Sie die Operatoren nur allein mit dem Variablennamen (und nicht in Ausdrücken, an denen weitere Operatoren beteiligt sind) verwenden. Und wenn Sie dann noch darauf achten, den Operator stets vor den Variablennamen zu stellen, erzeugen Sie sogar richtig effizienten Code.

Mit Strings arbeiten

In Kapitel 5, Abschnitt »Der Datentyp – Variablen für jeden Zweck« habe ich Sie bereits darauf hingewiesen, dass es in C++ keinen eingebauten Datentyp für Strings gibt, wohl aber eine in der Laufzeitbibliothek definierte Klasse string, in deren Variablen man Strings speichern kann.

String-Variablen definieren und zuweisen

Auf den ersten Blick arbeitet man mit dem Klassentyp string genauso wie mit einem elementaren Datentyp – mit der einen Ausnahme, dass man die Headerdatei *string* mit einbinden muss.

1 Beginnen Sie ein neues Programm (siehe Kapitel 3).

2 Setzen Sie das Programmgerüst auf.

```
#include <iostream>
using namespace std;

int main()
{

   return 0;
}
```

3 Binden Sie die Headerdatei <string> ein.

```
#include <iostream>
#include <string>
using namespace std;

int main()
{

   return 0;
}
```

4 Deklarieren Sie eine Variable vom Typ string.

```
#include <iostream>
#include <string>
using namespace std;
```

Mit Strings arbeiten

```
int main()
{
  string meinStr;

  return 0;
}
```

5 Weisen Sie der Variablen einen String zu.

```
#include <iostream>
#include <string>
using namespace std;

int main()
{
  string meinStr;

  meinStr = "Hallo Dirk!";

  return 0;
}
```

6 Geben Sie den String in `meinStr` aus.

```
#include <iostream>
#include <string>
using namespace std;

int main()
{
  string meinStr;

  meinStr = "Hallo Dirk!";

  cout << meinStr << endl;

  return 0;
}
```

7 Kompilieren Sie das Programm und führen Sie es aus.

Strings aneinander hängen

Eine wichtige Operation zur Bearbeitung von Strings ist das Anhängen eines Strings an einen anderen.

> **Was ist das?**
>
> *Das Aneinanderhängen von Strings spielt in der Programmierung und in der theoretischen Informatik eine so bedeutende Rolle, dass es sogar einen eigenen Namen dafür gibt: Konkatenation.*

Um uns das Aneinanderhängen von Strings so bequem wie möglich zu machen, wurde die Klasse `string` so implementiert, dass man Strings mit Hilfe des +-Operators aneinanderhängen kann.

Schauen wir uns an, wie man zwei einzelne Strings zu einem neuen String kombinieren kann.

1 Beginnen Sie ein neues Programm, setzen Sie das Programmgerüst auf und binden Sie die Headerdatei `<string>` ein.

```cpp
// Konkatenation.cpp
#include <iostream>
#include <string>
using namespace std;

int main()
{

   return 0;
}
```

2 Deklarieren Sie drei `string`-Variablen: eine, die Sie direkt mit einem Grußwort initialisieren, eine, die Sie mit einem Namen initialisieren, und eine für den kombinierten String.

```cpp
// Konkatenation.cpp
#include <iostream>
#include <string>
using namespace std;

int main()
{
   string gruss   = "Hallo";
   string name    = "Sean O' Casey";
   string ausgabe;

   return 0;
}
```

Mit Strings arbeiten

3 Hängen Sie Grußwort und Namen aneinander und weisen Sie das Ergebnis der String-Variablen ausgabe zu.

```
// Konkatenation.cpp
#include <iostream>
#include <string>
using namespace std;

int main()
{
   string gruss    = "Hallo";
   string name     = "Sean O' Casey";
   string ausgabe;

   ausgabe = gruss + " " + name + "!";

   return 0;
}
```

Damit der Name im kombinierten String nicht direkt am Grußwort klebt, hängen wir an das Grußwort zuerst ein Leerzeichen an. Dann folgen der Name und ein abschließendes Ausrufezeichen.

Sie sehen: Es ist kein Problem, mehrere Strings nacheinander anzuhängen, und man kann sowohl String-Variablen als auch String-Konstanten anhängen.

4 Geben Sie den kombinierten String aus.

```
// Konkatenation.cpp
#include <iostream>
#include <string>
using namespace std;

int main()
{
   string gruss    = "Hallo";
   string name     = "Sean O' Casey";
   string ausgabe;

   ausgabe = gruss + " " + name + "!";

   cout << ausgabe << endl;

   return 0;
}
```

5 Kompilieren Sie das Programm und führen Sie es aus.

Abbildung 6.8: Ausgabe des konkatenierten Strings

Sonderzeichen in Strings

In dem String "Sean O' Casey" ist ein einfaches Anführungszeichen enthalten. Einfache gerade Anführungszeichen in Strings stellen kein Problem dar, aber was ist, wenn wir einen String aufsetzen müssen, der doppelte Anführungszeichen enthält:

"Sean sagt, "Hallo!""

Es ist klar, dass das schief gehen muss. Wenn der Compiler beim Übersetzen des Quellcodes auf das erste doppelte Anführungszeichen trifft, weiß er, dass jetzt ein String folgt. Er liest also weiter Zeichen für Zeichen ein, bis er auf das nächste doppelte Anführungszeichen trifft, das für ihn das Ende des Strings signalisiert. Aus seiner Sicht lautet der String also "Sean sagt, ". Danach folgt ein Bezeichner Hallo!, der nirgends definiert ist und ein weiterer String "", der gar nicht an diese Stelle passt. Der Compiler ist zu Recht verwirrt. Er kapituliert und gibt eine Reihe von Fehlermeldungen aus.

Um die Fehler zu beheben, müssen wir dem Compiler anzeigen, dass es sich bei den doppelten Anführungszeichen um Hallo! nicht um das String-Ende-Zeichen, sondern um ganz normale, zum Text des Strings gehörende Zeichen handelt. Dazu stellen wir den Anführungszeichen das Escape-Zeichen \ voran:

"Sean sagt, \"Hallo!\"";

Was ist das?

Mit Hilfe des Escape-Zeichens kann man zum einen Zeichen, die für den Compiler eine besondere Bedeutung haben (" oder \), als einfache Textzeichen kennzeichnen (\" oder \\), zum anderen kann man bestimmte Sonderzeichen in einen Text einfügen (beispielsweise \t zum Einfügen eines Tabulators).

Sequenz	Aufgabe
\a	Signalton
\n	Neue Zeile
\t	Horizontaler Tabulator
\\	Backslash
\"	Doppeltes Anführungszeichen

Tabelle 6.3: Die wichtigsten Escape-Sequenzen

Strings manipulieren

Das Aneinanderreihen und Ausgeben von Strings sind Aufgaben, die bei der Programmierung mit Strings recht häufig anfallen, aber das sind natürlich nicht die einzigen Aufgaben. Weitere wichtige Aufgaben sind das Vergleichen von Strings sowie das Umwandeln von Strings in Zahlen oder umgekehrt von Zahlen in Strings. Ich werde Ihnen diese Operationen in den beiden nächsten Kapitel ausführlich vorstellen.

Daneben gibt es noch eine Vielzahl weiterer String-Manipulationen, die zwar nicht ganz so häufig gebraucht werden, die man als guter Programmierer aber dennoch kennen sollte.

1 Nehmen wir an, Ihnen läge folgender Programmcode vor.

```cpp
// Ersetzen.cpp
#include <iostream>
#include <string>
using namespace std;

int main()
{
  string ausgabe = "Hallo Dirk, wie geht es Dir?";
  string name    = "Sean";


  cout << ausgabe << endl;

  return 0;
}
```

Ihre Aufgabe soll es sein, den Namen in dem String `ausgabe` durch den Namen in dem String `name` zu ersetzen.[6] Aber bitte: Sie sollen `ausgabe` keinen neuen String zuweisen, sondern wirklich den Teilstring `Dirk` durch den Inhalt von `name` ersetzen!

Das können wir nicht selbst implementieren. Wir können nur hoffen, dass es in der Klasse `string` eine Methode gibt, die dies für uns leistet. Ob es eine solche Methode gibt, sagt uns die Online-Hilfe.

2 Rufen Sie das Hilfesystem auf. Wählen Sie dazu in der Menüleiste der C++BuilderX-Entwicklungsumgebung den Befehl *Hilfe/Hilfethemen* aus.

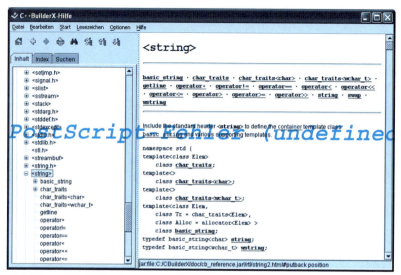

Abbildung 6.9: Hilfeseite zu <string>

3 Öffnen Sie im Inhaltsverzeichnis den Knoten *Referenz/C++-RTL* und klicken Sie auf *<string>*.

Es erscheint die Hilfeseite zu der Headerdatei `<string>`. Dort ist die Rede von einer »Template-Klasse« `basic_string`. Was aber ist eine Template-Klasse?

Templates sind ein weit fortgeschrittenes Element von C++, mit dem wir uns hier nicht weiter beschäftigen werden. Es reicht uns zu wissen, dass die Funktionalität von `string` eigentlich auf `basic_string` zurückgeht.

---

[6] Wobei Sie das Beispiel ruhig so abändern dürfen, dass in `name` Ihr eigener Name steht.

Mit Strings arbeiten

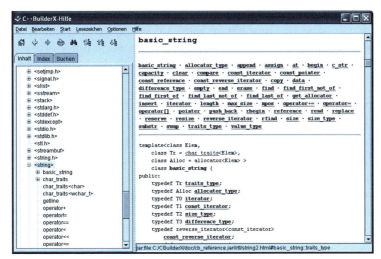

Abbildung 6.10: Hilfeseite zu basic_string. Hier sind die Elemente aufgeführt, die für die Bearbeitung von Strings interessant sind.

4 Doppelklicken Sie auf den Eintrag `basic_string`.

Es erscheint die Online-Hilfe zu `basic_string`, beginnend mit der Auflistung der `basic_string`-Elemente.

5 Der Link *replace* (Englisch für »ersetzen«) klingt doch sehr viel versprechend. Folgen Sie ihm.

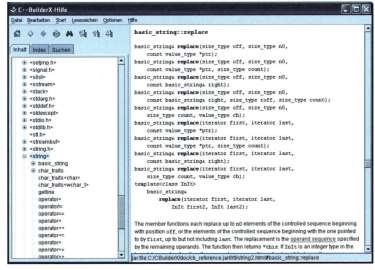

Abbildung 6.11: Hilfetext zur replace()-Methode von basic_string

Die Beschreibung der Methode `replace()` sieht auf den ersten Blick sehr kompliziert aus. Sie ist auch kompliziert und wendet sich vornehmlich an fortgeschrittene Programmierer. Mit ein wenig Vorwissen und unter Anwendung einiger Tricks kann man aber auch als Anfänger von der Hilfe profitieren.

- Zuerst einmal darf man sich nicht wundern, dass es hier insgesamt zehn verschiedene Definitionen für die Methode `replace()` gibt. Der Grund hierfür liegt darin, dass man `replace()` mit verschiedenen Kombinationen von Argumenten aufrufen kann, und für jede Kombination gibt es eine eigene Definition.
- Des Weiteren sollte man wissen, dass die C++-Laufzeitbibliothek viel mit so genannten Iteratoren arbeitet. Da diese für uns aber uninteressant sind, können Sie die entsprechenden Methodendefinitionen ignorieren.
- Wenn Sie jetzt noch in Gedanken alle Vorkommen von `basic_string&` oder `const basic_string&` in `string` und alle Vorkommen von `size_type` in `int` umwandeln, werden die Definitionen doch gleich wesentlich verständlicher.

Betrachten wir zum Beispiel die dritte Definition, die sich jetzt wie folgt liest:

```
string replace(int off, int n0, string right);
```

Diese Methode ersetzt einen Teil des aktuellen Strings durch den String, der ihr als drittes Argument (`right`) übergeben wird. Der zu ersetzende Teilstring wird durch die `int`-Werte für die beiden ersten Parameter festgelegt. `off` übergeben Sie die Position des ersten zu ersetzenden Zeichens im String, wobei zu beachten ist, dass die Position des ersten Zeichens im String 0 lautet. `n0` übergeben Sie die Anzahl der zu ersetzenden Zeichen.

6 Rufen Sie für den String `ausgabe` die Methode `replace()` auf.

```
// Ersetzen.cpp
#include <iostream>
#include <string>
using namespace std;

int main()
{
    string ausgabe = "Hallo Dirk, wie geht es Dir?";
    string name    = "Sean";

    ausgabe.replace(

    cout << ausgabe << endl;
```

Mit Strings arbeiten

```
   return 0;
}
```

Die Methoden der Klasse `string` können nur für Variablen der Klasse `string` aufgerufen werden. Man gibt also zuerst die Variable an, die bearbeitet werden soll, und hängt dann mit einem Punkt den Aufruf der Methode an.

Der Aufruf `ausgabe.replace()` bedeutet also, dass Sie einen Teil des Strings `ausgabe` ersetzen wollen.

7 Geben Sie an, ab welchem Zeichen ersetzt werden soll.

```
// Ersetzen.cpp
#include <iostream>
#include <string>
using namespace std;

int main()
{
   string ausgabe = "Hallo Dirk, wie geht es Dir?";
   string name    = "Sean";

   ausgabe.replace(6,

   cout << ausgabe << endl;

   return 0;
}
```

Zählen Sie ab dem Zeichen H und beginnen Sie mit 0. Der erste zu ersetzende Buchstabe (das D) hat dann die Position 6, die Sie als erstes Argument an `replace()` übergeben.

8 Geben Sie an, wie viele Zeichen ersetzt werden sollen.

```
// Ersetzen.cpp
#include <iostream>
#include <string>
using namespace std;

int main()
{
   string ausgabe = "Hallo Dirk, wie geht es Dir?";
   string name    = "Sean";

   ausgabe.replace(6, 4
```

```
    cout << ausgabe << endl;

    return 0;
}
```

»Dirk« hat vier Zeichen, weswegen wir als zweites Argument 4 übergeben.

9 Geben Sie den String an, der eingefügt werden soll, und schließen Sie den Methodenaufruf mit einer runden Klammer und dem Semikolon ab.

```
// Ersetzen.cpp
#include <iostream>
#include <string>
using namespace std;

int main()
{
    string ausgabe = "Hallo Dirk, wie geht es Dir?";
    string name    = "Sean";

    ausgabe.replace(6,4, name);

    cout << ausgabe << endl;

    return 0;
}
```

Der String, der eingefügt werden soll, steht in der `string`-Variablen `name`, die wir folglich als letztes Argument übergeben.

10 Kompilieren Sie das Programm und führen Sie es aus.

Abbildung 6.12: Ausgabe des Strings nach Ersetzung des Namens

In ähnlicher Weise verwendet man die weiteren Methoden der Klasse `string` – hier eine kleine Auswahl:

string insert(int pos, string str)
Fügt den String `str` vor der Position `pos` in den aktuellen String ein.

```
string ausgabe = "Hallo Dirk, wie geht es?";
ausgabe.insert(10, " und Sean");
cout << ausgabe << endl;
```

Ausgabe:

```
Hallo Dirk und Sean, wie geht es?
```

string erase(int pos, int n)
Entfernt ab der Position pos n Zeichen aus dem String.

```
string ausgabe = "Hallo Dirk, wie geht es?";
ausgabe.erase(5, 5);
cout << ausgabe << endl;
```

Ausgabe:

```
Hallo, wie geht es?
```

int find(string str, int pos)
Sucht im aktuellen String ab der Position pos nach dem ersten Vorkommen des Teilstrings str und liefert die Anfangsposition des Teilstrings zurück.

```
string ausgabe = "Hallo Dirk, wie geht es?";
int pos;
pos = ausgabe.find("Dirk", 0);
cout << pos << endl;
```

Ausgabe:

```
6
```

string substr(int pos, int n)
Liefert eine Kopie eines Teilstrings zurück. Der Teilstring beginnt bei Position pos und umfasst n Zeichen.

```
string ausgabe = "Hallo Dirk, wie geht es?";
string str;
str = ausgabe.substr(6, 4);
cout << str << endl;
```

Ausgabe:

```
Dirk
```

Vertiefung: Speicherverwaltung für Strings

Wenn Sie in Kapitel 5 den Abschnitt zur Speicherbelegung für die elementaren Datentypen gelesen haben (»Die Bedeutung des Datentyps«), werden Sie sich vielleicht fragen, wie denn die Speicherbelegung für Strings aussieht.

| D | A | S | | I | S | T | | E | I | N | | S | T | R | I | N | G | \0 |

Abbildung 6.13: Ein String im Arbeitsspeicher (jedes Zeichen belegt eine bestimmte Bitzahl, üblicherweise 8 Bit = 1 Byte[7])

Strings werden einfach Zeichen für Zeichen hintereinander im Speicher abgelegt. Damit der Compiler weiß, wo der String endet, muss man am Ende des Strings das Terminierungszeichen \0 anhängen.

> **Hinweis**
>
> *Müssten wir dann nicht alle unsere Strings mit dem Terminierungszeichen \0 abschließen? Nein! String-Konstanten werden automatisch vom Compiler mit einem Terminierungszeichen abgeschlossen, und bei der Manipulation von string-Variablen sorgt die Implementierung der Klasse string dafür, dass die Strings immer korrekt mit dem Terminierungszeichen abgeschlossen werden.*

Problematisch wird es, wenn in einer string-Variablen ein String wie »Hallo« gespeichert ist, der Variablen dann aber ein String »Herzlich willkommen« zugewiesen oder ein String » Dirk« angehängt wird.

```
string str = "Hallo";
str = "Herzlich willkommen";
```

oder

```
str += " Dirk";
```

Das Problem hierbei besteht natürlich darin, dass sich der String, der in der Variablen gespeichert werden soll, vergrößert. Nun wissen wir aber aus Kapitel 5, dass es nicht möglich ist, den für eine Variable reservierten Speicher nachträglich zu vergrößern. Trotzdem haben Sie gesehen, dass man string-Variablen neue Strings zuweisen, andere Strings anhängen oder einfügen, und Teilstrings entfernen kann. Wie ist dies möglich?

Die Lösung dieses Rätsels liegt in der Implementierung der Klasse string verborgen. Wenn Sie beispielsweise einer string-Variablen einen neuen String zuweisen, reserviert die Klasse zur Laufzeit einen komplett neuen

---

7   Mittlerweile werden die Zeichen nach dem allgemeinen UNICODE-Standard codiert (der auch arabische und asiatische Zeichen umfasst). Dann benötigt man zur Codierung eines Zeichens mindestens 24 Bit (manche Systeme reservieren gleich 32 Bit).

Speicherbereich für den String. Der alte Speicherbereich wird freigegeben und die `string`-Variable wird mit dem neuen Speicherbereich verbunden.

Als Fazit können wir feststellen, dass uns die Klasse `string` nicht nur eine Reihe von leistungsfähigen Methoden zur Bearbeitung von Strings zur Verfügung stellt, sondern uns auch von lästigen Aufgaben, wie der Speicherverwaltung oder dem Anhängen des Terminierungszeichen, befreit.

Rätselhaftes C++

C++ kennt viele leistungsfähige Operatoren, ja man könnte sagen, C++-Entwickler haben ein Faible für die Programmierung mit Operatoren. Dies hält sie jedoch nicht davon ab, es gelegentlich zu übertreiben. Dann entstehen Stilblüten wie die Folgende:

```
int m = 10;
int n =  5;
int erg;

erg = (++m)+++(++n+1);
```

Können Sie voraussagen, welchen Wert `erg` nach Ausführung der Zuweisung hat?

Lösung: 18. Zuerst wird der Inhalt der ersten Klammer berechnet, d.h. m wird um 1 auf 11 erhöht. m wird dann noch ein weiteres Mal erhöht (nachgestellte Version von ++), im aktuellen Ausdruck lautet das Zwischenergebnis aber weiter 11. Zu diesem wird der Wert der zweiten Klammern (++n+1 gleich 7) hinzuaddiert. Als Ergebnis wird erg der Wert 18 zugewiesen. Gute Programmierer hätten aus obiger Zeile zumindest einen Zweizeiler gemacht:

```
erg = ++m + (++n+1);
++m;
```

Kapitel 7

Daten einlesen und ausgeben

Die meisten Programme sind darauf angewiesen, dass sie Daten mit den Anwendern austauschen. Das heißt, sie nehmen die zu verarbeitenden Daten über die Tastatur entgegen und geben ihre Ergebnisse auf die Konsole aus. Wie das geht, sehen wir uns in diesem Kapitel an.

Das können Sie schon:

Arbeit mit dem Compiler	37, 59, 62
Typische Elemente eines C++-Programms	68
Variablen und Konstanten	82
Datentypen	87
Operatoren und Ausdrücke	100, 116
Mathematische Funktionen	104, 113
Verwendung der Online-Hilfe	106
Mit Strings arbeiten	118

Das lernen Sie neu:

Daten einlesen	134
Formatierte Ausgabe mit cout	137
Formatierte Ausgabe mit printf()	143
Zahlen in Strings und Strings in Zahlen verwandeln	149

Daten einlesen

In Kapitel 4 haben wir gelernt, dass man Daten auf die Konsole ausgibt, indem man sie mit Hilfe des <<-Operators an `cout` schickt.

Analog kann man Daten einlesen, indem man sie von `cin` entgegennimmt und mit Hilfe des >>-Operators in Variablen schreibt.

> **Was ist das?**
>
> `cout` *und* `cin` *sind Elemente aus der C++-Laufzeitbibliothek und repräsentieren die Standardausgabe (*`cout`*) beziehungsweise die Standardeingabe (*`cin`*). Beide Elemente sind in der Headerdatei* `iostream` *deklariert.*

```
int zahl;
cin >> zahl;
```

oder

```
string str;
cin >> str;
```

Sie sehen, Daten einzulesen ist gar nicht schwer. Man sollte aber darauf achten, dass man vor jedem Einlesen eine Meldung an den Anwender ausgibt, die ihn darauf hinweist, was für Daten er eingeben soll.

> **Hinweis**
>
> *Denken Sie daran, dass Sie zur Arbeit mit der Klasse* `string` *die Headerdatei* string *einbinden müssen.*

Als Beispiel greifen wir das Programm *fahrenheit.cpp* aus Kapitel 6, Abschnitt »Mathematische Formeln ausrechnen« auf.

1 Beginnen Sie ein neues Programm (siehe Kapitel 3) und tippen Sie den Code des Fahrenheitprogramms aus Kapitel 6, Abschnitt »Mathematische Formeln ausrechnen«, ein.

```
// Fahrenheit.cpp
#include <iostream>
using namespace std;

int main()
```

```
{
  double fahrenheit;
  double celsius;

  fahrenheit = 20;
  celsius = (fahrenheit - 32) * 5.0 / 9.0;

  cout << fahrenheit
       << " Grad Fahrenheit entsprechen "
       << celsius
       << " Grad Celsius" << endl;
  return 0;
}
```

Mit diesem Programm kann man sich eine Temperaturangabe in Fahrenheit in Grad Celsius umrechnen lassen. Das Programm ist insofern aber unpraktisch, als man für jeden Fahrenheit-Wert, den man umrechnen lassen möchte,

- den Quelltext laden,
- der Variablen `fahrenheit` einen anderen Wert zuweisen und
- das Programm neu kompilieren und ausführen

muss. Ein solches Programm kann man nicht mal seinen Freunden zur Verfügung stellen, da diese ohne C++-Compiler praktisch nichts damit anfangen können (außer sich 20 Grad Fahrenheit hundert Mal in Grad Celsius umrechnen zu lassen).

Wenn wir das Programm allerdings dahingehend erweitern, dass der Fahrenheit-Wert vom Anwender abgefragt wird, erhalten wir ein sinnvolles Programm, mit dem man sich jeden beliebigen Fahrenheit-Wert in Celsius umrechnen kann.

2 Fordern Sie den Anwender auf, den Fahrenheit-Wert einzugeben:

```
// Fahrenheit.cpp
#include <iostream>
using namespace std;

int main()
{
  double fahrenheit;
  double celsius;

  cout << "Temperatur in Fahrenheit: ";
```

```
    celsius = (fahrenheit - 32) * 5.0 / 9.0;

    cout << fahrenheit
         << " Grad Fahrenheit entsprechen "
         << celsius
         << " Grad Celsius" << endl;
    return 0;
}
```

3 Speichern Sie den vom Anwender eingegebenen Wert in der Variablen `fahrenheit`.

```
// Fahrenheit.cpp
#include <iostream>
using namespace std;

int main()
{
    double fahrenheit;
    double celsius;

    cout << "Temperatur in Fahrenheit: ";
    cin  >> fahrenheit;

    celsius = (fahrenheit - 32) * 5.0 / 9.0;

    cout << fahrenheit
         << " Grad Fahrenheit entsprechen "
         << celsius
         << " Grad Celsius" << endl;
    return 0;
}
```

4 Kompilieren Sie das Programm und führen Sie es aus.

Abbildung 7.1: Das Fahrenheit-Programm

Wenn Sie dieses Programm ausführen, erscheint auf der Konsole als Erstes die Ausgabe:

```
Temperatur in Fahrenheit:
```

Danach scheint das Programm stehen zu bleiben. Dies liegt aber nicht an der Ausgabe, sondern an der Zeile

```
cin >> fahrenheit;
```

Diese wartet darauf, dass der Anwender einen Wert eintippt und ihn durch Drücken der ⏎-Taste an das Programm schickt. Ist dies geschehen, wird der Wert in der Variablen gespeichert und das Programm kann fortgesetzt werden.

> **Hinweis**
>
> *Beachten Sie, dass wir die erste* cout*-Ausgabe diesmal nicht mit dem* endl*-Zeichen für den Zeilenumbruch abschließen. Dies hat den Vorteil, dass der vom Anwender eingetippte Wert direkt hinter der* cout*-Ausgabe und nicht in einer neuen Zeile angezeigt wird.*

Mehrere Daten gleichzeitig einlesen

Ebenso wie man mit cout mehrere Daten nacheinander ausgeben kann, ist es möglich, mit cin mehrere Daten nacheinander einzulesen.

```
int wert;
string str;

cout >> "Geben Sie eine Zahl und einen String ein: ";
cin >> wert >> str;
```

Der Anwender kann die Zahl und den String getrennt durch Leerzeichen, Tabulatoren oder Zeilenumbrüche eingeben.

Formatierte Ausgabe mit cout

Betrachtet man die Ausgaben des Fahrenheit-Programms, stört ein wenig die unnötig große Zahl der angezeigten Nachkommastellen. Jemand der wissen möchte, wie warm 72 Grad Fahrenheit sind, dem dürfte es genügen, dass 72 Grad Fahrenheit zirka 22,2 Grad Celsius entsprechen. Eine Ausgabe, die bis auf die vierte oder fünfte Nachkommastelle genau ist, stört dabei mehr, als dass sie nützt.

C++ bietet uns daher verschiedene Möglichkeiten, auf die Ausgabe mit cout einzuwirken.

Genauigkeit von Gleitkommazahlen

Wenn Sie selbst festlegen wollen, wie viele Nachkommastellen bei der Ausgabe von Gleitkommazahlen angezeigt werden sollen, gehen Sie wie folgt vor:

1 Rufen Sie die `cout`-Methode `precision()` auf und übergeben Sie ihr die Anzahl der gewünschten Nachkommastellen.

```
cout.precision(1);
```

2 Schicken Sie den Manipulator `fixed` an `cout`.

```
cout << fixed;
```

Der Manipulator bewirkt unter anderem, dass sich der Wert von `precision()` nur auf die Nachkommastellen und nicht auf die Gesamtzahl der angezeigten Stellen bezieht.

> **Hinweis**
>
> *Anwender, die einen älteren Compiler verwenden, müssen den Manipulator unter Umständen über die Methode* `setf()` *setzen und als* `ios`*-Konstante übergeben:* `cout.setf(ios::fixed)`.

3 Geben Sie die Daten aus.

```
cout << "Wert in Fahrenheit: " << fahrenheit << endl;
cout << "Wert in Celsius: " << celsius << endl;
```

Feldbreite

Sie können auch festlegen, wie viele Zeichen eine Ausgabe umfassen soll. Betrachten Sie zum Beispiel folgende Ausgabe:

```
double celsius = 3.15;
cout << celsius;
```

Die Ausgabe von `celsius` umfasst 4 Zeichen. Sie können aber auch festlegen, dass bei der Ausgabe von `celsius` 10 Zeichen ausgegeben werden sollen. Der Compiler gibt die 4 Zeichen aus, die den Inhalt von `celsius` beschreiben, und füllt dann mit Leerzeichen auf.

C++ erlaubt es Ihnen nicht nur, die Feldbreite vorzugeben, Sie können auch festlegen, ob der eigentliche Inhalt links- oder rechtsbündig im Feld angezeigt werden soll und ob ein anderes Füllzeichen als das Leerzeichen verwendet werden soll.

1 Rufen Sie die `cout`-Methode `fill()` auf und übergeben Sie ihr das Füllzeichen (in einfachen Anführungszeichen).

```
cout.fill('.');
```

2 Schicken Sie den Manipulator `right` an `cout`.

```
cout << right;
```

Der Manipulator bewirkt, dass der Inhalt rechtsbündig ausgegeben wird (der Manipulator `left` sorgt für eine linksbündige Ausgabe).

> **Hinweis**
>
> *Anwender, die einen älteren Compiler verwenden, müssen den Manipulator unter Umständen über die Methode* `setf()` *setzen und als* `ios`*-Konstante übergeben:* `cout.setf(ios::right)`.

3 Legen Sie mit Hilfe der Methode `width()` die Feldbreite fest.

```
cout.width(10);
```

4 Geben Sie die Daten aus.

```
cout << celsius << endl;
```

> **Achtung**
>
> *Die Festlegung der Feldbreite durch Aufruf von* `width()` *gilt immer nur für die unmittelbar nachfolgende Ausgabe. Danach wird die Feldbreite wieder an den auszugebenden Inhalt angepasst. Der Aufruf von* `fill()` *und die an* `cout` *geschickten Manipulatoren bleiben aber gültig und werden berücksichtigt, wenn Sie später wieder vor einer Ausgabe die Feldbreite mit* `width()` *festlegen.*

Anpassung des Fahrenheit-Programms

Lassen Sie uns die Ausgabe des Fahrenheit-Programms so anpassen, dass die Gradwerte stets nur mit einer Nachkommastelle und rechtsbündig in Feldern von 7 Zeichen ausgegeben werden.

1 Beginnen Sie ein neues Programm (siehe Kapitel 3) und tippen Sie den Code des alten Fahrenheitprogramms ohne die abschließenden Ausgabebefehle ein.

```
// Fahrenheit2.cpp
#include <iostream>
using namespace std;

int main()
{
  double fahrenheit;
  double celsius;

  cout << "Temperatur in Fahrenheit: ";
  cin  >> fahrenheit;

  celsius = (fahrenheit - 32) * 5.0 / 9.0;

  return 0;
}
```

2 Rufen Sie zu Beginn der Ausgabe die cout-Methode precision() auf und setzen Sie die Anzahl der Nachkommastellen auf 1 fest.

```
// Fahrenheit2.cpp
#include <iostream>
using namespace std;

int main()
{
  double fahrenheit;
  double celsius;

  cout << "Temperatur in Fahrenheit: ";
  cin  >> fahrenheit;

  celsius = (fahrenheit - 32) * 5.0 / 9.0;

  cout.precision(1);

  return 0;
}
```

3 Schicken Sie die Manipulatoren fixed und right an cout.

```
// Fahrenheit2.cpp
#include <iostream>
using namespace std;

int main()
```

```
{
   double fahrenheit;
   double celsius;

   cout << "Temperatur in Fahrenheit: ";
   cin  >> fahrenheit;

   celsius = (fahrenheit - 32) * 5.0 / 9.0;

   cout.precision(1);
   cout << fixed << right;


   return 0;
}
```

4 Setzen Sie die Feldbreite für die nachfolgende Ausgabe auf 7 Zeichen und geben Sie dann den Wert von `fahrenheit` aus.

```
// Fahrenheit2.cpp
#include <iostream>
using namespace std;

int main()
{
   double fahrenheit;
   double celsius;

   cout << "Temperatur in Fahrenheit: ";
   cin  >> fahrenheit;

   celsius = (fahrenheit - 32) * 5.0 / 9.0;

   cout.precision(1);
   cout << fixed << right;

   cout.width(7);
   cout << fahrenheit
        << " Grad Fahrenheit entsprechen ";

   return 0;
}
```

Den auf den Inhalt der Variablen folgenden Text haben wir gleich angehängt.

> **Achtung**
>
> Beachten Sie, dass sich der `width()`-Aufruf hier nicht auf die gesamte Ausgabeanweisung bezieht, sondern nur auf die direkt nachfolgende Ausgabe (`cout << fahrenheit`). Für den danach ausgegebenen String (`<< " Grad Fahrenheit entsprechen "`) passt der Compiler die Feldbreite wieder an den Inhalt an.

5 Geben Sie in gleicher Weise den Inhalt von `celsius` aus und schließen Sie die Ausgabe ab.

```cpp
// Fahrenheit2.cpp
#include <iostream>
using namespace std;

int main()
{
  double fahrenheit;
  double celsius;

  cout << "Temperatur in Fahrenheit: ";
  cin  >> fahrenheit;

  celsius = (fahrenheit - 32) * 5.0 / 9.0;

  cout.precision(1);
  cout << fixed << right;

  cout.width(7);
  cout << fahrenheit
       << " Grad Fahrenheit entsprechen ";

  cout.width(7);
  cout << celsius << " Grad Celsius" << endl;

  return 0;
}
```

6 Kompilieren Sie das Programm und führen Sie es aus.

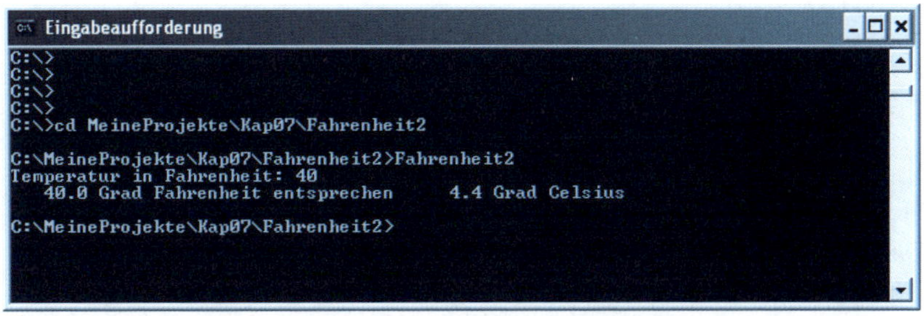

Abbildung 7.2: Ausgabe mit nur einer Nachkommastelle und fester Feldbreite

Formatierte Ausgabe mit printf()

Die Ausgabe mit `cout` ist manchmal etwas umständlich, weswegen viele C++-Programmierer zur Ausgabe die alte C-Funktion `printf()` vorziehen.

Die Funktion `printf()`, die in der Headerdatei *cstdio* deklariert ist, übernimmt den auszugebenden Text als Argument.

`printf("Dies ist der auszugebende Text");`

Das Besondere daran ist, dass Sie in diesen Text Platzhalter für die Inhalte von Variablen einbauen können. Jeder dieser Platzhalter besteht aus dem Zeichen % und einem Zeichen, das den Typ der Variable angibt.

Platzhalter	Ausgabe
%c	Einzelnes Zeichen
%d	Dezimale Ganzzahl
%x	Hexadezimale Ganzzahl
%f	Gleitkommazahl im Format [-]dddd.dddd
%e	Gleitkommazahl in wissenschaftlicher Schreibweise
%s	String

Tabelle 7.1: Die Platzhalter für Variableninhalte

Damit die Funktion weiß, welche Variableninhalte an Stelle der Platzhalter in den String eingefügt werden sollen, übergeben Sie die Variablen in der gleichen Reihenfolge, in der die Platzhalter im String stehen, als weitere Argumente an die Funktion.

```
int     alter = 35;
string name   = "Ken";

printf("%s ist %d Jahre alt\n", name.c_str(), alter);
```

> **Achtung**
>
> Da `printf()` *eine C-Funktion ist, weiß sie nichts von der C++-Klasse* `string`. *Wenn wir eine* `string`*-Variable an* `printf()` *übergeben wollen, müssen wir daher die Methode* `c_str()` *der* `string`*-Variable aufrufen. Diese Methode sorgt dafür, dass der Inhalt der* `string`*-Variablen in eine String-Form umgewandelt wird, die für die* `printf()`*-Funktion verständlich ist.*

Wie würde man mit Hilfe von `printf()` die Ausgabe des Fahrenheit-Programms erzeugen?

1 Beginnen Sie ein neues Programm (siehe Kapitel 2) und tippen Sie den Code des alten Fahrenheitprogramms ohne die Ausgabebefehle ein.

```
// Fahrenheit3 .cpp
#include <iostream>
using namespace std;

int main()
{
  double fahrenheit;
  double celsius;

  cout << "Temperatur in Fahrenheit: ";
  cin  >> fahrenheit;

  celsius = (fahrenheit - 32) * 5.0 / 9.0;

  return 0;
}
```

2 Binden Sie die Headerdatei *cstdio* ein.

```
// Fahrenheit3.cpp
#include <iostream>
#include <cstdio>
using namespace std;

int main()
{
```

Formatierte Ausgabe mit printf()

```
    double fahrenheit;
    double celsius;

    cout << "Temperatur in Fahrenheit: ";
    cin  >> fahrenheit;

    celsius = (fahrenheit - 32) * 5.0 / 9.0;

    return 0;
}
```

3 Rufen Sie zur Ausgabe des Ergebnisses `printf()` auf.

```
// Fahrenheit3.cpp
#include <iostream>
#include <cstdio>
using namespace std;

int main()
{
    double fahrenheit;
    double celsius;

    cout << "Temperatur in Fahrenheit: ";
    cin  >> fahrenheit;

    celsius = (fahrenheit - 32) * 5.0 / 9.0;

    printf();

    return 0;
}
```

4 Setzen Sie den auszugebenden Text mit den Platzhaltern auf.

```
// Fahrenheit3.cpp
#include <iostream>
#include <cstdio>
using namespace std;

int main()
{
    double fahrenheit;
    double celsius;

    cout << "Temperatur in Fahrenheit: ";
    cin  >> fahrenheit;

    celsius = (fahrenheit - 32) * 5.0 / 9.0;
```

```
    printf("%f Grad Fahrenheit entsprechen %f Grad
          ➥Celsius");

    return 0;
}
```

Zu Beginn der Ausgabe soll der Wert der Variablen `fahrenheit` ausgegeben werden. Wir beginnen den String daher mit einem Platzhalter. Da `fahrenheit` vom Typ `double` ist, lautet der Platzhalter `%f`. Danach folgen normaler Text, ein weiterer Platzhalter `%f` (dieser ist für den Inhalt von `celsius` gedacht), und wieder normaler Text.

> **Hinweis**
>
> *String-Konstanten dürfen nicht – wie in obigem Listing – umbrochen werden. Wir mussten die Zeile wegen der Seitenbreite umbrechen (der ungewollte Umbruch wird im Ausdruck durch das ➥-Zeichen angezeigt), im Programm muss der String aber in einer Zeile stehen.*
>
> *Wenn Sie dennoch einmal einen String im Quelltext unbedingt umbrechen wollen, tippen Sie am Ende der Zeile das Escape-Zeichen \ ein und brechen Sie dann direkt die Zeile um.*

5 Die Funktion `printf()` kennt den Manipulator `endl` nicht. Wenn wir die Ausgabe mit einem Zeilenumbruch abschließen wollen, müssen wir diesen in Form der Escape-Sequenz `\n` in den auszugebenden String einfügen.

```
// Fahrenheit3.cpp
#include <iostream>
#include <cstdio>
using namespace std;

int main()
{
  double fahrenheit;
  double celsius;

  cout << "Temperatur in Fahrenheit: ";
  cin  >> fahrenheit;

  celsius = (fahrenheit - 32) * 5.0 / 9.0;

  printf("%f Grad Fahrenheit entsprechen %f Grad
        ➥Celsius\n");
```

Formatierte Ausgabe mit printf()

```
   return 0;
}
```

6 Übergeben Sie als weitere Argumente die Variablen, durch deren Inhalt die Platzhalter bei der Ausgabe ersetzt werden sollen.

```
// Fahrenheit3.cpp
#include <iostream>
#include <cstdio>
using namespace std;

int main()
{
  double fahrenheit;
  double celsius;

  cout << "Temperatur in Fahrenheit: ";
  cin  >> fahrenheit;

  celsius = (fahrenheit - 32) * 5.0 / 9.0;

  printf("%f Grad Fahrenheit entsprechen %f Grad
          ➥Celsius\n",
          fahrenheit, celsius);

  return 0;
}
```

7 Kompilieren Sie das Programm und führen Sie es aus.

Abbildung 7.3: Ausgabe mit printf()

Auch bei der Arbeit mit `printf()` kann man die Ausgabe formatieren.

Formatierung der Platzhalter

Für jeden Platzhalter, den Sie im Ausgabe-String des `printf()`-Aufrufs verwenden, können Sie

- die minimale Feldbreite,
- die Ausrichtung des Inhalts und
- die Anzahl der Nachkommastellen (für Gleitkommazahlen)

angeben.

Wenn Sie eine minimale Feldbreite für die Ausgabe eines Werts vorsehen wollen, geben Sie die Feldbreite im Platzhalter an. Der eigentliche auszugebende Inhalt wird in diesem Feld rechtsbündig ausgegeben.

```
int var1 = 100;
int var2 = 200;
printf("%7d %7d", var1, var2);
```

erzeugt folgende Ausgabe:

    100   200

Soll die Ausgabe linksbündig erfolgen, stellen Sie einen Bindestrich voran.

```
int var1 = 100;
int var2 = 200;
printf("%-7d %7d", var1, var2);
```

erzeugt folgende Ausgabe:

100   200

Für Ausgaben im Gleitkommaformat können Sie neben der Feldbreite auch die Anzahl der Nachkommastellen angeben.

```
double var3 = 1234.56789;
printf("%10.2f", var3);
```

erzeugt folgende Ausgabe:

   1234.57

Die Möglichkeiten der Platzhalterformatierung wollen wir auch für unser Fahrenheit-Programm nutzen.

8 Legen Sie für die Ausgabe beider Gradwerte eine Feldbreite von 7 Zeichen fest und begrenzen Sie die Zahl der Nachkommastellen auf 1.

```
// Fahrenheit3.cpp
#include <iostream>
#include <cstdio>
using namespace std;

int main()
{
    double fahrenheit;
```

```
    double celsius;

    cout << "Temperatur in Fahrenheit: ";
    cin  >> fahrenheit;

    celsius = (fahrenheit - 32) * 5.0 / 9.0;

    printf("%7.1f Grad Fahrenheit entsprechen % 7.1f
           ➥ Grad Celsius\n",
           fahrenheit, celsius);

    return 0;
}
```

9 Kompilieren Sie das Programm und führen Sie es aus.

Abbildung 7.4: Formatierte printf()-Ausgabe

> **Tipp**
>
> *Für welche Form der Ausgabe – ob mit* cout *oder mit* printf() *– Sie sich entscheiden, steht Ihnen frei. Sie können sogar in einem Programm sowohl* cout *als auch* printf() *verwenden.*

Zahlen in Strings und Strings in Zahlen verwandeln

Die Konsole arbeitet nur mit Strings!

Wenn Sie also mit Hilfe von cout den Wert einer int-Variablen ausgeben:

```
int zahl = 12;
cout << zahl << endl;
```

wandelt `cout` den Zahlenwert 12 vor der Ausgabe automatisch in den String "12" um und gibt diesen dann aus.

Der umgekehrte Fall liegt vor, wenn Sie vom Anwender einen Zahlenwert für eine `int`-Variable abfragen.

```
int zahl;
cin >> zahl;
```

Der Anwender kann seine Eingaben nur als Strings eintippen. `cin` übernimmt diesen String, wandelt ihn in einen `int`-Wert um und speichert diesen dann in `zahl`.

Umwandlungen von Strings in Zahlen und von Zahlen in Strings fallen nicht nur bei der Ein- und Ausgabe an. Doch nur bei der Ein- und Ausgabe wird es uns so leicht gemacht, dass die Umwandlung automatisch erfolgt. In allen anderen Fällen müssen wir selbst für die Umwandlung sorgen – und zwar mit Hilfe spezieller C-Funktionen aus der Laufzeitbibliothek.

> **Hinweis**
>
> *Die im Folgenden vorgestellten Techniken sind nicht ganz einfach. Kompliziert werden Sie vor allem dadurch, dass wir auf alte C-Funktionen zurückgreifen, die nicht besonders gut mit unseren C++-Strings zusammen arbeiten.*
>
> *Vielleicht werden Sie nie mit diesen Techniken arbeiten müssen. Das ich sie Ihnen im Rahmen dieses Einsteigerbuchs dennoch vorstelle, liegt daran, dass der eine oder andere Leser womöglich doch in die Verlegenheit kommt, bei seinen ersten Gehversuchen eine Zahl in einen String oder einen String in eine Zahl umwandeln zu müssen. Dann findet er hier Hilfe.*

Zahlen in Strings umwandeln

Zur Umwandlung von Zahlen in Strings nutzt man die Funktion `sprintf()`, die genauso aufgerufen wird wie `printf()`. Der einzige Unterschied besteht darin, dass `sprintf()` den String nach dem Ersetzen der Platzhalter durch die Variableninhalte nicht auf die Konsole, sondern in einen weiteren String ausgibt, der als erstes Argument übergeben wird.

```
sprintf(str, "%d", alter);
```

Zahlen in Strings und Strings in Zahlen verwandeln

Obige Anweisung formatiert den Inhalt der Variablen `alter` (die von einem der Typen `int` oder `long` sein muss) in einen String um und speichert diesen in `str`.

Das Problem dabei ist, dass `str` nicht vom Typ `string` sein kann. Stattdessen müssen wir `str` als ein Feld von einzelnen Zeichen (Typ `char`) definieren:

```
char str[100];
```

> **Achtung**
>
> *Obige Deklaration definiert `str` als eine Variable, in der maximal 100 Zeichen gespeichert werden können. Wenn Sie wissen, dass der Text, der von `sprintf()` erzeugt und in `str` abgespeichert wird, mehr Zeichen umfasst, wählen Sie statt 100 einen größeren Wert. Reservieren Sie lieber zu viel als zu wenig Speicher – wir arbeiten hier nicht mit der Klasse `string`, die automatisch für die richtige Speicherverwaltung sorgt! Strings, die wie oben als Folgen von char-Werten definiert werden, bezeichnet man auch als C-Strings.*

Um den Wert einer Zahlenvariablen in einem String abzuspeichern, können Sie wie folgt vorgehen:

1 Gegeben sei eine Variable vom Typ `int`, `long`, `float` oder `double`, deren Inhalt in einen String verwandelt werden soll.

```
int alter = 35;
```

2 Deklarieren Sie ein genügend großes Zeichen-Feld.

```
char tmp[40];
```

3 Rufen Sie `sprintf()` auf, um den umformatierten Inhalt der Variablen in dem Zeichenfeld abzulegen.

```
sprintf(tmp, "%d", alter);
```

Für Variablen vom Typ `float` oder `double` verwenden Sie den %f-Platzhalter.

4 Weisen Sie das Zeichenfeld einer `string`-Variablen zu. Mit dieser können Sie dann wie gewohnt weiterarbeiten.

```
string str = tmp;
cout << str << endl;
```

> **Hinweis**
>
> *Etwas einfacher zu verwenden, sind die Funktionen* `strtol()` *und* `strtod()`, *die das Pendant zu den im nächsten Abschnitt beschriebenen Funktionen* `atoi()` *und* `atof()` *darstellen. Allerdings erlauben diese Funktionen keine Umwandlung mit gleichzeitiger Formatierung.*

Strings in Zahlen umwandeln

Die Umwandlung von Strings in Zahlen ist etwas einfacher, da wir kein Zeichenfeld benötigen. Es genügt, wenn wir für die `string`-Variablen, die wir den Funktionen übergeben, die Methode `c_str()` aufrufen (siehe Warnung in Abschnitt »Formatierte Ausgabe mit printf()«).

Die Umwandlung von Strings in Ganzzahlen erfolgt mit Hilfe der Funktion `atoi()`:[8]

```
string str = "123"
int    intZahl;

intZahl = atoi(str.c_str());
cout << intZahl << endl;         // Ausgabe 123
```

Wichtig ist, dass der String mit einer Ganzzahl beginnt. Nachfolgende Zeichen, wie etwa im String `"123 Menschen"`, werden ignoriert.

Die Umwandlung von Strings in Gleitkommazahlen erfolgt mit Hilfe der Funktion `atof()`[9].

```
string str = "123.456";
double doubleZahl;

doubleZahl = atof(str.c_str());
cout << doubleZahl << endl;      // Ausgabe 123.456
```

Wichtig ist, dass der String mit einer Zahl beginnt. Nachfolgende Zeichen, wie etwa im String `"123.456 DM"`, werden ignoriert. Ebenfalls erlaubt ist die wissenschaftliche Notation mit einem Exponenten zur Basis 10 wie in `"1.23456e2"`.

---

8   *Der Funktionsname ist eine Abkürzung von »ascii to int«.*
9   *Der Funktionsname ist eine Abkürzung von »ascii to float«.*

Rätselhaftes C++

Programmierer arbeiten viel mit Hexadezimalzahlen. Die Umrechnung von Zahlen aus dem Zehnersystem in Hexadezimalzahlen ist aber selten im Kopf zu bewerkstelligen. Viele Programmierer schreiben sich daher irgendwann ein kleines Programm, das diese Umrechnung für sie erledigt. Dies sollen Sie jetzt auch tun. Sie können dazu in einem Mathematikbuch nachschlagen, wie man Zahlen zwischen verschiedenen Zahlensystemen umrechnet, oder Sie erinnern sich, dass Hexadezimalzahlen in diesem Kapitel irgendwo kurz erwähnt wurden und schreiben ein passendes Programm, das gerade einmal aus 15 Zeilen Code besteht und eine beliebige Ganzzahl in eine Hexadezimalzahl umrechnet.

Lösung:

```
#include <iostream>
#include <cstdio>
using namespace std;
int main()
{
    long dec;
    cout << "Zahl im Zehnersystem: ";
    cin >> dec;
    printf("Zahl im Hexadezimalsystem: %x\n", dec);
    return 0;
}
```

Kapitel 8

Vergleichen und verzweigen

Grundsätzlich werden Programme sequentiell, d.h. Anweisung für Anweisung, ausgeführt. Mit Hilfe spezieller in der Programmiersprache verankerter Schlüsselwörter kann der Programmierer den strengen, sequentiellen Ablauf aufbrechen und vorsehen, dass einzelne Anweisungen oder Anweisungsblöcke nur unter bestimmten Bedingungen (if), alternativ (if-else/switch) oder mehrere Male hintereinander (for/while) ausgeführt werden. In diesem Kapitel werden Sie lernen, wie man Werte vergleicht und je nach Ergebnis dieses Vergleichs unterschiedliche Anweisungen ausführen lässt (die mehrfache Ausführung von Anweisungen schauen wir uns im nächsten Kapitel an).

Das können Sie schon:

Arbeit mit dem Compiler	37, 59, 62
Typische Elemente eines C++-Programms	68
Variablen und Konstanten	82
Operatoren und Ausdrücke	100
Mit Strings arbeiten	118
Daten von der Tastatur einlesen	134
Daten formatiert ausgeben	137

Das lernen Sie neu:

Zahlen und Strings vergleichen	156
Ja oder nein? – Die if-Verzweigung	160
if-else-Verzweigungen verschachteln	166
Die switch-Verzweigung	166
Wie statte ich meine Anwendungen mit einem Menü aus?	167

Zahlen und Strings vergleichen

Bisher haben Sie gelernt, wie man Variablen für Zahlen oder Strings einrichtet, wie man diesen Variablen Werte zuweist, wie man mit Zahlen rechnet oder Strings manipuliert. Ein ganz wichtiges Thema haben wir aber bisher ausgeklammert: Wie kann man Zahlen (oder Strings) vergleichen?

Dass wir dieses Thema bis jetzt gemieden haben, hatte seinen guten Grund: Vergleiche an sich sind relativ nutzlos, wenn man keine Möglichkeit hat, auf das Ergebnis des Vergleichs entsprechend zu reagieren. Die Mittel dazu fehlten uns aber bisher. Das wird sich im nächsten Abschnitt ändern und als Vorbereitung dazu schauen wir uns jetzt an, wie man Zahlen und Strings vergleicht.

Nehmen wir an, Sie haben am Anfang eines Programms die folgenden Variablen definiert:

```
int i = 3;
int j = 50;
```

Weiter unten im Code wollen Sie testen, ob die Variable i immer noch den Wert 3 enthält:

```
i == 3
```

> **Achtung**
>
> Vergessen Sie **nie**, dass = der Zuweisungsoperator und == der Gleichheitsoperator ist. Wenn Sie testen wollen, ob die Variable i gleich 3 ist, aber aus Versehen i = 3 schreiben, überschreiben Sie den aktuellen Wert der Variablen i!

Der ==-Operator prüft, ob seine beiden Operanden (hier die Variable i und der konstante Wert 3) den gleichen Wert haben.

Ergebniswerte von Vergleichen

Wenn Sie zwei Zahlen addieren, beispielsweise

```
i + j
```

ist klar, dass diese Operation als Ergebnis die Summe der addierten Werte zurückliefert:

```
int ergebnis;
ergebnis = i + j;      // ergebnis hat jetzt den Wert 53
```

Zahlen und Strings vergleichen

Die Frage ist nun, welche Werte Vergleiche wie `i == 3` zurückliefern?

In C++ werden Vergleiche immer wie Fragen interpretiert, die mit ja oder nein beantwortet werden können. Der Vergleich `i == 3` entspricht also der Frage: »Ist der Wert von i gleich 3 ?« Die Antwort lautet folglich ja oder nein. C++ codiert diese Werte durch zwei spezielle Schlüsselwörter: `true` (für ja/wahr) und `false` (für nein/unwahr).

C++ kennt auch einen eigenen Datentyp namens `bool`, dessen Variablen nur die Booleschen Wahrheitswerte `true` und `false` zugewiesen werden können. Wir können also schreiben:

```
int i = 3;
int j = 50;

bool ergebnis;
ergebnis = i == 3;        // ergebnis ist jetzt gleich true
```

> **Hinweis**
>
> *In Ausdrücken, in denen der C++-Compiler eine Zahl statt eines Booleschen Wahrheitswerts erwartet, wandelt er* `true` *in* 1 *und* `false` *in* 0 *um.*

Operatoren für Vergleiche

Wie man mit Hilfe des `==`-Operators – den man auf keinen Fall mit dem `=`-Operator verwechseln sollte – prüft, ob die Werte zweier Operanden gleich sind, haben Sie nun gesehen. C++ kennt aber noch eine Reihe weiterer Operatoren, mit denen man die verschiedensten Vergleiche durchführen kann:

Operator	Bedeutung	Beispiel (für i = 3 und j = 50)
`==`	gleich	`i == 4` // false
`!=`	ungleich	`i != 4` // true
`<`	kleiner	`i < j` // true
`>`	größer	`i > j` // false
`<=`	kleiner oder gleich	`i <= 5` // true
`>=`	größer oder gleich	`i >= 3` // true

Tabelle 8.1: Vergleichsoperatoren für Zahlen

Strings vergleichen

Wie schon bei den einfachen arithmetischen Operatoren nehmen die Strings wieder eine Ausnahmestellung ein. Erfreulich ist immerhin, dass wir alle Vergleichsoperatoren auch für String-Vergleiche nutzen können. Die Frage ist nur, auf welche Weise Strings in C++ verglichen werden?

Nehmen wir einmal folgende String-Variablen:

```
string name1 = "Dirk";
string name2 = "Peter";
```

Welches Ergebnis liefert dann der folgende Vergleich?

```
name1 < name2
```

Er liefert `true` zurück, weil `Dirk` kleiner ist als `Peter`, wobei »kleiner« im Sinne von lexikographisch kleiner zu verstehen ist. Der Vergleichsoperator geht die beiden Strings also vom Anfang aus durch und vergleicht Buchstaben für Buchstaben, bis er auf den ersten Buchstaben trifft, der in beiden Strings unterschiedlich ist (in unserem Beispiel ist dies gleich der Anfangsbuchstabe). Dann stellt er fest, welcher dieser Buchstaben im Alphabet zuerst kommt. Der String, zu dem dieser Buchstabe gehört, ist der lexikographisch kleinere der beiden verglichenen Strings.

> **Hinweis**
>
> *Tatsächlich vergleicht der Operator den ASCII-Code der Buchstaben. Da die Buchstaben im ASCII-Code aber in der gleichen Reihenfolge wie im Alphabet stehen, entspricht dies für normale Wörter (ohne Zeichen wie ! oder #) einem alphabetischen Vergleich.*

Weiterhin ist zu beachten, dass

- Großbuchstaben bei Stringvergleichen immer kleiner sind als Kleinbuchstaben (Z ist also kleiner als a), weil die Großbuchstaben im ASCII-Code vor den Kleinbuchstaben stehen und
- als letztes Kriterium auch noch die String-Länge hinzugezogen wird (»Spiel« ist also kleiner als »Spiele« oder »Spielkalb«)

Achtung

Wenn Sie mit den Vergleichsoperatoren Strings vergleichen, muss einer der Strings in Form einer `string`-Variablen vorliegen. Sie können keine zwei String-Konstanten (`"ich bin eine String-Konstante"`) oder C-Strings (siehe Kapitel 7, Abschnitt »Zahlen in Strings und Strings in Zahlen verwandeln«) vergleichen.

Folgende Vergleiche sind also alle wahr (`true`):

```
string name = "Vincent";
bool ergebnis;

ergebnis = name < "Wolfgang";
ergebnis = name > "Dirk";
ergebnis = name == "Vincent";
ergebnis = name != "vincent";
ergebnis = name != "Vincente";
ergebnis = name < "Vincente";
```

Um einen String mit einem anderen zu vergleichen, kann man auch die String-Methode `compare` verwenden – beispielsweise wie in

```
string name1 = "Vincent";
string name2 = "Wolfgang";
int ergebnis;

ergebnis = name1.compare(name2);
```

Hier wird der String `name1` mit dem String `name2` verglichen. Beachten Sie, dass der Ergebniswert kein Boolescher Wert (`true`, `false`) ist. Stattdessen liefert die Methode folgende Werte zurück:

Ergebniswert	für
< 0	name1 < name2
0	name1 == name2
> 0	name1 > name2

Tabelle 8.2: Ergebniswerte von compare()

Die String-Methode `compare()` kann man auch dazu nutzen, nur einen Teil eines Strings mit einem zweiten String zu vergleichen. In diesem Fall gibt man in den Klammern des Methodenaufrufs zuerst die Position des ersten zu vergleichenden Zeichens (gezählt wird ab 0), die maximale Anzahl zu vergleichender Zeichen und dann den zweiten String an.

```
string name1 = "Vereinsleben";
string name2 = "rein";
int ergebnis;

ergebnis = name1.compare(2, 4, name2);
```

Hier wird der Teilstring `rein` mit dem String `rein` verglichen. Das Ergebnis ist 0, was bedeutet, dass die verglichenen Strings identisch sind.

```
string name1 = "Vincent";
string name2 = "Vincente";
int ergebnis;

ergebnis = name1.compare(0, 7, name2);
```

Hier werden maximal die ersten sieben Zeichen der Strings verglichen. Das Ergebnis ist folglich 0, was bedeutet, dass die verglichenen Strings identisch sind.

> **Achtung**
>
> *Die hier vorgestellten Möglichkeiten zum Vergleichen von Strings können nur angewendet werden, wenn einer der beteiligten Strings (bei Verwendung von* `compare()` *der String vor dem Methodennamen) eine* `string`*-Variable (und keine String-Konstante in Anführungszeichen oder ein C-String, siehe Kapitel 7, Abschnitt »Zahlen in Strings und Strings in Zahlen verwandeln«) ist.*

Nachdem wir nun ausführlich über den Vergleich von Zahlen und Strings und die zurückgelieferten Ergebniswerte gesprochen haben, sollten wir uns endlich auch anschauen, wie man die Ergebnisse von Vergleichen sinnvoll weiter verarbeiten kann.

Ja oder nein? – Die if-Verzweigung

Gelegentlich steht man vor dem Problem, dass man eine Anweisung (oder einen Anweisungsblock) nur dann ausführen lassen möchte, wenn bestimmte Voraussetzungen erfüllt sind. So sollte beispielsweise ein Programm, das zu einer eingegebenen Zahl die Wurzel berechnet, sicherstellen, dass die eingegebene Zahl positiv ist, da die Wurzel für negative Zahlen nicht definiert ist. Mit der `if`-Bedingung ist dies möglich.

Allgemeine Syntax

Die allgemeine Syntax der if-Bedingung sieht wie folgt aus:

```
if (Bedingung)
{
   Anweisung(en);
}
```

Diese Konstruktion kann man wie einen Konditionalsatz lesen:

»Wenn die Bedingung erfüllt ist, dann (und nur dann) führe die Anweisungen aus.«

Bei Ausführung des Programms wird zuerst die Bedingung ausgewertet. Die Bedingung ist dabei nichts anderes als ein Vergleich. Liefert der Vergleich als Ergebnis true (wahr), ist die Bedingung erfüllt und der zur if-Bedingung gehörende Anweisungsblock wird ausgeführt; andernfalls wird das Programm mit der nächsten Anweisung hinter dem Anweisungsblock fortgesetzt.

Auf die if-Bedingung kann eine einzelne Anweisung oder ein Anweisungsblock folgen. Eine einzelne Anweisung muss immer mit einem Semikolon beendet werden. Wenn ein Anweisungsblock ausgeführt werden soll, muss dieser in geschweifte Klammern eingeschlossen werden.

Bedingte Ausführung von Anweisungen

In Kapitel 6, Abschnitt »Die mathematischen Funktionen« haben Sie bereits die Funktion sqrt() kennen gelernt, mit der man die Wurzel einer Zahl berechnen kann. Wie Sie wissen, ist die Wurzelfunktion nur für positive Zahlen definiert. Wir wollen nun ein Programm schreiben, das den Benutzer auffordert, eine Zahl einzugeben, und von dieser die Wurzel berechnet. Da wir nicht sicher sein können, dass der Benutzer nicht aus Unwissen (oder reiner Bosheit) einen Wert kleiner Null eingibt, prüfen wir seine Eingabe im Programm mit Hilfe einer if-Bedingung.

> **Hinweis**
>
> *Die Korrektheitsprüfung von Benutzereingaben ist ein typisches Einsatzgebiet für if-Bedingungen.*

1 Legen Sie ein neues Projekt an und beginnen Sie mit dem folgenden Grundgerüst:

```cpp
// Wurzel.cpp - Wurzel berechnen
#include <iostream>
#include <cmath>  // Headerdatei für math. Funktionen
using namespace std;

int main()
{

   return 0;
}
```

2 Lesen Sie über die Tastatur eine Zahl ein.

```cpp
// Wurzel.cpp - Wurzel berechnen
#include <iostream>
#include <cmath>
using namespace std;

int main()
{
   double eingabe;

   cout << "Programm zur Wurzelberechnung" << endl;
   cout << endl;
   cout << "Geben Sie bitte eine Zahl ein: ";
   cin >> eingabe;

   return 0;
}
```

Als Erstes definieren wir eine `double`-Variable (`eingabe`). Dann fordern wir den Benutzer auf, eine Zahl einzugeben und lesen diese mit Hilfe von `cin` in unsere `double`-Variable ein.

3 Formulieren Sie die `if`-Bedingung. Prüfen Sie die Eingabe. Nur wenn der Benutzer eine positive Zahl oder Null eingegeben hat, soll die Wurzel berechnet und das Ergebnis ausgegeben werden.

```cpp
// Wurzel.cpp - Wurzel berechnen
#include <iostream>
#include <cmath>
using namespace std;

int main()
{
   double eingabe;
   double wurzel;
```

Ja oder nein? – Die if-Verzweigung

```
cout << "Programm zur Wurzelberechnung" << endl;
cout << endl;
cout << "Geben Sie bitte eine Zahl ein: ";
cin >> eingabe;

if (eingabe >= 0)
{
  wurzel = sqrt(eingabe);
  cout << "Wurzel von " << eingabe << " = "
       << wurzel << endl;
}

cout << endl;
cout << "Programm wird beendet.";

return 0;
}
```

> **Achtung**
>
> *Setzen Sie nie ein Semikolon hinter die Bedingung. Dies würde der Compiler als eine leere Anweisung interpretieren. Die* `if`*-Bedingung bezöge sich dann nur auf diese leere Anweisung.*

Die `if`-Bedingungen beginnen mit dem Schlüsselwort `if`. Darauf folgt in Klammern die Bedingung, die geprüft werden soll. In diesem Fall ist die Bedingung, dass der Wert in der Variablen `eingabe` größer oder gleich 0 sein soll.

```
if (eingabe >= 0)
```

Direkt unter der `if`-Bedingung folgt der Anweisungsblock, der von der `if`-Bedingung kontrolliert wird. Für unser Beispiel bedeutet dies, dass der Aufruf der `sqrt`-Funktion und die Ausgabe des Ergebnisses nur dann ausgeführt werden, wenn die `if`-Bedingung erfüllt ist (der Wert in `eingabe` also größer oder gleich 0 ist).

```
if (eingabe >= 0)
{
   wurzel = sqrt(eingabe);
   cout << "Wurzel von " << eingabe << " = "
        << wurzel << endl;
}
```

> **Tipp**
>
> *Indem man den Anweisungsblock ein wenig einrückt, kann man mit einem Blick auf den Quelltext erkennen, dass der Block zur if-Bedingung gehört.*

Unter dem Anweisungsblock der if-Bedingung geben wir noch einen kurzen Hinweis aus, dass das Programm jetzt beendet wird. Da diese Anweisung nicht mehr von der if-Bedingung kontrolliert wird, wird sie stets ausgeführt (überzeugen Sie sich davon, indem Sie beim Testen auch einmal negative Zahlen eingeben).

4 Kompilieren Sie das Programm und führen Sie es aus.

Abbildung 8.1: Ausgabe des Wurzel-Programms

Die else-Alternative

Mit einer if-else-Konstruktion kann man in Abhängigkeit von einer Bedingung den einen oder den anderen Block ausführen lassen. Wir wollen uns dies in unserem Wurzel-Programm zunutze machen, indem wir den Anwender im Falle negativer Eingaben gezielt auf seinen Fehler hinweisen.

1 Ausgangspunkt ist das Programm aus dem letzten Abschnitt.

2 Hängen Sie an den Anweisungsblock der if-Bedingung einen else-Block an.

```
// Wurzel.cpp - Wurzel berechnen
#include <iostream>
#include <cmath>
using namespace std;

int main()
{
    double eingabe;
```

Ja oder nein? – Die if-Verzweigung

```
  double wurzel;

  cout << "Programm zur Wurzelberechnung" << endl;
  cout << endl;
  cout << "Geben Sie bitte eine Zahl ein: ";
  cin >> eingabe;

  if (eingabe >= 0)
  {
    wurzel = sqrt(eingabe);
    cout << "Wurzel von " << eingabe << " = "
         << wurzel << endl;
  }
  else
  {
    cout << "Wurzel negativer Zahlen kann nicht "
            "berechnet werden." << endl;
  }

  cout << endl;
  cout << "Programm wird beendet.";
  return 0;
}
```

Dieses Programm liest von der Tastatur eine Zahl ein und gibt deren Wurzel aus, wenn eine Zahl größer oder gleich Null eingegeben wurde. Wenn eine negative Zahl eingegeben wird, wird der Anweisungsblock unter der if-Bedingung übergangen und stattdessen der else-Block ausgeführt.

3 Kompilieren Sie das Programm und führen Sie es aus.

Abbildung 8.2: Ausgabe des Programms für positive und negative Eingaben

165

if-else-Verzweigungen verschachteln

Manchmal möchte man mehr als zwei Fälle unterscheiden. Dann kann es ratsam sein, mehrere if-else-Bedingungen zu verschachteln.

Nehmen wir an, Sie wollten ein Quizprogramm schreiben, das sich bei der Auswahl der Fragen nach dem Alter des Quizteilnehmers richtet. Zuerst lesen Sie das Alter des Benutzers in eine `int`-Variable `alter` ein. Dann verzweigen Sie wie folgt:

```
if (alter < 20)
{
   cout << "Wer ist Stefan Raab?" << endl;
}
   else if (alter < 50)
   {
      cout << "Wer ist Thomas Gottschalk?" << endl;
   }
      else
      {
         cout << "Wer ist Robert Lembke?" << endl;
      }
```

Diese Konstruktion wird wie folgt ausgewertet:

- Ist der Teilnehmer unter 20 wird ihm die Frage: »Wer ist Stefan Raab?« gestellt.
- Ist der Teilnehmer zwischen 20 und 50 wird ihm die Frage: »Wer ist Thomas Gottschalk?« gestellt.
- Ist der Teilnehmer 50 oder älter wird ihm die Frage: »Wer ist Robert Lembke?« gestellt.

Die switch-Verzweigung

Will man die Programmausführung in Abhängigkeit vom Wert einer Variablen mehrfach aufspalten, bietet sich dazu eine `switch`-Konstruktion an.

Allgemeine Syntax

```
switch(Ausdruck)
{
   case Konstante1:   Anweisungen;
                      break;
   case Konstante2:   Anweisungen;
                      break;
```

```
    case Konstante3:   Anweisungen;
                       break;
    case Konstante4:   Anweisungen;
                       break;
    default:           Anweisung;
}
```

Als Ausdruck kann man beispielsweise eine Integer-Variable oder ein Zeichen (Typ `char`) angeben. Bei der Programmausführung wird der Wert dieser Variablen dann mit den innerhalb der `switch`-Anweisung stehenden `case`-Konstanten verglichen. Stimmt der Wert der Variablen mit einer `case`-Konstanten überein, werden die zugehörigen Anweisungen ausgeführt. Die abschließende `break`-Anweisung sorgt dafür, dass das Programm danach mit der nächsten Anweisung unter der `switch`-Verzweigung fortgesetzt wird.

Drei Punkte sind zu beachten:

- Integer-Konstanten geben Sie als einfache Zahlen an (3, 423), Zeichen-Konstanten stehen in einfachen Anführungszeichen (`'a'`, `'D'`).

- Wenn Sie die Anweisungen zu einem `case`-Blocks nicht mit `break` abschließen, werden auch die Anweisungen des darunter liegenden `case`-Blocks ausgeführt. Man kann dies bewusst einsetzen, man kann auf diese Weise aber auch schnell unangenehme Fehler erzeugen.

- Zu dem zu `default` gehörenden Anweisungsblock wird verzweigt, wenn die Überprüfung des `switch`-Ausdrucks mit den `case`-Marken keine Übereinstimmung ergibt.

Den Einsatz der `switch`-Verzweigung wollen wir uns an einem etwas größeren Beispiel veranschaulichen: dem Aufbau eines Konsolenmenüs.

Wie statte ich meine Anwendungen mit einem Menü aus?

Wenn Sie später komplexere Programme schreiben, werden diese Programme höchstwahrscheinlich so angelegt sein, dass die Programme nicht nur eine einzelne Aufgabe (wie im Falle unseres Wurzelprogramms), sondern mehrere, zusammenhängende Aufgaben erledigen können. Ein Programm zur Vektorrechnung könnte beispielsweise so aufgebaut sein, dass man mit dem Programm einen Vektor einlesen und dann verschiedene Operationen auf diesem Vektor ausführen kann (Addition oder Subtraktion eines zweiten Vektors, Berechnung der Länge, des Skalar- oder Vektorprodukts, etc.).

In einem solchen Fall muss man eine Möglichkeit schaffen, wie der Anwender wählen kann, was das Programm als Nächstes machen soll. Eine Möglichkeit wäre zum Beispiel die Ausgabe eines Menüs.

1 Legen Sie ein neues Projekt an und beginnen Sie mit dem folgenden Grundgerüst:

```
// Menue.cpp - Programm mit Menü
#include <iostream>
using namespace std;

int main()
{

   return 0;
}
```

2 Geben Sie das Menü als eine Folge von Optionen aus und lesen Sie die Eingabe des Anwenders ein.

```
// Menue.cpp - Programm mit Menü
#include <iostream>
using namespace std;

int main()
{
   int befehl;

   cout << endl;
   cout << " Menue " << endl;
   cout << "    Vektoren eingeben        <1>" << endl;
   cout << "    Vektoren addieren        <2>" << endl;
   cout << "    Vektoren subtrahieren    <3>" << endl;
   cout << "    Skalarprodukt            <4>" << endl;
   cout << "    Vektorprodukt            <5>" << endl;
   cout << "    Laenge berechnen         <6>" << endl;
   cout << "    Programm beenden         <0>" << endl;
   cout << endl;

   cout << " Ihre Eingabe : ";
   cin  >> befehl;

   return 0;
}
```

Da der Anwender die einzelnen Befehle des Menüs nicht wie in der Menüleiste einer Windows-Anwendung per Mausklick auswählen kann, geben

Wie statte ich meine Anwendungen mit einem Menü aus?

wir für jeden Menübefehl eine Kennziffer an, die der Anwender über die Tastatur eingeben muss, um den betreffenden Menübefehl ausführen zu lassen.

Nach der Ausgabe des Menüs fordern wir den Anwender auf, die Kennziffer einer der angebotenen Menüoptionen einzugeben, und lesen die Eingabe ein.

3 Leiten Sie die `switch`-Verzweigung ein.

> **Achtung**
>
> *In der `switch`-Anweisung dürfen im Wesentlichen nur `int`- und `char`-Variablen verwendet werden.*

```
// Menue.cpp - Programm mit Menü
#include <iostream>
using namespace std;

int main()
{
  int befehl;

  cout << endl;
  cout << " Menue " << endl;
  cout << "    Vektoren eingeben          <1>" << endl;
  cout << "    Vektoren addieren          <2>" << endl;
  cout << "    Vektoren subtrahieren      <3>" << endl;
  cout << "    Skalarprodukt              <4>" << endl;
  cout << "    Vektorprodukt              <5>" << endl;
  cout << "    Laenge berechnen           <6>" << endl;
  cout << "    Programm beenden           <0>" << endl;
  cout << endl;

  cout << " Ihre Eingabe : ";
  cin  >> befehl;

  // Befehl bearbeiten
  switch(befehl)
  {

  return 0;
}
```

4 Setzen Sie die verschiedenen Verzweigungen der `switch`-Anweisung auf.

```cpp
// Menue.cpp - Programm mit Menü
#include <iostream>
using namespace std;

int main()
{
  int befehl;

  cout << endl;
  cout << " Menue " << endl;
  cout << "   Vektoren eingeben         <1>" << endl;
  cout << "   Vektoren addieren         <2>" << endl;
  cout << "   Vektoren subtrahieren     <3>" << endl;
  cout << "   Skalarprodukt             <4>" << endl;
  cout << "   Vektorprodukt             <5>" << endl;
  cout << "   Laenge berechnen          <6>" << endl;
  cout << "   Programm beenden          <0>" << endl;
  cout << endl;

  cout << " Ihre Eingabe : ";
  cin  >> befehl;

  // Befehl bearbeiten
  switch(befehl)
  {
    case 0: cout << endl;
            cout << "Programm beenden" << endl;
            break;
    case 1: cout << endl;
            cout << "Vektor eingeben" << endl;
            break;
    case 2: cout << endl;
            cout << "Vektoren addieren" << endl;
            break;
    case 3: cout << endl;
            cout <<"Vektoren subtrahieren" <<endl;
            break;
    case 4: cout << endl;
            cout << "Skalarprodukt" << endl;
            break;
    case 5: cout << endl;
            cout << "Vektorprodukt" << endl;
            break;
    case 6: cout << endl;
            cout << "Laenge des Vektors" << endl;
            break;
  }

  return 0;
}
```

Wie statte ich meine Anwendungen mit einem Menü aus?

Die einzelnen Zweige der `switch`-Anweisung beginnen stets mit dem Schlüsselwort `case`. Auf das Schlüsselwort `case` folgt eine Konstante (1, 6 oder 'a', 'b' für `char`-Variablen). Bei Ausführung des Programms wird geprüft, ob eine der `case`-Konstanten mit dem aktuellen Wert der `switch`-Variablen (im Beispiel `befehl`) übereinstimmt. Wenn ja, springt die Programmausführung in den Code neben der `case`-Marke.

Jeder `case`-Block wird mit einer `break`-Anweisung abgeschlossen. Die `break`-Anweisung sorgt dafür, dass die gesamte `switch`-Anweisung verlassen und das Programm mit der nächsten Anweisung unter der `switch`-Anweisung fortgesetzt wird.

5 Setzen Sie einen `default`-Zweig auf, der alle Fälle abfängt, für die Sie keinen `case`-Zweig vorsehen. Schließen Sie das Programm danach ab.

```cpp
// Menue.cpp - Programm mit Menü
#include <iostream>
using namespace std;

int main()
{
  int befehl;

  cout << endl;
  cout << " Menue " << endl;
  cout << "   Vektoren eingeben         <1>" << endl;
  cout << "   Vektoren addieren         <2>" << endl;
  cout << "   Vektoren subtrahieren     <3>" << endl;
  cout << "   Skalarprodukt             <4>" << endl;
  cout << "   Vektorprodukt             <5>" << endl;
  cout << "   Laenge berechnen          <6>" << endl;
  cout << "   Programm beenden          <0>" << endl;
  cout << endl;

  cout << " Ihre Eingabe : ";
  cin  >> befehl;

  // Befehl bearbeiten
  switch(befehl)
  {
    case 0: cout << endl;
            cout << "Programm beenden" << endl;
            break;
    case 1: cout << endl;
            cout << "Vektor eingeben" << endl;
            break;
    case 2: cout << endl;
```

```
                case 3: cout << "Vektoren addieren" << endl;
                        break;
                case 3: cout << endl;
                        cout << "Vektoren subtrahieren" << endl;
                        break;
                case 4: cout << endl;
                        cout << "Skalarprodukt" << endl;
                        break;
                case 5: cout << endl;
                        cout << "Vektorprodukt" << endl;
                        break;
                case 6: cout << endl;
                        cout << "Laenge des Vektors" << endl;
                        break;
                default: cout << endl;
                         cout << "Ungueltige Eingabe" << endl;
                         break;
        } // ende von switch

    return 0;
}
```

Wenn es einen `default`-Block gibt (man kann ihn auch weglassen), springt die Programmausführung zu diesem Block, wenn der aktuelle Wert der `switch`-Variablen (im Beispiel `befehl`) mit keiner der `case`-Konstanten übereinstimmt. Wenn Sie den `default`-Block an das Ende der `switch`-Anweisung setzen, brauchen Sie ihn nicht mit einer `break`-Anweisung abzuschließen.

6 Kompilieren Sie das Programm und führen Sie es aus.

Abbildung 8.3: Ausgabe des Menüs

> **Hinweis**
>
> Wir werden das Vektorprogramm und das Menü später noch weiter ausbauen und perfektionieren. In Kapitel 12 stelle ich Ihnen dann eine Version des Programms vor, die mit Hilfe von Strukturen und Funktionen implementiert ist, und in Kapitel 14 werden Sie erfahren, wie man das gleiche Programm objektorientiert mit Hilfe von Klassen und Methoden implementiert.

Rätselhaftes C++

Wie lautet die Ausgabe des folgenden Programms: "Wahr" oder "Falsch"?

```
#include <iostream>
using namespace std;

int main()
{
  int wert;

  if(wert > 10000)
  {
    cout << "Wahr" << endl;
  }
  else
  {
    cout << "Falsch" << endl;
  }

  return 0;
}
```

Lösung: Es lässt sich nicht voraussagen. Da der Programmierer versäumt hat, der Variablen einen Anfangswert zuzuweisen, besitzt sie einen zufälligen Wert, der davon abhängt, was für ein Bitmuster bei der Programmausführung im Speicher der Variablen vorgefunden wird. (Dies gilt für alle Variablen, die innerhalb von Funktionen definiert werden.)

Kapitel 9

Anweisungen mehrfach ausführen lassen

> Im vorangehenden Kapitel haben Sie gesehen, wie man alternativ den einen oder anderen Anweisungsblock ausführen lassen kann. Mindestens ebenso interessant ist es, einen Anweisungsblock mehrere Male hintereinander ausführen zu lassen. Dies erreicht man durch Aufsetzen von so genannten Schleifen.

Das können Sie schon:

Arbeit mit dem Compiler	37, 59, 62
Variablen und Konstanten	82
Operatoren und Ausdrücke	100
Ein- und Ausgabe	134
Vergleichen und verzweigen	156

Das lernen Sie neu:

Wozu braucht man Schleifen	176
Die for-Schleife	177
Die while-Schleife	184
Schleifen vorzeitig abbrechen	187

Wozu braucht man Schleifen

Schleifen dienen dazu, einen Anweisungsblock mehrfach hintereinander auszuführen.

Jetzt werden Sie sich fragen, welchen Sinn es haben könnte, eine bestimmte Folge von Anweisungen mehrmals hintereinander ausführen zu lassen. Schließlich dürfte es nur wenige Programme geben, in denen Bedarf besteht, ein und dieselbe Aktion mehrfach hintereinander ausführen zu lassen.

Nun, sicherlich macht es keinen Sinn, einer Variablen x-mal hintereinander den gleichen Wert zuzuweisen oder x-mal nacheinander die gleiche Ausgabe auf den Bildschirm zu schreiben:

```
int quadrat = 9;
cout << quadrat << endl;
cout << quadrat << endl;
...
```

Bedenken Sie aber, dass sich der Inhalt von Variablen auch in aufeinanderfolgenden, identischen Anweisungen ändern kann:

```
int loop = 0;
++loop;   // loop = 1
++loop;   // loop = 2
++loop;   // loop = 3
...
```

Sie sehen schon, wenn man die richtigen Anweisungen kombiniert, kann die Mehrfachausführung einer Anweisungsfolge recht interessant sein. So gibt folgende Anweisungsfolge das Quadrat der Zahl 1 aus:

```
int loop = 0;
++loop;
cout << loop * loop << endl;
```

Hängt man an diese Zeilen weitere Kopien der letzten beiden Anweisungen an, gibt man nacheinander die Quadrate der ersten natürlichen Zahlen aus:

```
int loop = 0;
++loop;
cout << loop * loop << endl;    // 1
++loop;
cout << loop * loop << endl;    // 4
++loop;
cout << loop * loop << endl;    // 9
++loop;
cout << loop * loop << endl;    // 16
```

Das direkte Wiederholen der Anweisungen ist allerdings unschön, aufwendig und fehleranfällig. Einfacher und eleganter wäre es, im Programm festzulegen, dass er die Anweisungen n Mal hintereinander ausführen soll. Dies kann man durch Aufsetzen einer Schleife.

Die for-Schleife

Eine von zwei wichtigen Schleifenvarianten ist die `for`-Schleife, die meist verwendet wird, wenn der Programmierer bereits von vornherein weiß, wie oft die Schleife durchlaufen werden soll.

Allgemeine Syntax

Die allgemeine Syntax der `for`-Schleife sieht wie folgt aus:

```
for (Initialisierung; Bedingung; Veränderung)
{
    Anweisung(en);
}
```

- Initialisierung: Code, der beim ersten Eintritt in die Schleife ausgeführt wird. Bei nachfolgenden Schleifendurchgängen wird die Anweisung nicht mehr ausgeführt.
- Bedingung: Solange die Bedingung erfüllt ist, wird der zur `for`-Schleife gehörende Anweisungsblock ausgeführt; andernfalls wird die Schleife verlassen.
- Veränderung: Die Anweisung dieses Teils wird nach jedem Schleifendurchgang und vor der neuerlichen Prüfung der Schleifenbedingung ausgeführt.

Wie werden Schleifen kontrolliert?

Die drei Teile Initialisierung, Bedingung und Veränderung bilden zusammen den so genannten *Schleifenkopf*. Sie enthalten Code, der festlegt, wie oft die Schleife (sprich der Anweisungsblock, der unter dem Schleifenkopf folgt) ausgeführt wird.

Wie aber kann man kontrollieren, wie oft eine Schleife ausgeführt wird?

Ganz einfach, mit Hilfe einer eigens hierfür deklarierten Variablen, die als eine Art Zähler für die Schleifendurchläufe dient.

> **Was ist das?**
>
> *Man bezeichnet diese Variable üblicherweise als Schleifenvariable. Wir werden diese Variable in unseren Beispielen meist* `loop` *(englisch für Schleife) nennen. Der Name spielt aber keine Rolle. Sie können die Variable ebenso gut* `n` *oder* `meineVar` *nennen.*

Am Anfang setzt man die Schleifenvariable auf einen Anfangswert (Initialisierung). Wenn dann der Anweisungsblock der Schleife eins ums andere Mal ausgeführt wird, setzt man die Schleifenvariable immer weiter herauf (Veränderung), bis ein bestimmter Wert überschritten ist, so dass die Schleifenbedingung nicht mehr erfüllt ist.

Betrachten wir zum Beispiel folgenden Code:

```
int loop;

for(loop = 1; loop <= 5; ++loop)
{
  // Anweisungen
}
```

Der Code beginnt mit der Deklaration der Schleifenvariablen, die hier `loop` genannt wurde. Bei Eintritt in die Schleife muss der Schleifenvariablen ein Anfangswert zugewiesen werden. Dies geschieht in der Anweisung: `loop = 1;`

Dahinter ist die Bedingung formuliert, die festlegt, wie lange die Schleife ausgeführt wird: `loop <= 5;`. Solange die Bedingung erfüllt ist, das heißt, solange die Schleifenvariable `loop` kleiner oder gleich 5 ist, wird die Schleife ausgeführt.

Die dritte Anweisung wird nach jeder Abarbeitung des Anweisungsblocks der Schleife ausgeführt. Sie führt dazu, dass der Wert von `loop` nach 5 Schleifendurchgängen größer als 5 ist – mit der Konsequenz, dass die Schleifenbedingung nicht mehr erfüllt und die Schleife beendet wird.

Ausführung einer Schleife

Versuchen wir einmal, Schritt für Schritt nachzuvollziehen, wie obige Schleife ausgeführt wird.

Zuerst versehen wir die Schleife mit einem echten Anweisungsblock, damit unsere Ausführungen nicht so abstrakt bleiben.

Die for-Schleife

```
int loop;
int summe = 0;

for(loop = 1; loop <= 5; ++loop)
{
   summe += loop;
}

cout << "Die Summe der ersten " << loop-1
     << " Zahlen betraegt : " << summe << endl;
```

> **Achtung**
>
> *Beachten Sie, dass die letzte Anweisung im Schleifenkopf nicht mit einem Semikolon abgeschlossen wird.*

Beim Eintritt in die Schleife wird der Schleifenvariablen loop der Wert 1 zugewiesen.

Als Nächstes wird die Schleifenbedingung überprüft. Da sie erfüllt ist (der Wert von loop kleiner gleich 5 ist), wird der Anweisungsblock der Schleife ausgeführt. Der Variable summe wird jetzt zu ihrem alten Wert (0) der Wert von loop hinzuaddiert.

Nach Ausführung des Anweisungsblocks wird die dritte Anweisung des Schleifenkopfs, ++loop, ausgeführt. Die Schleifenvariable loop enthält jetzt also den Wert 2.

Die weitere Ausführung der Schleife folgt dem immer gleichen Schema:

1. Die Schleifenbedingung wird überprüft.
2. Ist die Bedingung erfüllt, wird der Anweisungsblock der Schleife ausgeführt.
3. Nach Abarbeitung des Anweisungsblocks wird die Schleifenvariable gemäß der dritten Anweisung im Schleifenkopf inkrementiert. Dann geht es wieder mit Schritt 1 weiter.

So nimmt loop nacheinander die Werte 1, 2, 3, 4 und 5 an, und in summe werden nacheinander die Werte 1, 3, 6, 10 und 15 abgespeichert.

Nach dem fünften Durchlauf der Schleife wird wieder die Inkrement-Anweisung ausgeführt. Die Variable loop hat danach den Wert 6. Wenn jetzt vor dem Eintritt in den nächsten Schleifendurchgang die Bedingung loop <= 5 überprüft wird, stellt sich heraus, dass die Schleifenbedingung nicht mehr erfüllt ist.

Folglich wird der Anweisungsblock der Schleife nicht mehr ausgeführt, die Schleife wird direkt verlassen und das Programm mit der unter der Schleife folgenden Anweisung fortgeführt.

Mit Schleifen Zahlenfolgen berechnen

Zur Übung werden wir jetzt eine eigene Schleife implementieren. Mit Hilfe dieser Schleife sollen die ersten 10 Quadratzahlen berechnet und ausgegeben werden.

> **Tipp**
>
> *Wenn Sie möchten, versuchen Sie ruhig, das zugehörige Programm zuerst selbst aufzusetzen.*

1 Legen Sie ein neues Projekt an und beginnen Sie mit dem folgenden Grundgerüst:

> **Achtung**
>
> *Wenn Sie mit dem C++BuilderX arbeiten, nennen Sie das Projekt nicht* for, *sondern* ForSchleife *oder ähnlich. Der C++BuilderX benennt die erzeugte EXE-Datei nämlich so wie das Projekt. Heißt das Projekt* for, *heißt die EXE-Datei also ebenfalls* for. *Das wäre an sich nicht schlimm, doch wenn Sie versuchen, das Programm von der Konsole aus aufzurufen, denkt Windows, Sie wollten den DOS-Befehl* for *ausführen.*

```
// ForSchleife.cpp - Quadratzahlen berechnen
#include <iostream>
using namespace std;

int main()
{

   return 0;
}
```

Die for-Schleife

2 Deklarieren Sie die Schleifenvariable und setzen Sie den Schleifenkopf mit leerem Anweisungsblock auf.

```cpp
// ForSchleife.cpp - Quadratzahlen berechnen
#include <iostream>
using namespace std;

int main()
{
  int loop;

  for(loop = 1; loop <= 10; ++loop)
  {
  }

  return 0;
}
```

> **Achtung**
>
> *Die letzte Anweisung im Schleifenkopf wird nicht mit einem Semikolon abgeschlossen.*

Da wir die ersten 10 Quadratzahlen berechnen wollen, initialisieren wir die Schleifenvariable mit 1 und lassen Sie in Einer-Schritten bis einschließlich 10 hochzählen. Die Bedingung ist so gewählt, dass die Schleife beendet wird, wenn die Schleifenvariable größer 10 ist.

3 Setzen Sie den Anweisungsblock der Schleife auf.

```cpp
// ForSchleife.cpp - Quadratzahlen berechnen
#include <iostream>
using namespace std;

int main()
{
  int loop;
  int quadr;

  for(loop = 1; loop <= 10; ++loop)
  {
     quadr = loop * loop;
     cout << "Das Quadrat von " << loop << " ist: "
          << quadr << endl;
  }

  return 0;
}
```

Zuerst deklarieren wir eine zusätzliche Variable namens `quadr`, in der wir die jeweils aktuelle Quadratzahl abspeichern können.

Im Anweisungsblock nutzen wir die Schleifenvariable, um die aktuelle Quadratzahl zu berechnen. Denken Sie daran, dass wir die Quadratzahlen der Zahlen 1 bis 10 berechnen wollen. Die Schleifenvariable nimmt aber nacheinander genau die Werte 1 bis 10 an. Was liegt also näher, als die Quadratzahlen mit Hilfe der Schleifenvariablen zu berechnen?

Wir speichern die aktuelle Quadratzahl in der Variablen `quadr` und geben Sie dann aus.

Tipp

Man hätte auf die Zwischenspeicherung in `quadr` *auch verzichten können. Der Anweisungsblock hätte dann allein aus der folgenden* `cout`*-Anweisung bestanden:*

```
cout << "Das Quadrat von " << loop << " ist: "
     << loop * loop << endl;
```

Zur Eingewöhnung in die Programmierung mit Schleifen ist obiger Code aber sicherlich leichter verständlich.

Achtung

Während es üblich ist, den Wert der Schleifenvariable im Anweisungsblock der Schleife abzufragen und in Ausdrücke einzubauen, sollte man es strikt vermeiden, den Wert der Schleifenvariable im Anweisungsblock zu verändern. Die Änderung der Schleifenvariable sollte nur im Schleifenkopf erfolgen.

4 Kompilieren Sie das Programm und führen Sie es aus.

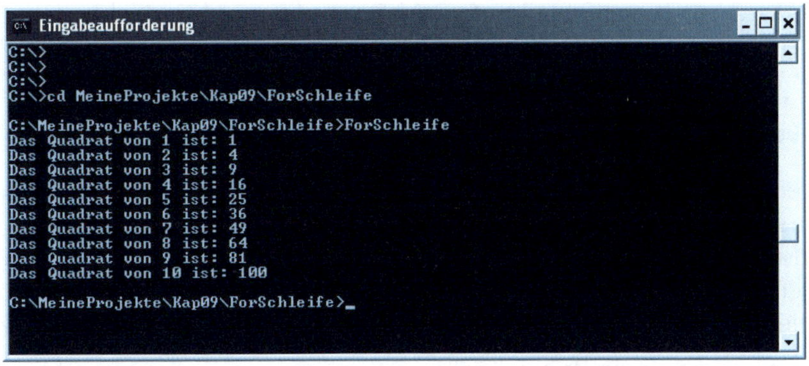

Abbildung 9.1: Ausgabe des Programms ForSchleife.exe

Varianten und Fallstricke

Statt die Schleifenvariable zu inkrementieren, können Sie sie auch dekrementieren:

```
for(loop = 10; loop > 1; --loop)
```

oder in jeder anderer Weise verändern:

```
for(loop = 1; loop < 10; loop+=2)
```

Wie auch immer Sie Bedingung und Veränderung der Schleifenvariable wählen, entscheidend ist, dass die Schleife auch wirklich wieder verlassen wird. Betrachten Sie folgende Schleife:

```
for(loop=1; loop <= 10; loop--)
{
   ...
}
```

Hier wird die Schleifenvariable `loop` nach jedem Schleifendurchgang dekrementiert, das heißt um 1 vermindert. Der Wert von `loop` wird nie größer als 10 werden und die Schleife wird nie verlassen!

Solche Endlosschleifen sind ein häufiges Beispiel für logische Fehler innerhalb eines syntaktisch korrekten Programms.

Zu guter Letzt habe ich noch eine Tüftelaufgabe für Sie! Schreiben Sie ein Programm, das mit Hilfe einer `for`-Schleife die ersten Hundert Quadratzahlen ausgibt. Nach jeder zehnten Quadratzahl soll das Programm anhalten und warten bis der Anwender die ⏎-Taste drückt. Ein kleiner Tipp: Mit Hilfe des Modulo-Operators % kann man mit einer einzigen `if`-Bedingung elegant feststellen, ob es sich bei dem aktuellen Schleifendurchgang um ein Vielfaches von 10 handelt. Die Aufgabe ist nicht ganz einfach. Wer Probleme hat, kann mich per E-Mail unter *dirk@carpelibrum.de* erreichen (über Lösungen und Erfolgsmeldungen freue ich mich natürlich auch).

Die while-Schleife

Die zweite wichtige Schleifenvariante ist die `while`-Schleife. Bei der `while`-Schleife sind Initialisierung, Bedingung und Veränderung nicht im Schleifenkopf zusammengefasst, sondern werden über den Code verteilt. Sie wird meist verwendet, wenn der Programmierer vorab nicht genau weiß, wie oft die Schleife durchlaufen werden soll.

Sehen wir uns gleich ein Beispiel an.

Vom Anwender gesteuerte Schleifen

Das folgende Programm dient ebenfalls der Berechnung von Quadratzahlen. Es gibt aber nicht einfach eine bestimmte Anzahl von Quadratzahlen aus, sondern fragt vielmehr den Anwender, zu welcher Zahl das Quadrat berechnet werden soll.

Das Besondere an dem Programm ist, dass der Anwender das Programm nicht zur Berechnung jeder weiteren Quadratzahl neu aufrufen muss. Stattdessen fordert das Programm den Anwender auf, immer weiter eine Zahl einzugeben. Will er das Programm beenden, muss er den Wert 0 eingeben.

1 Legen Sie ein neues Projekt an und beginnen Sie mit dem folgenden Grundgerüst:

```
// While.cpp - Quadratzahlen berechnen
#include <iostream>
using namespace std;

int main()
{

   return 0;
}
```

2 Initialisieren Sie die Schleifenvariable.

```
// While.cpp - Quadratzahlen berechnen
#include <iostream>
using namespace std;
```

Die while-Schleife

```cpp
int main()
{
  double eingabe;          // Schleifenvariable

  eingabe = 1;

  return 0;
}
```

Die `double`-Variable `eingabe` werden wir sowohl zum Einlesen von Daten über die Tastatur als auch zur Kontrolle der Schleife verwenden. Aus diesem Grunde haben wir die Variable `eingabe` und nicht `loop` genannt.

3 Legen Sie die while-Schleife an.

```cpp
// While.cpp - Quadratzahlen berechnen
#include <iostream>
using namespace std;

int main()
{
  double eingabe;          // Schleifenvariable

  eingabe = 1;
  while (eingabe != 0)
  {

  return 0;
}
```

`while`-Schleifen beginnen mit dem Schlüsselwort `while`. Darauf folgt in runden Klammern die Schleifenbedingung. Wenn diese Bedingung erfüllt ist, wird der Anweisungsblock der Schleife ausgeführt. Im Beispiel wird die Schleife so lange ausgeführt, wie der Wert von `eingabe` ungleich 0 ist.

4 Setzen Sie den Anweisungsblock der Schleife auf.

```cpp
// While.cpp - Quadratzahlen berechnen
#include <iostream>
using namespace std;

int main()
{
  double eingabe;          // Schleifenvariable

  eingabe = 1;
  while (eingabe != 0)
  {
     cout << "Programm zur Berechnung von
```

```
                   ➥Quadratzahlen" << endl;
    cout << "Geben Sie eine Zahl ein ( 0 zum
                   ➥Beenden ): ";

    cin >> eingabe;

    cout << "Das Quadrat von " << eingabe
         << " ist " << eingabe*eingabe << endl;
    cout << endl;
  }

  return 0;
}
```

Bei der `while`-Schleife muss der Wert der Schleifenvariable (allgemeiner ausgedrückt, der Wert der Variablen, die in die Schleifenbedingung eingeht) im Anweisungsteil der Schleife verändert werden. In diesem Beispiel geschieht dies, indem der Variablen die Tastatureingabe zugewiesen wird.

Hinweis

Denken Sie daran, dass man String-Konstanten nicht umbrechen darf (was in obigem Listing wegen des Satzspiegels geschehen ist).

5 Kompilieren Sie das Programm und führen Sie es aus.

Abbildung 9.2: Ausgabe des Programms while.exe

Allgemeine Syntax

Die allgemeine Syntax der while-Schleife sieht wie folgt aus:

```
Initialisierung;
while (Bedingung)
{
    Anweisung(en) inklusive Veränderung;
}
```

Schleifen vorzeitig abbrechen

Mit Hilfe spezieller Befehle ist es möglich,

- den aktuellen Schleifendurchgang sowie
- die gesamte Schleife abzubrechen.

Schleifendurchgang abbrechen

Warum sollte man einzelne Schleifendurchgänge vorzeitig abbrechen? Nun, in vielen Schleifen gibt es neben der Schleifenvariablen noch weitere Variablen. Vielleicht nimmt eine dieser Variablen in einem Schleifendurchgang einen Wert an, der es verbietet, den aktuellen Schleifendurchgang weiter auszuführen. Oder es gibt Werte der Schleifenvariable, für die man von vornherein die Anweisungen der Schleife gar nicht ausführen möchte.

Nehmen wir zum Beispiel an, Sie wollten die ersten zehn Quadratzahlen ausgeben, aber nicht das Quadrat von 5. Nur mit Hilfe der Anweisungen im Schleifenkopf lässt sich dies nicht erreichen – außer Sie setzen hintereinander zwei Schleifen auf.

Mit Hilfe der continue-Anweisung, die den aktuellen Schleifendurchgang abbricht, ist die Realisierung einer solchen Schleife jedoch gar kein Problem.

1 Beginnen Sie ein neues Programm (siehe Kapitel 3) und tippen Sie den Quelltext des ForSchleife-Programms ein.

```
// Continue.cpp - Quadratzahlen berechnen
#include <iostream>
using namespace std;

int main()
{
    int loop;
    int quadr;
```

```
   for(loop = 1; loop <= 10; ++loop)
   {
     quadr = loop * loop;
     cout << "Das Quadrat von " << loop << " ist: "
          << quadr << endl;
   }

   return 0;
}
```

2 Prüfen Sie am Anfang der Schleife mit Hilfe einer if-Bedingung, ob der Wert von loop gleich 5 ist.

```
// Continue.cpp - Quadratzahlen berechnen
#include <iostream>
using namespace std;

int main()
{
   int loop;
   int quadr;

   for(loop = 1; loop <= 10; ++loop)
   {
     if (loop == 5)

     quadr = loop * loop;
     cout << "Das Quadrat von " << loop << " ist: "
          << quadr << endl;
   }

   return 0;
}
```

3 Ist die if-Bedingung erfüllt, führen Sie die Anweisung continue aus.

```
// Continue.cpp - Quadratzahlen berechnen
#include <iostream>
using namespace std;

int main()
{
   int loop;
   int quadr;

   for(loop = 1; loop <= 10; ++loop)
   {
     if (loop == 5)
       continue;
```

Schleifen vorzeitig abbrechen

```
    quadr = loop * loop;
    cout << "Das Quadrat von " << loop << " ist: "
         << quadr << endl;
  }

  return 0;
}
```

Das war's schon.

4 Kompilieren Sie das Programm und führen Sie es aus.

Für die ersten 4 Schleifendurchgänge wird der Anweisungsblock ganz normal durchgeführt. Zu Beginn des 5. Durchgangs ergibt die `if`-Bedingung aber `true` und die `continue`-Anweisung unter der `if`-Bedingung wird ausgeführt. Die `continue`-Anweisung sorgt dafür, dass die nachfolgenden Anweisungen im Schleifenblock nicht mehr ausgeführt werden. Stattdessen wird die Schleife mit der letzten Anweisung im Schleifenkopf (++loop) und dem Eintritt in den nächsten Schleifendurchgang fortgesetzt.

> **Hinweis**
>
> *Die `if`-Bedingung und die `continue`-Anweisung müssen nicht am Beginn des Anweisungsblocks der Schleife stehen. Sie können an beliebiger Stelle im Anweisungsblock stehen.*

> **Achtung**
>
> *Wichtig ist, dass die Schleifenvariable auch für Schleifendurchgänge, die mit `continue` abgebrochen wurden, heraufgezählt wird (oder heruntergezählt – je nach Konstruktion der Schleife). In `for`-Schleifen ist dies immer gegeben, da die dritte Anweisung im Schleifenkopf, die für die Veränderung der Schleifenvariable verantwortlich ist, immer am Ende jedes Schleifendurchgangs ausgeführt wird. In `while`-Schleifen erfolgt die Veränderung der Schleifenvariable aber im Anweisungsblock der Schleife! Sie müssen in `while`-Schleifen daher unbedingt darauf achten, dass die Veränderung der Schleifenvariable vor der `continue`-Anweisung steht. Ansonsten hängt sich die Schleife mit ziemlicher Sicherheit in einer Endlosschleife auf, wenn die `continue`-Anweisung einmal ausgeführt wird.*

Wenn Sie der obigen Warnung keinen Glauben schenken mögen, versuchen Sie einmal nachzuvollziehen, was bei Ausführung folgender while-Schleife passiert (aber programmieren Sie die Schleife nicht nach – das Programm stürzt unweigerlich ab):

```
#include <iostream>
using namespace std;

int main()
{
   int loop;          // Schleifenvariable
   int quadr;

   loop = 1;
   while (loop <= 10)
   {
      if (loop == 5)
         continue;

      quadr = loop * loop;
      cout << "Das Quadrat von " << loop << " ist: "
           << quadr << endl;

      ++loop;
   }

   return 0;
}
```

> **Hinweis**
>
> *Zum Schluss noch eine allgemeine Bemerkung zum Einsatz von* continue. *Setzen Sie die* continue-*Anweisung sparsam ein. Wenn Sie in einer Schleife drei, vier oder mehr Bedingungen mit* continue-*Anweisungen haben, sollten Sie sich fragen, ob die Schleife überhaupt richtig konzipiert ist.*
>
> *Sinnvoll wäre es dagegen, die Schleife aus dem While-Programm von Abschnitt Die while-Schleife um eine* continue-*Anweisung zu erweitern, die verhindert, dass nach Eingabe einer 0 (zum Beenden des Programms) noch das Quadrat berechnet wird.*

Schleife abbrechen

Die `break`-Anweisung wird grundsätzlich genauso eingesetzt wie die `continue`-Anweisung. Sie bricht aber nicht nur den aktuellen Schleifendurchgang, sondern gleich die ganze Schleife ab.

Die `break`-Anweisung wird meist dann verwendet, wenn Sie Aufgaben der folgenden Form zu lösen haben:

»Führe die folgenden Anweisungen immer wieder aus, bis ein bestimmtes Ereignis eintritt.«

Man kann diese Aufgabenstellung unschwer auf unser Programm zur Berechnung der Quadratzahlen aus Abschnitt »Die while-Schleife anwenden«.

»Fordere den Anwender so lange immer wieder zur Eingabe einer Zahl ein, für die das Quadrat berechnet wird, bis er eine 0 eingibt.«

Mit Hilfe einer Endlosschleife und einer `break`-Anweisung würde die Implementierung dieses Programms dann wie folgt aussehen:

1 Legen Sie ein neues Projekt an und tippen Sie den Quelltext des While-Programms ein.

> **Achtung**
>
> *Wenn Sie mit dem C++BuilderX arbeiten, nennen Sie das Projekt nicht* break, *sondern* Abbruch *oder ähnlich. Ein Programm namens* break.exe *stünde bei Ausführung von der Konsole in Konflikt mit dem gleichnamigen MS-DOS-Befehl.*

```
// Abbruch.cpp - Quadratzahlen berechnen
#include <iostream>
using namespace std;

int main()
{
   double eingabe;          // Schleifenvariable

   eingabe = 1;
   while (eingabe != 0)
   {
      cout << "Programm zur Berechnung von
             ↪Quadratzahlen" << endl;
      cout << "Geben Sie eine Zahl ein ( 0 zum
             ↪Beenden ): ";
```

```cpp
    cin >> eingabe;

    cout << "Das Quadrat von " << eingabe
         << " ist " << eingabe*eingabe << endl;
    cout << endl;
  }

  return 0;
}
```

> **Hinweis**
>
> *Denken Sie daran, dass man String-Konstanten nicht umbrechen darf (was in obigem Listing wegen des Satzspiegels geschehen ist).*

2 Verwandeln Sie die `while`-Schleife in eine Endlosschleife.

```cpp
// Abbruch.cpp - Quadratzahlen berechnen
#include <iostream>
using namespace std;

int main()
{
  double eingabe;         // Schleifenvariable

  while (1)
  {
    cout << "Programm zur Berechnung von 
           ↪Quadratzahlen" << endl;
    cout << "Geben Sie eine Zahl ein ( 0 zum
           ↪Beenden ): ";

    cin >> eingabe;

    cout << "Das Quadrat von " << eingabe
         << " ist " << eingabe*eingabe << endl;
    cout << endl;
  }

  return 0;
}
```

Statt einer echten Schleifenbedingung geben wir in den runden Klammern hinter `while` einfach die Zahl 1 ein. Der Compiler sieht Zahlenwerte ungleich 0 als `true` an, was bedeutet, dass die Schleifenbedingung immer erfüllt ist. Die Schleife wird also, so wie sie jetzt formuliert ist, immer wieder ausgeführt.

3 Fügen Sie die break-Anweisung zum Beenden der Schleife ein.

```cpp
// Abbruch.cpp - Quadratzahlen berechnen
#include <iostream>
using namespace std;

int main()
{
  double eingabe;         // Schleifenvariable

  while (1)
  {
    cout << "Programm zur Berechnung von
            ➥Quadratzahlen" << endl;
    cout << "Geben Sie eine Zahl ein ( 0 zum
            ➥Beenden ): ";

    cin >> eingabe;

    if (eingabe == 0)
       break;

    cout << "Das Quadrat von " << eingabe
         << " ist " << eingabe*eingabe << endl;
    cout << endl;
  }

  return 0;
}
```

Nach dem Einlesen der Benutzereingabe prüfen wir in einer if-Bedingung, ob der Anwender eine 0 eingegeben hat.

- Hat der Anwender einen Wert ungleich 0 eingeben, wird die Schleife ganz normal weiter ausgeführt.

- Hat der Anwender 0 eingegeben, wird die break-Anweisung ausgeführt und die Schleife wird sofort verlassen.

4 Kompilieren Sie das Programm und führen Sie es aus.

Abbildung 9.3: Ausgabe des Programms abbruch.exe

Rätselhaftes C++

Sie meinen mit C++ kann man nur rechnen? Dann überlegen Sie doch einmal, was das folgende Programm macht.

```cpp
#include <iostream>
using namespace std;

int main()
{
  int loop1, loop2;
  for(loop1 = 1; loop1 <= 10; loop1++)
  {
    for(loop2 = loop1; loop2 > 0; loop2--)
    {
      cout << "x";
    }

    cout << endl;
  }
  return 0;
}
```

Lösung: Richtig! Es zeichnet ein Dreieck.

Kapitel 10

Funktionen – Teilprobleme auslagern

Das Konzept der Funktionen ist nicht mehr ganz neu für uns. Von verschiedenen vordefinierten Funktionen wie printf(), sqrt(), tan() oder auch main() haben wir bereits gehört und Gebrauch gemacht. In diesem Kapitel wollen wir unser praktisches Wissen auf eine fundierte theoretische Basis stellen. Vor allem wollen wir aber lernen, wie man eigene Funktionen zur Lösung bestimmter Programmierprobleme definiert.

Das können Sie schon:

Arbeit mit dem Compiler	37, 59, 62
Variablen und Konstanten	82
Operatoren und Ausdrücke	100
Ein- und Ausgabe	134
Verzweigungen und Schleifen	156, 176

Das lernen Sie neu:

Funktionen definieren und aufrufen	198
Parameter an Funktionen übergeben	203
Werte aus Funktionen zurückliefern	205
Code in Funktionen auslagern	208
Globale und lokale Variablen	211
Allgemeine Syntax	212

Funktionen definieren und aufrufen

Eine Funktion zu definieren bedeutet letzten Endes nichts anderes, als einen Anweisungsblock, der eine bestimmte Aufgabe erfüllt (beispielsweise einen Text ausgibt, die Wurzel einer Zahl berechnet oder sonst irgendetwas tut), mit einem Namen – dem Funktionsnamen – zu verbinden.

Der Vorteil dieses Verfahrens besteht darin, dass man die Funktion nur einmal zu definieren braucht (vorzugsweise am Anfang des Quelltextes, vor der `main()`-Funktion) und sie später durch Aufruf über ihren Namen ausführen lassen kann. Wir wollen dies gleich an einem Beispiel verdeutlichen.

Funktionen definieren

Unsere erste Funktion ist bewusst einfach gehalten. Sie soll nichts anderes machen, als uns freundlich zu grüßen. Der Code, den die Funktion enthalten soll, besteht daher aus einer einzelnen `cout`-Anweisung:

```
cout << "Hallo Programmierer!" << endl;
```

Wir wird aus dieser Anweisung eine Funktion?

1 Denken Sie sich einen Namen für die Funktion aus und setzen Sie hinter den Namen runde Klammern, die den Namen als Funktionsnamen kennzeichnen.

```
gruss()
```

2 Geben Sie den Datentyp des Rückgabewerts an.

Funktionen können Ergebniswerte zurückliefern. Den Datentyp des Ergebnisses (beispielsweise `int`, `double` oder `string`) muss man vor dem Funktionsnamen angeben. Soll die Funktion wie in unserem Beispiel keinen Ergebniswert zurückliefern, gibt man statt eines Datentyps das Schlüsselwort `void` an.

```
void gruss()
```

> **Was ist das?**
>
> Das Schlüsselwort `void` kann man überall dort verwenden, wo der Compiler eine Typangabe erwartet, man aber keinen Typ angeben kann oder möchte.

3 Verbinden Sie den Funktionsnamen mit einem Anweisungsblock.

```
void gruss()
{
}
```

4 Setzen Sie den Code auf, der bei Aufruf der Funktion ausgeführt werden soll.

```
void gruss()
{
  cout << "Hallo Programmierer!" << endl;
}
```

Funktionen aufrufen

Um die Funktion `gruss()` aufzurufen, muss man den Funktionsnamen (inklusive der runden Klammern) nur an der Stelle im Code eintippen, an der die Funktion ausgeführt werden soll.

1 Legen Sie ein neues Projekt an und beginnen Sie mit dem folgenden Grundgerüst:

```
// Gruss.cpp
#include <iostream>
using namespace std;

int main()
{

    return 0;
}
```

2 Definieren Sie vor der `main()`-Funktion die Funktion `gruss()`.

```
// Gruss.cpp
#include <iostream>
using namespace std;

void gruss()
{
  cout << endl;
  cout << "Hallo Programmierer!" << endl;
  cout << endl;
}

int main()
{

  return 0;
}
```

Warum müssen wir die Funktion gruss() vor main() definieren? Weil wir die Funktion gruss() in main() aufrufen wollen. Das geht aber nur, wenn die Funktion dem Compiler zuvor bekannt gemacht wurde.

3 Rufen Sie als erste Anweisung in main() die Funktion gruss() auf.

```
// Gruss.cpp
#include <iostream>
using namespace std;

void gruss()
{
  cout << endl;
  cout << "Hallo Programmierer!" << endl;
  cout << endl;
}

int main()
{
  gruss();

  return 0;
}
```

4 Führen Sie dann irgendwelche Anweisungen aus. Rechnen Sie beispielsweise einen Fahrenheit-Wert in Grad Celsius um.

```
// Gruss.cpp
#include <iostream>
using namespace std;

void gruss()
{
  cout << endl;
  cout << "Hallo Programmierer!" << endl;
  cout << endl;
}

int main()
{
  double fahrenheit;
  double celsius;

  gruss();

  cout << "Temperatur in Fahrenheit: ";
  cin  >> fahrenheit;
```

```
    celsius = (fahrenheit - 32) * 5.0 / 9.0;

    cout << fahrenheit
         << " Grad Fahrenheit entsprechen "
         << celsius
         << " Grad Celsius" << endl;

    return 0;
}
```

5 Rufen Sie danach erneut die Funktion `gruss()` auf.

```
// Gruss.cpp
#include <iostream>
using namespace std;

void gruss()
{
  cout << endl;
  cout << "Hallo Programmierer!" << endl;
  cout << endl;
}

int main()
{
    double fahrenheit;
    double celsius;

    gruss();

    cout << "Temperatur in Fahrenheit: ";
    cin  >> fahrenheit;

    celsius = (fahrenheit - 32) * 5.0 / 9.0;

    cout << fahrenheit
         << " Grad Fahrenheit entsprechen "
         << celsius
         << " Grad Celsius" << endl;

    gruss();

    return 0;
}
```

6 Führen Sie das Programm aus, um sich von seiner Funktionsweise zu überzeugen.

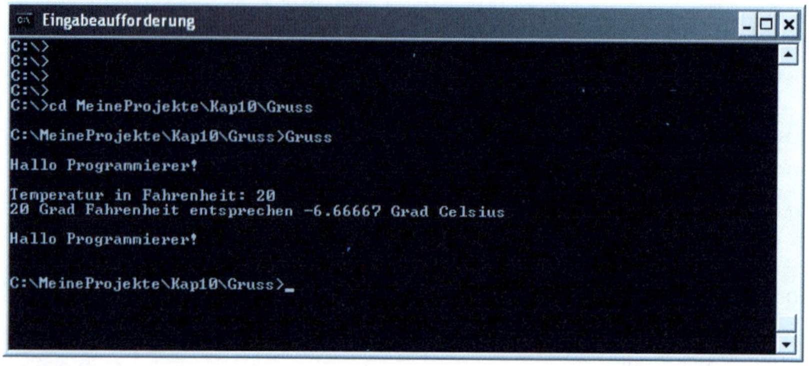

```
⌘ Eingabeaufforderung                                    _ □ ×
C:\>
C:\>
C:\>
C:\>
C:\>cd MeineProjekte\Kap10\Gruss

C:\MeineProjekte\Kap10\Gruss>Gruss
Hallo Programmierer!

Temperatur in Fahrenheit: 20
20 Grad Fahrenheit entsprechen -6.66667 Grad Celsius
Hallo Programmierer!

C:\MeineProjekte\Kap10\Gruss>_
```

Abbildung 10.1: Ausgabe des Gruss-Programms

Vorteile von Funktionen

Die Auslagerung von Code in Funktionen hat mehrere Vorteile.

Ein Vorteil ist, dass der Code übersichtlicher und besser strukturiert wird. Stellen Sie sich vor, Sie müssten ein Programm schreiben, das Messwerte aus einer Datei einliest und in Form einer Tabelle sowie eines Graphen ausgibt. Ein solches Programm kann es schnell auf einige Hundert Zeilen Code bringen. Teilt man den Code in Funktionen auf (eine Funktion zum Einlesen der Daten, eine Funktion zur Erzeugung der Tabelle und eine Funktion zur Erzeugung des Graphen), bleibt das Programm übersichtlich:

```
#include <iostream>
using namespace std;

void daten_einlesen()
{
   ...
}

void tabelle_erzeugen()
{
   ...
}

void graph_erzeugen()
{
   ...
}

int main()
{
```

```
daten_einlesen();
tabelle_erzeugen();
graph_erzeugen();

return 0;
}
```

Ein weiterer Vorteil ist, dass man Änderungen oder Fehlerkorrekturen leichter vornehmen kann. Stellen Sie sich vor, Sie wollten die Grußformel aus obigem Beispielprogramm so ändern, dass das Programm Sie mit Ihrem Namen begrüßt, beispielsweise "Hallo Melanie!". Sie brauchen dazu nur den Code der Funktion gruss() anzupassen:

```
void gruss()
{
   cout << "Hallo Melanie!" << endl;
}
```

Hätten wir keine Funktion definiert, müssten wir alle Stellen im Code durchgehen, an denen der Gruß ausgegeben wird, und jedes Mal die Grußformel ändern – ein mühseliges und fehleranfälliges Verfahren.

Schließlich kann man einmal definierte Funktionen, die von allgemeinem Interesse sind, ohne große Mühe auch in anderen Programmen verwenden, indem man entweder die Funktionsdefinition kopiert oder indem man die Funktionen als Quelltextsammlungen oder Bibliotheken zur Verfügung stellt (siehe Kapitel 16, Abschnitt »Programmcode auf mehrere Quelldateien verteilen«).

Parameter an Funktionen übergeben

Unsere in obigem Abschnitt definierte Funktion gruss() ist eine extrem unkommunikative Funktion, denn sie erlaubt keinen Datenaustausch zwischen sich und dem aufrufenden Code. Viele Funktionen werden aber erst dadurch wirklich wertvoll, dass sie vom Aufrufer zu verarbeitende Daten übernehmen und unter Umständen sogar Ergebniswerte zurückliefern. Wir kennen dieses Verhalten bereits von den vordefinierten Funktionen printf(), sqrt(), tan().

Parameter und Argumente

Soll eine Funktion beim Aufruf einen Wert übernehmen, muss man in der Funktionsdefinition in den runden Klammern eine Variable für diesen Wert angeben.

> **Was ist das?**
>
> *Die in den runden Klammern definierten Variablen nennt man Parameter der Funktion. Sie sind nur in der Funktion gültig. Die Werte, die beim Aufruf der Funktion an diese Parameter übergeben werden, bezeichnet man als Argumente. (Es gibt aber auch viele Programmierer und Buchautoren, die in beiden Fällen von Parametern sprechen.)*

Betrachten wir noch einmal unsere Gruß-Funktion.

```
void gruss()
{
  cout << "Hallo Programmierer!" << endl;
}
```

Diese Funktion wäre wesentlich vielseitiger, wenn man den Namen desjenigen, den man grüßen will, als Argument an die Funktion übergeben könnte.

1 Definieren Sie für die Funktion einen Parameter vom Typ `string`.

```
void gruss(string name)
{
  cout << "Hallo Programmierer!" << endl;
}
```

2 Verwenden Sie den Parameter im Anweisungsblock der Funktion.

```
void gruss(string name)
{
  cout << "Hallo " << name << "!" << endl;
}
```

3 Rufen Sie die Funktion mit Argument auf.

```
int main()
{
  ...
  gruss("Ken");
  ...
  gruss("Melanie");
  ...
```

Wichtig ist, dass der Typ des Arguments zum Typ des Parameters passt.

> **Hinweis**
>
> Als Argumente kann man Konstanten oder Variablen übergeben. Wenn Sie Variablen übergeben, stellt sich die Frage, wie die Variable an die Funktion übergeben wird.
>
> - Eine Möglichkeit wäre, dass die Variable selbst an die Funktion weitergereicht wird. Parameter und Variable wären dann identisch und die Funktion könnte den Wert der Variablen über den Parameter ändern. Man bezeichnet dies als call by reference.
>
> - Die andere Möglichkeit ist, dass der Parameter mit einer Kopie des Arguments initialisiert wird. Das heißt, beim Aufruf wird der Wert der übergebenen Variablen in den Parameter kopiert. Wenn dem Parameter später in der Funktion ein neuer Wert zugewiesen wird, ändert sich nur der Wert des Parameters, nicht der Wert der Variablen, die im Aufruf angegeben wurde. Dieses Verfahren bezeichnet man als call by value-Verfahren.
>
> Für Konstanten und einfache Variablen, wie wir sie in unseren Beispielen verwenden, wählt C++ stets das call by value-Verfahren. (Fortgeschrittene Programmierer können durch die Übergabe von Arrays, Zeigern oder Referenzen das call by reference-Verfahren nutzen.)

Mehrere Parameter

Eine Funktion kann auch mehrere Parameter übernehmen. Diese werden dann durch Kommata getrennt in den runden Klammern aufgelistet.

```
void demo(string par1, int par2, int par3)
{
   Anweisung(en);
}
```

Beim Aufruf der Funktion werden den Parametern die passenden Argumente übergeben: ebenfalls durch Kommata getrennt und in der gleichen Reihenfolge.

```
demo("Text", 12, 4940);
```

Werte aus Funktionen zurückliefern

So einfach die Übergabe von Werten an eine Funktion ist, so einfach ist auch das Zurückliefern eines Werts aus der Funktion.

Betrachten Sie zum Beispiel folgende Funktion, die das Quadrat des ihr übergebenen Arguments berechnet und ausgibt.

```
void quadrat (int zahl);
{
  long quadr;
  quadr = zahl * zahl;

  cout << quadr << endl;
}
```

Aufruf:

```
int wert = 12;
quadrat(wert);        // Ausgabe: 144
```

Statt das berechnete Ergebnis auf der Konsole auszugeben, soll die Funktion nun so umgeschrieben werden, dass sie das Ergebnis an den Aufrufer zurückliefert.

1 Geben Sie in der Funktionsdefinition den Datentyp des Ergebniswerts an. Da wir einen long-Wert zurückliefern, ersetzen wir die Typangabe void durch long.

```
long quadrat (int zahl);
{
  long quadr;
  quadr = zahl * zahl;

  cout << quadr << endl;
}
```

2 Liefern Sie den Ergebniswert am Ende des Anweisungsblocks der Funktion mit Hilfe des return-Schlüsselworts an den Aufrufer zurück.

```
long quadrat (int zahl);
{
  long quadr;
  quadr = zahl * zahl;

  return quadr;
}
```

Die Ausgabeanweisung haben wir aus der Funktion entfernt. Es ist besser, die weitere Verarbeitung des Ergebnisses dem Aufrufer zu überlassen.

3 Nehmen Sie beim Aufruf der Funktion den Ergebniswert entgegen.

```
int wert = 12;
long ergebnis;
```

```
ergebnis = quadrat(wert);
```

4 Geben Sie das Ergebnis aus.

```
int wert = 12;
long ergebnis;

ergebnis = quadrat(wert);

cout << ergebnis << endl;
```

Mehrere return-Anweisungen

Eine Funktion kann immer nur einen Wert als Ergebniswert zurückliefern. Dies bedeutet aber nicht, dass sie nur eine return-Anweisung enthalten kann. Eine Funktion kann durchaus mehrere return-Anweisungen enthalten – beispielsweise um in Abhängigkeit von einer if-Bedingung verschiedene Ergebniswerte zurückzuliefern.

```
function demo()
{
   ...
   if(Bedingung)
   {
      ...
      return true;
   }
   else
   {
      ...
      return false;
   }
}
```

Achtung

Beachten Sie, dass die Ausführung einer return*-Anweisung nicht nur dazu führt, dass der Ergebniswert zurückgeliefert wird. Die* return*-Anweisung beendet auch die Funktion. Wenn man mehrere* return*-Anweisungen in eine Funktion einbaut, schafft man also auch verschiedene Wege, wie die Funktion verlassen werden kann. (Ähnlich wie man mit Hilfe von* break *mehrere Austrittspunkte für Schleifen schaffen kann.)*

Code in Funktionen auslagern

Um ein wenig mehr Übung im Umgang mit Funktionen zu bekommen, greifen wir noch einmal den Code des Fahrenheit-Programms aus Kapitel 7, Abschnitt »Daten einlesen« auf und versuchen das Programm so umzuprogrammieren, dass die Umrechnung von Fahrenheit in Celsius mit Hilfe einer eigenen Funktion erfolgt.

1 Legen Sie ein neues Projekt an und tippen Sie den Code aus dem Fahrenheit-Programm ein.

```
// Fahrenheit.cpp
#include <iostream>
using namespace std;

int main()
{
  double fahrenheit;
  double celsius;

  cout << "Temperatur in Fahrenheit: ";
  cin  >> fahrenheit;

  celsius = (fahrenheit - 32) * 5.0 / 9.0;

  cout << fahrenheit
       << " Grad Fahrenheit entsprechen "
       << celsius
       << " Grad Celsius" << endl;
   return 0;
}
```

2 Definieren Sie vor der `main()`-Funktion eine Funktion `fahrTOcel()`, die einen `double`-Parameter zur Übernahme des Fahrenheit-Werts übernimmt und den berechneten Celsius-Wert als `double`-Wert zurückliefert.

```
// Fahrenheit.cpp
#include <iostream>
using namespace std;

double fahrTOcel(double fahrenheit)
{
}

int main()
{
  double fahrenheit;
  double celsius;
```

```
    cout << "Temperatur in Fahrenheit: ";
    cin  >> fahrenheit;

    celsius = (fahrenheit - 32) * 5.0 / 9.0;

    cout << fahrenheit
         << " Grad Fahrenheit entsprechen "
         << celsius
         << " Grad Celsius" << endl;
    return 0;
}
```

3 Lagern Sie den Code zur Berechnung des Celsius-Werts vom der main()-Funktion nach fahrTOcel() aus und liefern Sie den berechneten Celsius-Wert zurück.

```
// Fahrenheit.cpp
#include <iostream>
using namespace std;

double fahrTOcel(double fahrenheit)
{
    double celsius;
    celsius = (fahrenheit - 32) * 5.0 / 9.0;

    return celsius;
}

int main()
{
    double fahrenheit;

    cout << "Temperatur in Fahrenheit: ";
    cin  >> fahrenheit;


    cout << fahrenheit
         << " Grad Fahrenheit entsprechen "
         << celsius
         << " Grad Celsius" << endl;
    return 0;
}
```

4 Rufen Sie die Funktion fahrTOcel() in main() auf.

Funktionen, die einen Wert zurückliefern, kann man wie Variablen in Ausdrücke einbauen. Sie repräsentieren dann den von ihnen zurückgelieferten Wert. Wir nutzen dies dazu, die Funktion direkt in der cout-Anweisung aufzurufen (statt das Ergebnis in einer Variable zwischenzuspeichern und diese an cout zu schicken).

```
// Fahrenheit.cpp
#include <iostream>
using namespace std;

double fahrTOcel(double fahrenheit)
{
   double celsius;
   celsius = (fahrenheit - 32) * 5.0 / 9.0;

   return celsius;
}

int main()
{
   double fahrenheit;

   cout << "Temperatur in Fahrenheit: ";
   cin  >> fahrenheit;

   cout << fahrenheit
        << " Grad Fahrenheit entsprechen "
        << fahrTOcel(fahrenheit)
        << " Grad Celsius" << endl;
   return 0;
}
```

5 Kompilieren Sie das Programm und führen Sie es aus.

Abbildung 10.2: Ausgabe des Fahrenheit-Programms

Globale und lokale Variablen

Bisher haben wir unsere Variablen stets in den Anweisungsblöcken der Funktionen deklariert. Man bezeichnet diese Variablen als lokale Variablen, da sie nur in der Funktion, in der sie deklariert wurden, gültig sind (das gilt im Übrigen auch für die Parameter der Funktion).

Man kann Variablen aber auch außerhalb von Funktionen definieren. Diese Variablen bezeichnet man als globale Variablen. Der Vorteil dieser Variablen ist, dass sie in allen nachfolgend definierten Funktionen gültig sind.

```cpp
// GlobalDemo.cpp
#include <iostream>
using namespace std;

int globVar = 1;

void funk()
{
   globVar = 33;
}

int main()
{
   cout << globVar << endl;    // Ausgabe = 1

   funk();

   cout << globVar << endl;    // Ausgabe = 33

   return 0;
}
```

> **Tipp**
>
> *Wie Sie sehen, kann man globale Variablen dazu nutzen, Daten für mehrere Funktionen verfügbar zu machen. So einfach dies aussieht, so gefährlich ist es auch. Größere Programme, die globale Variablen definieren, auf die von verschiedenen Funktionen zugegriffen wird, sind nur schwer zu verstehen und recht fehleranfällig. Versuchen Sie daher, so wenig wie möglich mit globalen Variablen zu arbeiten, und ziehen Sie den Austausch von Daten via Parametern und Ergebniswerten vor.*

Allgemeine Syntax

Zu guter Letzt noch einmal die allgemeine Syntax einer Funktionsdefinition:

```
rückgabetyp funktionsname (parameterliste)
{
   anweisung(en);
}
```

Rätselhaftes C++

Was macht das folgende Programm?

```cpp
#include <iostream>
#include <math.h>
using namespace std;

int main()
{
  double zahl;

  cout << "Geben Sie eine Zahl ein: ";
  cin >> zahl;

  cout << pow(sqrt(zahl),2) << endl;

  return 0;
}
```

Lösung: Es gibt auf umständliche Weise die vom Benutzer eingegebene Zahl (eventuell gerundet) wieder aus. Zuerst wird die eingelesene Zahl an die Funktion `sqrt()` übergeben, die die Wurzel zieht. Das Ergebnis, d.h. der Rückgabewert von `sqrt()` wird als erstes Argument an die Funktion `pow()` übergeben. Das zweite Argument ist 2, also berechnet `pow()` das Quadrat des ersten Arguments. Das Quadrat einer quadratischen Wurzel ist aber die Ausgangszahl. Interessant ist an diesem Beispiel aber weniger die Mathematik als vielmehr die Verschachtelung der Funktionsaufrufe. Besser lesbar ist allerdings folgende Variante:

```cpp
double wurzel = sqrt(zahl);
cout << pow(wurzel,2) << endl;
```

Kapitel 11

Arrays – 1000 Daten gleichzeitig bearbeiten

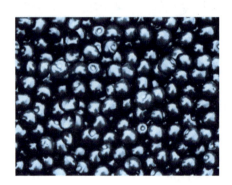

> *Bisher haben wir stets nur einzelne Daten verarbeitet: einzelne Integer-Werte, Gleitkommazahlen oder Strings. Was aber soll man tun, wenn man in einem Programm hundert oder gar tausend Werte gleichzeitig bearbeiten muss. Muss man dann tatsächlich hundert oder tausend Variablen explizit deklarieren und bearbeiten? Zum Glück nicht, denn für die Bearbeitung größerer Sammlungen von Daten eines gemeinsamen Datentyps kann man auf das Konzept der Arrays zurückgreifen.*

Das können Sie schon:

Variablen und Konstanten	82
Operatoren und Ausdrücke	100
Ein- und Ausgabe	134
Verzweigungen und Schleifen	156, 176
Funktionen	198

Das lernen Sie neu:

Arrays deklarieren	216
Auf Array-Elemente zugreifen	217
Arrays in Schleifen durchlaufen	219

Arrays deklarieren

Arrays sind Datenstrukturen, die vom Programmierer selbst definiert werden und in denen man mehrere Variablen eines Datentyps ablegen kann. Nehmen Sie beispielsweise an, Sie benötigten 100 Integer-Variablen, um 100 Messwerte abzuspeichern. Hundert Integer-Variablen explizit zu deklarieren, wäre eine ebenso mühselige wie stupide Aufgabe:

```
int i1;
int i2;
...
```

Arrays ermöglichen Ihnen, eine (nahezu) beliebige Zahl von Variablen gleichen Datentyps en bloc zu definieren.

1 Legen Sie ein neues Projekt an und beginnen Sie mit dem folgenden Grundgerüst:

```
// Mittelwert.cpp - Mittelwert berechnen
#include <iostream>
using namespace std;

int main()
{

   return 0;
}
```

Als Nächstes deklarieren wir ein Array für 10 `double`-Werte.

2 Geben Sie den Datentyp für die Elemente im Array an.

```
// Mittelwert.cpp - Mittelwert berechnen
#include <iostream>
using namespace std;

int main()
{
   double

   return 0;
}
```

Alle Elemente in einem Array haben den gleichen Datentyp! Wenn Sie Elemente verschiedener Datentypen zusammenfassen wollen, müssen Sie eine Struktur oder eine Klasse definieren (siehe Kapitel 12, 13 und 14).

3 Geben Sie dem Array einen Namen.

```cpp
// Mittelwert.cpp - Mittelwert berechnen
#include <iostream>
using namespace std;

int main()
{
  double werte

  return 0;
}
```

4 Geben Sie an, für wie viele Elemente im Array Platz sein soll.

```cpp
// Mittelwert.cpp - Mittelwert berechnen
#include <iostream>
using namespace std;

int main()
{
  double werte[10];

  return 0;
}
```

Die Anzahl der Elemente im Array wird in eckigen Klammern an den Namen der Array-Variablen angehängt. Das Array aus diesem Beispiel hat Platz für 10 `double`-Werte.

Auf Array-Elemente zugreifen

Die Elemente eines Arrays werden im Speicher hintereinander als Block abgelegt. Dies ermöglicht es dem Programmierer, die einzelnen Elemente im Array über ihre Position im Array zu identifizieren. Die Position wird dabei als Index in eckigen Klammern an den Array-Namen angehängt. Beachten Sie aber, dass die Nummerierung der Elemente im Array mit 0 beginnt, das erste Element im Array also den Index 0 hat.

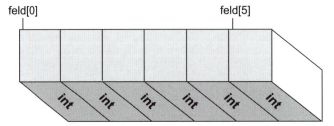

Abbildung 11.1: Ein int-Array im Speicher

Zur Verdeutlichung werden wir nun dem ersten Element im Array werte einen Wert zuweisen.

5 Lesen Sie über die Tastatur einen Wert ein.

```
// Mittelwert.cpp - Mittelwert berechnen
#include <iostream>
using namespace std;

int main()
{
  double werte[10];

  cout << " Geben Sie einen Wert ein: ";
  cin >>

  return 0;
}
```

6 Weisen Sie den eingelesenen Wert dem ersten Element im Array zu.

```
// Mittelwert.cpp - Mittelwert berechnen
#include <iostream>
using namespace std;

int main()
{
  double werte[10];

  cout << " Geben Sie einen Wert ein: ";
  cin >> werte[0];

  return 0;
}
```

Der Zugriff auf ein Element im Array sieht aus wie die Deklaration des Arrays, nur dass man in den eckigen Klammern nicht die Gesamtzahl der Elemente, sondern den Index des anzusprechenden Elements angibt.

> **Achtung**
>
> *Das erste Element im Array hat den Index 0! Der letzte Index ist die Anzahl der Elemente im Array minus 1.*

Arrays in Schleifen durchlaufen

Mit Hilfe von Schleifen kann man bequem beliebig große Arrays Element für Element durchlaufen und bearbeiten. Die Schleifenvariable wird dabei meist als Index für den Zugriff auf die Elemente verwendet.

Wir nutzen dies zum Initialisieren unseres Arrays.

7 Deklarieren Sie eine Schleifenvariable.

```
// Mittelwert.cpp - Mittelwert berechnen
#include <iostream>
using namespace std;

int main()
{
    double werte[10];
    int loop;

    cout << " Geben Sie einen Wert ein: ";
    cin  >> werte[0];

    return 0;
}
```

8 Fassen Sie die Anweisungen zum Einlesen des Array-Werts in eine `for`-Schleife ein, die vom ersten Index des Arrays bis zum letzten läuft.

```
// Mittelwert.cpp - Mittelwert berechnen
#include <iostream>
using namespace std;

int main()
{
    double werte[10];
    int loop;
```

```
   for(loop = 0; loop < 10; ++loop)
   {
      cout << " Geben Sie einen Wert ein: ";
      cin  >> werte[0];
   }

   return 0;
}
```

Bei einem Array mit 10 Elementen läuft der Index von 0 bis 9.

> **Achtung**
>
> *Das letzte Element eines Arrays mit n Elementen hat den Index n-1! Zugriffe über n-1 hinaus, führen zu Speicherverletzungen und meist nur schwer auffindbaren Fehlern.*

9 Weisen Sie die eingelesenen Werte nacheinander den Array-Elementen zu.

```
// Mittelwert.cpp - Mittelwert berechnen
#include <iostream>
using namespace std;

int main()
{
   double werte[10];
   int loop;

   for(loop = 0; loop < 10; ++loop)
   {
      cout << " Geben Sie einen Wert ein: ";
      cin  >> werte[loop];
   }

   return 0;
}
```

Um automatisch mit jedem neuen Schleifendurchgang auf das nächste Element im Array zuzugreifen, übergibt man die Schleifenvariable als Index.

Arrays in Schleifen durchlaufen

10 Berechnen Sie in einer zweiten Schleife den Mittelwert der Werte im Array und geben Sie ihn aus.

```cpp
// Mittelwert.cpp - Mittelwert berechnen
#include <iostream>
using namespace std;

int main()
{
  double werte[10];
  int loop;

  for(loop = 0; loop < 10; ++loop)
  {
    cout << " Geben Sie einen Wert ein: ";
    cin  >> werte[loop];
  }

  double mittelwert = 0;
  for(loop = 0; loop < 10; ++loop)
  {
    mittelwert += werte[loop];
  }

  cout << "Mittelwert:   "
       << mittelwert/10.0 << endl;
  return 0;
}
```

Den Mittelwert berechnen wir mit Hilfe einer gleichnamigen `double`-Variablen, die wir vorab deklarieren und mit dem Wert 0 initialisieren.

In einer Schleife zum Einlesen addieren wir die Array-Werte nacheinander zu dem jeweils letzten Wert der Variablen `mittelwert`.

Zum Schluss wird der Mittelwert (Summe der Werte / Anzahl der Werte) ausgegeben.

11 Kompilieren Sie das Programm und führen Sie es aus.

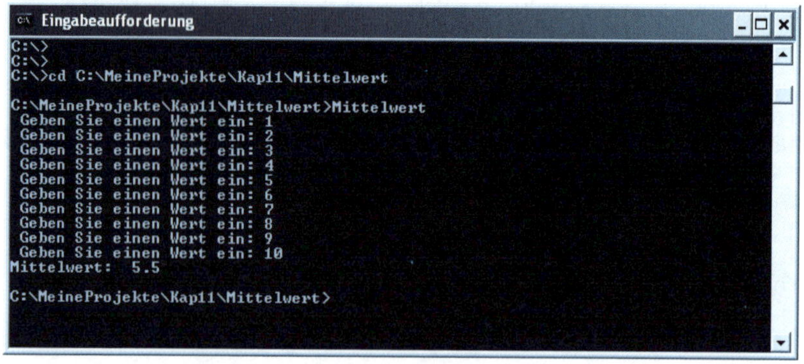

Abbildung 11.2: Ausgabe des Mittelwert-Programms

Rätselhaftes C++

Diese Aufgabe ist besonders knifflig. Welche Werte stehen nach Ausführung der Schleife in dem Array werte?

```
double werte[10];
int loop;

for(loop = 0; loop < 10; ++loop)
{
   werte[loop] = ++loop;
}
```

Lösung: Überlegen wir Schritt für Schritt. Beim ersten Schleifendurchgang wird loop auf 0 gesetzt. Dann wird die Zuweisung ausgeführt, wobei zuerst der zuzuweisende Wert, sprich die rechte Seite, berechnet wird. Die rechte Seite ist der Wert von loop erhöht um 1, also 1. Hätte der Programmierer loop + 1 geschrieben, würde jetzt die 1 in das Array-Element an der Position 0 geschrieben. Da er aber ++loop geschrieben hat, wird loop selbst um 1 erhöht und der neue Wert von loop (1) wird nach werte[1] geschrieben! Das Element werte[0] wird nicht initialisiert und enthält weiter einen undefinierten, zufälligen Wert. Für den nächsten Schleifendurchgang wird loop um 1 erhöht und ist jetzt gleich 2. In der Schleife wird loop nochmals um 1 erhöht (++loop) und der Wert wird in werte[3] geschrieben. So geht es weiter, mit dem Effekt, dass die Elemente mit geradem Index übersprungen werden und zufällige Werte enthalten, während den Elementen mit ungeradem Index die ungeraden Zahlen von 1 bis 9 zugewiesen werden.

Was kann man daraus lernen? Meiden Sie es wie den Teufel, die Schleifenvariable in der Schleife zu verändern.

Kapitel 12

Strukturen – die ersten kombinierten Datentypen

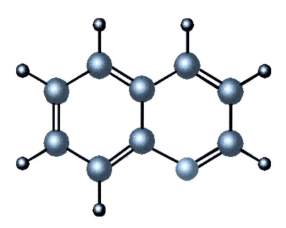

> *Während Arrays dazu dienen, mehrere Variablen gleichen Datentyps zusammenzufassen, kann man mit Strukturen mehrere Variablen unterschiedlichen Datentyps zu einem neuen, kombinierten Datentyp zusammenfassen. Dies ist immer dann von Vorteil, wenn man mit komplexeren Daten – beispielsweise Adressen (bestehend aus Name, Vorname, Straße, Postleitzahl, Stadt etc.) – programmieren will.*

Das können Sie schon:

Variablen und Konstanten	82
Operatoren und Ausdrücke	100
Ein- und Ausgabe	134
Verzweigungen und Schleifen	156, 176
Funktionen	198
Arrays	216

Das lernen Sie neu:

Strukturen deklarieren	226
Strukturvariablen erzeugen	228
Auf Strukturfelder zugreifen	229
Programm zur Vektorrechnung	233

Strukturen deklarieren

Zunächst müssen Sie lernen, zwischen dem Strukturtyp und den Strukturvariablen zu unterscheiden.

Ein Strukturtyp ist ein Datentyp (wie `int`, `double` oder `string`), mit dem kleinen Unterschied, dass er nicht in der Sprache verankert ist, sondern von uns definiert wird.

Wenn wir einen Strukturtyp definiert haben, können wir von diesem Typ Variablen deklarieren – ganz wie im Falle der elementaren Datentypen.

Komplexe Daten

Grundsätzlich käme man bei der Programmierung auch ohne die Möglichkeit zur Definition eigener, kombinierter Datentypen aus. Allerdings wäre die Programmierung dann in vielen Fällen äußerst mühsam.

Nehmen wir an, Sie schreiben für ein Bankinstitut ein Programm zur Verwaltung von Girokonten. Zu jedem Konto gibt es einen Besitzernamen, eine Kontonummer, einen Kontostand und einen Überziehungskredit.

Wie kann man ein solches Konto in einem Programm darstellen?

Nun, man könnte natürlich vier passende Variablen `string kundenname`, `int kontonummer`, `double kontostand` und `int kredit` deklarieren und sagen, dass diese vier Variablen zusammen ein Konto repräsentieren.

```
// ein Konto
string kundenname;
int kontonummer;
double kontostand;
int kredit;
```

Und wenn man mehrere Konten benötigt? Dann würde man eben die Variablen kundenname1, kontonummer1, kontostand1, kredit1, kundenname2, kontonummer2, kontostand2, kredit2 ... deklarieren. Oder man würde vier Arrays `string kundenname[100]`, `int kontonummer[100]`, `double kontostand[100]` und `int kredit[100]` deklarieren und festlegen, dass jeweils die Elemente aus den vier Arrays, die den gleichen Index haben, zusammen ein Konto definieren.

Sie sehen schon: Das ist alles nicht besonders schön und verwirrend, denn man hat nie wirklich eine Variable für ein Konto. Der Ausweg besteht nun darin, einen Strukturtyp zu definieren, der genau aus den Elementen besteht, die für ein Konto benötigt werden.

Strukturen deklarieren

1 Legen Sie ein neues Projekt an und beginnen Sie mit dem folgenden Grundgerüst:

```
// Struktur.cpp - Eine Struktur für Girokonten
#include <iostream>
#include <string>              // für Strings
using namespace std;

int main()
{

   return 0;
}
```

2 Deklarieren Sie einen Namen für die Struktur.

```
// Struktur.cpp - Eine Struktur für Girokonten
#include <iostream>
#include <string>
using namespace std;

struct konto

int main()
{

   return 0;
}
```

Eine Strukturdefinition beginnt stets mit dem Schlüsselwort `struct` gefolgt von dem Namen der Struktur.

> **Hinweis**
>
> *Typdefinitionen stehen üblicherweise am Anfang der Quelldatei (falls man sie nicht sogar in eigene Headerdateien auslagert).*

3 Deklarieren Sie die Strukturfelder.

```
// Struktur.cpp - Eine Struktur für Girokonten
#include <iostream>
#include <string>
using namespace std;

struct konto
{
   string kundenname;
   int    kontonummer;
```

```
  double kontostand;
  int    kredit;
};

int main()
{
  return 0;
}
```

Die Deklaration der einzelnen Strukturelemente (auch Strukturfelder genannt) erfolgt in geschweiften Klammern. Die einzelnen Strukturelemente werden wie ganz normale Variablen deklariert.

Strukturvariablen erzeugen

Nachdem wir einen Strukturtyp definiert haben, können wir von diesem wie von jedem anderen Datentyp Variablen erzeugen.

4 Deklarieren Sie eine Variable vom Typ der Struktur.

```
// Struktur.cpp - Eine Struktur für Girokonten
#include <iostream>
#include <string>
using namespace std;

struct konto
{
  string kundenname;
  int    kontonummer;
  double kontostand;
  int    kredit;
};

int main()
{
  konto meinKonto;

  return 0;
}
```

> **Tipp**
>
> *Strukturvariablen können auch direkt im Anschluss an die Strukturdefinition deklariert werden. Der Variablenname wird dazu zwischen die abschließende geschweifte Klammern und das Semikolon gesetzt.*
>
> ```
> struct konto
> {
>    string kundenname;
>    int    kontonummer;
>    double kontostand;
>    int    kredit;
> } meinKonto;
> ```

Auf Strukturfelder zugreifen

Einer Strukturvariablen einen Wert zuzuweisen, bedeutet, den einzelnen Feldern der Struktur Werte zuzuweisen.

5 Geben Sie die Strukturvariable an, deren Feldern Sie Werte zuweisen wollen.

```
// Struktur.cpp - Eine Struktur für Girokonten
#include <iostream>
#include <string>
using namespace std;

struct konto
{
   string kundenname;
   int    kontonummer;
   double kontostand;
   int    kredit;
};

int main()
{
   konto meinKonto;

   meinKonto

   return 0;
}
```

Der Zugriff auf die Felder einer Strukturvariablen erfolgt stets über den Namen der Strukturvariablen (hier `meinKonto`).

6 Hängen Sie mit einem Punkt das Strukturfeld an, auf das Sie zugreifen wollen, und weisen Sie ihm einen Wert zu.

```cpp
// Struktur.cpp - Eine Struktur für Girokonten
#include <iostream>
#include <string>
using namespace std;

struct konto
{
   string kundenname;
   int    kontonummer;
   double kontostand;
   int    kredit;
};

int main()
{
   konto meinKonto;

   meinKonto.kundenname = "Sean O'Casey";
   meinKonto.kontonummer = 1234567;
   meinKonto.kontostand = 3000;
   meinKonto.kredit = 1000;

   return 0;
}
```

> **Tipp**
>
> *Wenn Sie über zwei Strukturvariablen des gleichen Strukturtyps verfügen, können Sie mit einer Zuweisung der Form* konto1 = konto2; *die Feldwerte der Strukturvariablen* konto2 *in die zugehörigen Felder von* konto1 *kopieren.*

7 Geben Sie den Inhalt der Strukturvariablen aus.

```cpp
// Struktur.cpp - Eine Struktur für Girokonten
#include <iostream>
#include <string>
using namespace std;

struct konto
{
  string kundenname;
  int    kontonummer;
  double kontostand;
  int    kredit;
};

int main()
{
  konto meinKonto;

  meinKonto.kundenname = "Sean O'Casey";
  meinKonto.kontonummer = 1234567;
  meinKonto.kontostand = 3000;
  meinKonto.kredit = 1000;

  cout << "Konto von " << meinKonto.kundenname
       << endl << endl;
  cout << "\tKontonummer:          "
       << meinKonto.kontonummer << endl;
  cout << "\tKontostand:           "
       << meinKonto.kontostand << endl;
  cout << "\tUeberziehungskredit: "
       << meinKonto.kredit << endl;
  cout << endl;

  return 0;
}
```

8 Kompilieren Sie das Programm und führen Sie es aus.

Abbildung 12.1: Ausgabe der Struktur

Strukturen spielten in der traditionellen C-Programmierung eine große Rolle. In der C++-Programmierung wurden sie aber weitgehend von ihrer großen Schwester, der Klasse, verdrängt. Klassen sind den Strukturen dahingehend ähnlich, dass man in ihnen ebenfalls Variablen beliebiger Datentypen zu einem neuen Datentyp kombinieren kann. Was aber bei der Klasse noch hinzukommt, ist die Möglichkeit,

- in die Klassendefinition auch Methoden aufzunehmen,
- bestimmte Elemente der Klasse vor dem Zugriff von außen zu schützen und
- eine Klasse auf der Basis einer anderen, bereits bestehenden Klasse zu definieren

Mit einem Wort: eine Klasse kann alles, was eine Struktur kann, und noch einiges mehr.

Wozu sich dann überhaupt noch mit Strukturen abmühen? Sollte man nicht gleich konsequent Klassen statt Strukturen verwenden?

Auf jeden Fall! Fast immer ist es sinnvoller, statt einer Struktur eine Klasse zu definieren. (Genau gesagt ist es immer dann sinnvoll, wenn es Operationen/Funktionen gibt, mit denen man die Variablen der Struktur bearbeiten möchte.) Trotzdem sollten wir noch ein wenig bei den Strukturen verweilen und uns ein etwas umfangreicheres Beispiel ansehen. Warum?

- Weil Sie sicherlich dann und wann auf älteren Code stoßen werden, der mit Strukturen arbeitet.
- Weil das Konzept der Klasse einfacher zu verstehen ist, wenn man das Konzept der Struktur begriffen hat (schließlich ist die Klasse ja so eine Art Erweiterung der Struktur).

- Weil die Vorzüge der objektorientierten Programmierung mit Klassen erst dann so richtig klar werden, wenn man den objektorientierten Code mit traditionellem Code vergleichen kann.

Schauen wir uns daher zum Abschluss noch ein umfangreicheres Beispielprogramm an, mit dem man Vektoren berechnen kann.

Programm zur Vektorrechnung

Dieses Programm soll Ihnen zeigen, wie man komplexere Programme mit Hilfe von Strukturen und Funktionen aufbaut.

Nebenbei wiederholen wir noch einmal den Stoff aus den vorangehenden Kapiteln (Schleifen, switch-Verzweigung, Operatoren, Ein- und Ausgabe), erstellen eine praktikable Lösung für ein Konsolenprogramm mit Menüauswahl und erfahren, wie man ein Programm so lange anhalten kann, bis der Anwender die ⏎-Taste drückt.

Das Programm ist so aufgebaut, dass der Anwender die Koordinaten eines Vektors eingeben und dann auf diesem Vektor verschiedene Operationen und Berechnungen ausführen kann (die allerdings nicht den Vektor selbst verändern). Die auszuführenden Operationen kann der Anwender über ein Menü auswählen, das beim Start des Programms und nach jeder ausgeführten Operation angezeigt wird (siehe Abbildung).

Abbildung 12.2: Das Menü des Vektorprogramms

Das Menü wird aber nicht direkt nach Ausführung der einzelnen Operationen angezeigt. Nach Ausgabe der Ergebnisse der betreffenden Operation wird das Programm erst einmal angehalten, damit der Anwender die Ergebnisse in Ruhe lesen kann. Danach muss der Anwender die ⏎-Taste drücken, um das Programm weiter auszuführen und sich das Menü anzeigen zu lassen.

Statt Schritt für Schritt werden wir das Programm jetzt von oben nach unten, quasi Stück für Stück, durchgehen.

1 Binden Sie die Headerdateien ein und definieren Sie den `vektor`-Strukturtyp.

```
// Vektoren.cpp - Programm zur Vektorrechnung
#include <iostream>
#include <cmath>
#include <cstdio>
using namespace std;

struct vektor
{
  double x;
  double y;
};
```

Bei den Headerdateien dürfen wir *cmath* nicht vergessen, da wir später zur Berechnung der Vektorlänge die Funktion `sqrt()` benötigen. Die Headerdatei *cstdio* benötigen wir für die C-Funktionen zum Anhalten des Programms (siehe Schritt 7).

In dem Strukturtyp `vektor` haben wir zwei `double`-Elemente für die x- und die y-Koordinate der Vektoren zusammengefasst.

2 Definieren Sie die Funktionen zur Vektorrechnung.

Die folgenden Funktionen dienen dazu, die Daten von Vektoren einzulesen, Vektoren zu addieren oder subtrahieren, das Skalaprodukt (Multiplikation eines Vektors mit einer Zahl (Skalar), sprich Vervielfältigung des Vektors), das Vektorprodukt (Multiplikation eines Vektors mit einem anderen Vektor; liefert die Fläche, die ein von den beiden Vektoren aufgespanntes Parallelogramm einnehmen würde) oder die Länge zu berechnen. Als letzte Funktion definieren wir noch eine Hilfsfunktion zum Ausgeben einzelner Funktionen.

```cpp
// Die Funktionen
vektor v_einlesen()
{
  vektor ergebnis;

  cout << endl;
  cout << "    x : ";
  cin  >> ergebnis.x;
  cout << "    y : ";
  cin  >> ergebnis.y;
  cout << endl;

  return ergebnis;
}

vektor v_addieren(vektor v1, vektor v2)
{
  vektor ergebnis;

  ergebnis.x = v1.x + v2.x;
  ergebnis.y = v1.y + v2.y;

  return ergebnis;
}

vektor v_subtrahieren(vektor v1, vektor v2)
{
  vektor ergebnis;

  ergebnis.x = v1.x - v2.x;
  ergebnis.y = v1.y - v2.y;

  return ergebnis;
}

vektor v_skalarprodukt(vektor v, double n)
{
  vektor ergebnis;

  ergebnis.x = n * v.x;
  ergebnis.y = n * v.y;

  return ergebnis;
}

double v_vektorprodukt(vektor v1, vektor v2)
{
  double ergebnis;
```

```
    ergebnis = (v1.x * v2.y) - (v1.y * v2.x);
    return fabs(ergebnis);
}

double v_laenge(vektor v)
{
    double ergebnis;
    ergebnis = sqrt(v.x*v.x + v.y*v.y);
    return ergebnis;
}

void v_ausgeben(vektor v)
{
    cout << "(" << v.x << "," << v.y << ")";
}
```

Beachten Sie, dass keine dieser Funktionen auf globale Strukturvariablen zurückgreift. Alle Funktionen übernehmen die zu bearbeitenden Vektoren als Argumente und liefern das Ergebnis ihrer Berechnungen als Rückgabewert zurück.

Die Funktionen sind daher nicht vom Vorhandensein bestimmter globaler Variablen abhängig (wohl aber vom Vorhandensein des Strukturtyps vektor) und können daher vielseitiger eingesetzt und leichter in andere Programme übertragen werden.

> **Hinweis**
>
> *Das Ergebnis des Vektorprodukts ist eigentlich ein Vektor im dreidimensionalen Raum, der senkrecht auf den Ausgangsvektoren steht und dessen Länge gleich dem Flächeninhalt des von den Ausgangsvektoren aufgespannten Parallelogramms ist. Da unsere* vektor*-Klasse aber nur für zweidimensionale Vektoren ausgelegt ist, unterschlagen wir die Vektorgröße und liefern nur den Betrag zurück.*

Programm zur Vektorrechnung

3 Die `main()`-Funktion beginnen und die benötigten Variablen definieren

```
int main()
{
  vektor vekt1;        // Vektor mit dem gerechnet wird

  vektor vekt2;        // zweiter Vektor für Addition,
                       // Subtraktion, Vektorprodukt
  double faktor;       // für Skalarprodukt

  vektor ergebnis;
  double betrag;
```

`vekt1` ist der Vektor, auf dem alle Operationen ausgeführt werden. Der Anwender kann ihm über den Menüpunkt 1 Werte zuweisen.

`vekt2` ist für Operationen, für die ein zweiter Vektor benötigt wird (Addition, Subtraktion und Vektorprodukt)

`faktor` dient zum Abspeichern des Faktors, mit dem der Vektor `vekt1` bei der Berechnung des Skalarprodukts multipliziert werden soll.

Die beiden Variablen `ergebnis` und `betrag` dienen der Aufnahme der berechneten Ergebnisse der Vektorfunktionen.

4 Den Vektor `vekt1` initialisieren

```
// Vektoren initialisieren
vekt1.x = 0;
vekt1.y = 0;
```

Grundsätzlich sollte der Anwender damit beginnen, dass er den Menüpunkt 1 zum Einlesen der Vektordaten auswählt. Da wir uns aber nicht darauf verlassen können, dass der Anwender diesen Menüpunkt als Erstes auswählt, weisen wir dem Vektor `vekt1` vorab selbst definierte Werte zu.

5 Das Menü in einer Schleife ausgeben

```
// Menue ausgeben
int befehl = -1;

while(befehl != 0)
{
  cout << endl;
  cout << " Menue " << endl;
  cout << "    Vektoren eingeben        <1>" << endl;
  cout << "    Vektoren addieren        <2>" << endl;
  cout << "    Vektoren subtrahieren    <3>" << endl;
  cout << "    Skalarprodukt            <4>" << endl;
  cout << "    Vektorprodukt            <5>" << endl;
  cout << "    Laenge berechnen         <6>" << endl;
  cout << "    Programm beenden         <0>" << endl;

  cout << endl;
  cout << " Ihre Eingabe : ";
  cin  >> befehl;
```

Da wir möchten, dass das Menü nicht nur zu Beginn des Programms, sondern auch nach Ausführung jeder Operation wieder angezeigt wird, geben wir es in einer Schleife aus.

Den Zahlencode des vom Anwender ausgewählten Menübefehls speichern wir in einer `int`-Variablen `befehl`. Da das Programm bei Eingabe von 0 beendet werden soll, prüfen wir in der Bedingung der `while`-Schleife, ob `befehl` ungleich 0 ist. Falls ja, wird die Schleife erneut ausgeführt, ansonsten wird sie (und damit letztendlich auch das Programm) beendet.

6 Den ausgewählten Menübefehl bearbeiten

```
// Befehl bearbeiten
switch(befehl)
{
   case 0: cout << endl;
           cout << "Programm beenden" << endl;
           break;
   case 1: cout << endl;
           cout << "Vektor eingeben" << endl;

           // 1. Vektor einlesen
           vekt1 = v_einlesen();
           break;
   case 2: cout << endl;
           cout << "Vektoren addieren" << endl;

           // 2. Vektor einlesen
```

```cpp
            cout << "2. Vektor eingeben" << endl;
            cout << "    x : ";
            cin  >> vekt2.x;
            cout << "    y : ";
            cin  >> vekt2.y;
            cout << endl;

            // Vektoren addieren
            ergebnis = v_addieren(vekt1, vekt2);

            // Ergebnis ausgeben
            v_ausgeben(vekt1);
            cout << " + ";
            v_ausgeben(vekt2);
            cout << " = ";
            v_ausgeben(ergebnis);
            cout << endl;
            break;
   case 3: cout << endl;
           cout << "Vektoren subtrahieren" << endl;

            // 2. Vektor einlesen
            cout << "2. Vektor eingeben" << endl;
            cout << "    x : ";
            cin  >> vekt2.x;
            cout << "    y : ";
            cin  >> vekt2.y;
            cout << endl;

            // Vektoren subtrahieren
            ergebnis = v_subtrahieren(vekt1, vekt2);

            // Ergebnis ausgeben
            v_ausgeben(vekt1);
            cout << " - ";
            v_ausgeben(vekt2);
            cout << " = ";
            v_ausgeben(ergebnis);
            cout << endl;
            break;
   case 4: cout << endl;
           cout << "Skalarprodukt" << endl;

            // Faktor einlesen
            cout << "Faktor eingeben" << endl;
            cout << "    n : ";
            cin  >> faktor;
            cout << endl;
```

```
                // Multiplikation
            ergebnis = v_skalarprodukt(vekt1,faktor);

                // Ergebnis ausgeben
                v_ausgeben(vekt1);
                cout << " * " << faktor;
                cout << " = ";
                v_ausgeben(ergebnis);
                cout << endl;
                break;
    case 5: cout << endl;
            cout << "Vektorprodukt" << endl;

                // 2. Vektor einlesen
                cout << "2. Vektor eingeben" << endl;
                cout << "    x : ";
                cin  >> vekt2.x;
                cout << "    y : ";
                cin  >> vekt2.y;
                cout << endl;

                // Fläche berechnen
                betrag = v_vektorprodukt(vekt1, vekt2);

                // Ergebnis ausgeben
                cout << "Flaeche des Parallelogramms,
                        ↪das von ";
                v_ausgeben(vekt1);
                cout << " x ";
                v_ausgeben(vekt2);
                cout << " aufgespannt wird " << endl;
                cout << "   " << betrag << " Einheiten"
                        << endl;
                break;
    case 6: cout << endl;
            cout << "Laenge des Vektors " ;

                // Länge berechnen
                betrag = v_laenge(vekt1);

                // Ergebnis ausgeben
                v_ausgeben(vekt1);
                cout << endl;
                cout << "    : "<< betrag;
                cout << " Einheiten" << endl;
                break;
    default: cout << endl;
```

Programm zur Vektorrechnung

```
                cout << "Ungueltige Eingabe" << endl;
                break;
        } // ende von switch
```

Die Menübefehle werden in der immer gleichen Weise verarbeitet.

- Zuerst werden ein Zeilenumbruch und dann eine Kurzbeschreibung des gewählten Befehls ausgegeben.

- Falls für die Ausführung des Befehls weitere Daten (ein zweiter Vektor oder ein Zahlenwert) benötigt werden, werden diese vom Anwender abgefragt.

- Dann wird eine der vorab definierten Funktionen aufgerufen, die die eigentliche Berechnung vornimmt.

- Das Ergebnis wird anschließend auf die Konsole ausgegeben.

7 Das Programm anhalten

```
    // Warten bis Anwender die return-Taste drückt
    fflush(stdin);
    getchar();
} // ende von while
```

Bevor die Schleife beendet wird, halten wir das Programm an. Dazu rufen wir die Funktion `getchar()` auf, die zur Laufzeitbibliothek gehört. Sie liest ein einfaches Zeichen von der Tastatur ein. Im Gegensatz zu `cin` gibt sie sich aber auch zufrieden, wenn der Anwender einfach nur die ⏎-Taste drückt (`cin` zwingt den Anwender dazu, wirklich erst ein Zeichen einzugeben und dann die ⏎-Taste zu drücken.)

Die Funktion `getchar()` arbeitet nicht wie gewünscht, wenn vorangehende `cin`-Einleseoperationen Eingaben (wie zum Beispiel den Code der gedrückten ⏎-Taste) im Eingabeband des Programms stehen lassen. Wir rufen daher vorab die Funktion `fflush()` auf, um das Eingabeband (repräsentiert durch `stdin`) zu leeren.

Danach schließen wir den Anweisungsblock der `while`-Schleife.

8 Das Programm abschließen

```
    return 0;
}
```

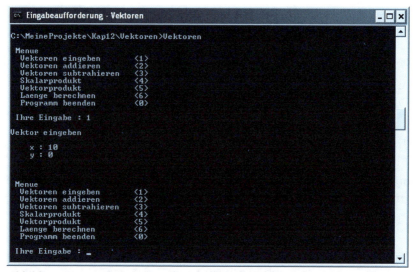

Abbildung 12.3: Ausschnitt aus der Arbeit mit dem Vektor-Programm

Rätselhaftes C++

In C++ kann ein einziges kleines Zeichen über das Wohl und Wehe eines ganzen Programms entscheiden. Hierzu zwei Beispiele:

In die folgende Strukturdefinition hat sich ein Fehler eingeschlichen.

```
struct konto
{
  string  kundenname;
  int     kontonummer;
  double  kontostand;
  int     kredit;
};
```

Lösung: Die Strukturdefinition wurde nicht mit Semikolon abgeschlossen.

Syntaktische Fehler wie im vorangehenden Beispiel sind noch relativ harmlos, da sie vom Compiler aufgespürt werden. Schlimmer sind logische Fehler, die trotzdem syntaktisch korrekt sind – so wie in folgendem Code:

```
int note;

cout << "Welche Note haben Sie erreicht?  (1 - 6)"
     << endl;
cin >> note;

if(note = 1)
{
  cout << "sehr gut" << endl;
}
  else if (note < 4)
  {
    cout << "schön" << endl;
  }
    else
    {
      cout << "könnte besser sein" << endl;
    }
```

Lösung: In der ersten if-Bedingung wird nicht der Wert von note mit der Zahl 1 verglichen, sondern die Zahl 1 wird note zugewiesen. Folglich ist die Bedingung immer erfüllt.

Kapitel 13

Die objektorientierte Revolution

Seit es die objektorientierte Programmierung gibt, ist sie für die Programmierer weltweit sowohl Schreckgespenst als auch Hoffnungsträger. Schreckgespenst, weil sie mit vielen neuen Konzepten einhergeht, Hoffnungsträger, weil sie besseren Code verspricht, der weniger Fehler enthält und leichter zu warten und wiederzuverwenden ist. Die Idee der objektorientierten Programmierung ist im Übrigen gar nicht so neu. Bereits unter den ersten Programmiersprachen – ich denke da zurück bis in die Steinzeit des Software Engineering, also etwa bis in die Siebziger – gab es objektorientierte Sprachen (Smalltalk, Modula). Schlagzeilen machte die objektorientierte Programmierung aber erst, als Bjarne Stroustrup Anfang bis Mitte der Achtziger die Programmiersprache C um objektorientierte Konzepte erweiterte und aus C die Sprache C++ wurde. In C++ programmieren wir zwar bereits seit Beginn dieses Buches und wir haben auch schon fleißig von objektorientierten Konzepten Gebrauch gemacht (beispielsweise bei der Arbeit mit Strings oder mit cout und cin), aber wir haben noch nicht im eigentlichen Sinne objektorientiert programmiert. Was aber ist das Besondere an der objektorientierten Programmierung? Was bedeutet es, objektorientiert zu programmieren? Dieser Frage wollen wir in diesem Kapitel nachgehen.

Das können Sie schon:

Variablen und Konstanten	82
Operatoren und Ausdrücke	100
Ein- und Ausgabe	134
Verzweigungen und Schleifen	156, 176
Funktionen	198
Arrays	216
Strukturen	226

Das lernen Sie neu:

Objektorientiert denken	246
Die Klasse als Datentyp und als Grundlage der objektorientierten Programmierung	247

Objektorientiert denken

Die Techniken der objektorientierten Programmierung zielen vor allem darauf ab, Quellcode übersichtlicher, modularer und dadurch auch sicherer und besser wiederverwertbar zu machen. Der Trick, den die objektorientierte Programmierung dazu anwendet, besteht darin, zusammengehörende Daten und Funktionen, die auf diesen Daten operieren, in Objekten zu kapseln.

Nehmen wir an, Sie schreiben ein Programm zur Verwaltung eines Bankkontos. Zu dem Bankkonto gehören verschiedene Daten:

- Name des Inhabers
- Kontonummer
- Kontostand
- Kreditvolumen

Des Weiteren gibt es verschiedene Operationen, die auf dem Bankkonto ausgeführt werden:

- Abfragen des Kontostandes
- Einzahlen
- Abheben

Ohne objektorientierte Konzepte wird das Bankkonto in Ihrem Programm durch eine Sammlung von einzelnen Variablen (für die Daten) und Funktionen (für die Operationen auf den Daten) repräsentiert. Die Beziehung zwischen diesen Daten und Funktionen wird vor allem in Ihrem Kopf hergestellt. Okay, natürlich könnte man die Daten in einer Struktur zusammenfassen (was sehr zu empfehlen wäre) und die Beziehung zwischen den Funktionen und den Daten kann über die Parameter der Funktionen hergestellt werden. Es bleibt aber das Problem, dass Sie die Übersicht darüber behalten müssen, welche Funktionen auf welche Daten in welcher Reihenfolge angewendet werden dürfen. In einem Programm, dass lediglich zur Verwaltung eines Bankkontos geschrieben wurde, mag das dem Programmierer keine großen Schwierigkeiten bereiten. Nehmen wir aber einmal an, es handle sich um ein größeres Programm, das für eine Bank erstellt wurde und das nicht nur ein einzelnes Konto verwaltet, sondern alle Konten der Kunden plus die Kundendaten, die vorgenommenen Buchungen, die vergebenen Kredite etc. Zum Schluss enden Sie mit einem Wust an Daten und

Funktionen und Ihre Aufgabe ist es, im Kopf zu behalten, wann Sie welche Funktion für welche Daten aufrufen können.

Hier setzt die objektorientierte Programmierung an. Kunden, Kontos, Buchungen und Kredite betrachtet sie als Objekte. Jedes dieser Objekte verfügt über eigene Variablen und Funktionen. Objekte, die die gleichen Variablen und Funktionen beinhalten (beispielsweise alle Konten), gehören einer gemeinsamen Klasse an (der Klasse der Konten).

Für den Programmierer hat dies den Vorteil, dass er in Objekten statt in einzelnen Daten und Funktionen denken kann. Wenn er den Kontostand eines bestimmten Kontos erhöhen will, muss er nicht überlegen, wie die Variable heißt, in der der Kontostand zu dem betreffenden Konto abgelegt ist, oder welche Funktion die richtige zum Einzahlen ist. Er ruft einfach die Einzahlen-Funktion des Konto-Objekts auf.

Die Kapselung von Daten und Funktionen in Klassen ist die Grundlage der objektorientierten Programmierung, auf der weitere Konzepte (Schutzmechanismen für Klassen, Vererbung, Polymorphismus, Templates etc.) aufbauen. Alle diese Konzepte zielen darauf ab, den Quellcode besser zu organisieren, um die Erstellung des Codes sowie seine Wartung und eventuelle Wiederverwertung zu erleichtern. Es liegt auf der Hand, und das obige Beispiel dürfte dies auch deutlich gemacht haben, dass diese Konzepte sich als umso segensreicher erweisen, desto umfangreicher der Code ist und desto mehr verschiedenartige Daten in dem Code verarbeitet werden.

Die Klasse als Datentyp und als Grundlage der objektorientierten Programmierung

Die gesamte objektorientierte Programmierung fußt auf dem Konzept der Klasse – einem Konzept, dem man sich auf zwei verschiedenen Wegen nähern kann:

- über die »Philosophie« der objektorientierten Programmierung,
- über die Betrachtung der Klasse als neuen Datentyp

Bei der Programmierung müssen Sie stets beide Aspekte im Hinterkopf haben. In der Planungsphase, in der Sie Ihre Programme konzipieren und Ideen ausarbeiten, wenden Sie vor allem die objektorientierte Sichtweise an. Später, beim Aufsetzen des Quelltextes, betrachten Sie Ihre Klassen eher als reine Datentypen.

Ein kleines Beispiel soll dies verdeutlichen.

Planung und Umsetzung eines Programms zur Vektorrechnung

Nehmen wir an, Sie sollen ein Programm schreiben, mit dem man zweidimensionale Vektoren addieren kann. Wie gehen Sie dazu vor?

1 Identifizieren Sie die Klassen und Objekte, die das Programm bearbeiten soll.

> **Klassen und Objekte**
>
> *Die Beziehung zwischen Klasse und Objekt sollte ganz klar sein.*
>
> *Im objektorientierten Denkmodell ist ein Objekt ein reales Ding, beispielsweise Sie selbst, Ihr Nachbar, der Bleistift, der neben Ihnen liegt, oder die Bäume, die Sie sehen, wenn Sie aus dem Fenster schauen. Einerseits ist jedes dieser Objekte für sich genommen einzigartig, andererseits gibt es zu jedem dieser Objekte auch gleichartige Objekte. Wenn Sie beispielsweise in ein Schreibwarengeschäft gehen, um einen Buntstift zu kaufen, finden Sie dort rote, blaue, grüne und gelbe, dicke und dünne, billige und teure Buntstifte.*
>
> *Zur Bezeichnung gleichartiger Objekte verwenden wir in der Sprache Oberbegriffe; »Buntstift« ist beispielsweise ein solcher Oberbegriff. Er weckt in uns die Vorstellung von einem langen, dünnen Schreibgerät aus Holz, das eine bestimmte Farbe und eine bestimmte Dicke hat, das man anspitzen und mit dem man malen kann. Beachten Sie, dass der Oberbegriff »Buntstift« nichts über die genaue Farbe oder Dicke aussagt, er legt nur fest, dass die Objekte, die wir als Buntstifte ansehen, eine Farbe und eine Dicke haben. Welche Farbe und welche Dicke ein Buntstift-Objekt hat, ist seine Sache.*

Die Klasse als Datentyp und als Grundlage der objektorientierten Programmierung

> *Was in der Sprache die Oberbegriffe sind, sind in der objektorientierten Programmierung die Klassen. Auch Klassen sind allgemeine Beschreibungen für eine Gruppe gleichartiger Objekte. Während wir in der Sprache Oberbegriffe jedoch meist nur dazu verwenden, die Objekte, denen wir täglich begegnen, zu beschreiben und zu klassifizieren, erfüllen die Klassen in der objektorientierten Programmierung zwei Aufgaben:*
> - *sie beschreiben die Dinge, die wir in dem Programm verwenden wollen und*
> - *sie dienen als Vorlage oder Gussform, aus der wir die Objekte, mit denen wir arbeiten wollen, erst erzeugen.*

In dem geforderten Programm haben wir es nur mit einer einzigen Klasse von Objekten zu tun: den zweidimensionalen Vektoren.

2 Legen Sie die Eigenschaften und Verhaltensweisen der Objekte fest.

Im zweidimensionalen Raum sind Vektoren durch einen x- und einen y-Wert definiert. Man könnte einen Vektor also auch als einen Pfeil sehen, der vom Ursprung des Koordinatensystems zu einem Punkt (x, y) zeigt.

Jeder Vektor verfügt demnach zumindest über zwei Eigenschaften: einer x- und einer y-Koordinate. Wir könnten noch weitere Eigenschaften aufnehmen, beispielsweise die Länge des Vektors, doch im Moment reichen uns die x- und die y-Koordinate.

Die Verhaltensweisen der Vektoren sind die Operationen, die wir auf Ihnen ausführen wollen. Für unser Programm benötigen wir lediglich eine Operation zum Addieren der Vektoren. Weitere Verhaltensweisen, die uns hier aber nicht interessieren, wären: Subtraktion, Berechnung des Skalarprodukts, Berechnung des Vektorprodukts, Berechnung der Länge.

> **Was ist das?**
>
> *Klassen beschreiben ihre Objekte mit Hilfe von Eigenschaften und Verhaltensweisen.*
>
> *Die Eigenschaften einer Klasse* Buntstifte *wären beispielsweise die Farbe und die Dicke. Die Verhaltensweisen sind die Tätigkeiten, die die Objekte der Klasse ausführen können, beziehungsweise die Operationen, die wir beim Programmieren auf die Objekte der Klasse anwenden wollen.*
>
> *Natürlich verfügen reale Objekte meist über so viele Eigenschaften und Verhaltensweisen, dass wir diese unmöglich alle in einer Klassendefinition nachbilden können. Es gilt also, die Eigenschaften und Verhaltensweisen auszuwählen, die für die Programmierung mit den Objekten der Klasse interessant sind.*

3 Verwandeln Sie die allgemeine Beschreibung der Klasse vektor in eine C++-Klassendefinition.

Für einen Anfänger, der noch nie eine eigene Klasse definiert hat, ist dies natürlich nicht ganz einfach. Wir begnügen uns daher an dieser Stelle mit einer *Skizze* der Klasse vektor. Die genaue Syntax dieser Klassendefinition soll uns hier nicht interessieren, es geht uns im Moment nur um das grundlegende Prinzip und um die Frage, wie Eigenschaften und Verhaltensweisen in die Klassendefinition einfließen.

```
class vektor
{
  public:

    // Die Eigenschaften
    int x;
    int y;

    // Die Verhaltensweisen
    void addieren(vektor v);
    {
      x += v.x;
      y += v.y;
    }

};
```

Die Klasse als Datentyp und als Grundlage der objektorientierten Programmierung

Wie Sie sehen, werden die Eigenschaften als Variablen und die Verhaltensweise als Funktionen in der Klasse definiert.

> **Was ist das?**
>
> *Für Variablen und Funktionen, die in Klassen definiert werden, gibt es spezielle Bezeichnungen.*
>
> *Variablen, die in Klassen definiert sind, bezeichnet man als* Instanzvariablen. *Der Name rührt daher, dass die Objekte einer Klasse auch Instanzen genannt werden. Instanzvariablen sind demnach die untergeordneten Variablen (Eigenschaften) der Instanzen (Objekte).*
>
> *In gleicher Weise gibt es eine spezielle Bezeichnung für Funktionen, die in Klassen definiert sind: Man nennt sie* Methoden.

4 Erzeugen Sie Variablen vom Typ der Klasse.

```cpp
// Klassen.cpp
#include <iostream>
using namespace std;

class vektor
{
  public:

    // Die Eigenschaften
    int x;
    int y;

    // Die Verhaltensweisen
    void addieren(vektor v)
    {
       x += v.x;
       y += v.y;
    }

};

int main()
{
  vektor v1, v2;

  return 0;
}
```

Wenn Sie eine Variable vom Typ einer Klasse (auch *Objektvariable* genannt) deklarieren, wird automatisch ein Objekt der Klasse erzeugt und in der Variablen gespeichert. Im Einzelnen geschieht bei diesem Vorgang, der auch als Instanzbildung bezeichnet wird, Folgendes:

- Es wird ein Objekt der Klasse erzeugt. Dieses Objekt existiert als Speicherbereich im Arbeitsspeicher des Computers. Es enthält Platz für die in der Klasse definierten Instanzvariablen.

- Der Compiler ruft eine besondere Klassenmethode auf: den Konstruktor. Die Aufgabe des Konstruktors besteht darin, dafür zu sorgen, dass das erzeugte Objekt korrekt initialisiert wird. Wenn Sie (wie im Beispiel) in der Klassendefinition keinen Konstruktor aufsetzen, erzeugt der Compiler einen Standardkonstruktor für die Klasse. Dieser macht aber wenig mehr, als den geforderten Formalismen Genüge zu tun. Wenn Sie den Konstruktor zur Initialisierung der Instanzvariablen nutzen wollen, müssen Sie einen eigenen Konstruktor aufsetzen (siehe Kapitel 14).

- Die Objektvariable wird mit dem Objekt verbunden.

5 Programmieren Sie mit den Instanzen der Klasse.

```
// Klassen.cpp
#include <iostream>
using namespace std;

class vektor
{
  public:

     // Die Eigenschaften
     int x;
     int y;

     // Die Verhaltensweisen
     void addieren(vektor v)
     {
        x += v.x;
        y += v.y;
     }

};
```

Die Klasse als Datentyp und als Grundlage der objektorientierten Programmierung

```cpp
int main()
{
  vektor v1, v2;

  v1.x = 10;
  v1.y = 25;

  v2.x = 10;
  v2.y = -20;

  v1.addieren(v2);

  cout << "Vektor v1 = "
       << "(" << v1.x << "," << v1.y << ")"
       << endl;

  return 0;
}
```

Im Programm werden die Instanzen durch die zugehörigen Objektvariablen repräsentiert. Jede Instanz verfügt über einen eigenen Satz von Instanzvariablen (wie sie in der Klasse definiert sind) und für jede Instanz können wir die in der Klasse definierten Methoden aufrufen. Der Zugriff auf die Eigenschaften und Methoden erfolgt – analog zum Zugriff auf die Strukturfelder – stets über die Objektvariable und den Punkt-Operator.

> **Achtung**
>
> *Es ist nicht ganz richtig zu sagen, dass man über die Objektvariablen auf alle Eigenschaften und Methoden zugreifen kann, die in der Klasse definiert sind. Tatsächlich kann man über die Objektvariablen nur auf die Klassenelemente zugreifen, die als* `public` *(öffentlich) deklariert sind. In Kapitel 14 werden wir sehen, welche Vorteile es hat, Klassenelemente von dem* `public`*-Zugriff auszuschließen.*

6 Kompilieren Sie das Programm und führen Sie es aus.

253

Abbildung 13.1: Ausgabe des Programms

Rätselhaftes C++

Nach so viel Objektorientiertheit brummt Ihnen sicherlich bereits der Schädel. Zur Entspannung daher noch ein Beispiel, wie ein einziges falsches Zeichen ein ganzes Programm zerstört.

Wo liegt der fatale Fehler in folgendem Programm:

```
#include <iostream>
#include <string>
using namespace std;

int main()
{
  double n = 1;

  printf("12,3 mal n = %f\n",n*12,3);

  return 0;
}
```

Lösung: In Strings können Sie Gleitkommazahlen mit deutschem Komma als Trennzeichen für die Nachkommastellen schreiben. Als Konstanten im Programm müssen Gleitkommazahlen immer mit Punkt geschrieben werden. Die 12.3 am Ende der printf()-Anweisung wurde allerdings mit Komma geschrieben. Der Compiler interpretiert dies so, dass printf() drei Argumente übergeben werden: der Formatstring, den Ausdruck n*12 und den Wert 3. Die Ausgabe wird daher statt 12.3 lauten!

Kapitel 14

Klassen – objektorientiert programmieren

```
class MeineKlasse
{

};
```

Die gesamte objektorientierte Programmierung in C++ beruht auf dem Datentyp der Klasse. In diesem Kapitel wollen wir uns daher intensiver mit der Definition eigener Klassen und deren Verwendung in Programmen beschäftigen.

Das können Sie schon:

Variablen und Konstanten	82
Operatoren und Ausdrücke	100
Ein- und Ausgabe	134
Verzweigungen und Schleifen	156, 176
Funktionen	198
Arrays	216
Strukturen	226
Objektorientierte Programmierung	246

Das lernen Sie neu:

Einführung	258
Grundkurs Klassendefinition	259
Aufbaukurs Klassendefinition	272
Das Vektorprogramm	286

Einführung

Eine Klassendefinition besteht grundsätzlich aus:

- den Eigenschaften (Instanzvariablen)
- den Verhaltensweisen (Methoden)
- dem Konstruktor
- den Zugriffsspezifizierern

```
class vektor                    } Klassenname
{
 public:                        } Zugriffsspezifizierer

   double x;
   double y;                    } Eigenschaften

   vektor()
   {
     x = 0;                     } Konstruktor
     y = 0;
   }
   void addieren(vektor v2)
   {
     x += v2.x;
     y += v2.y;
   }                            } Methoden
   void ausgeben()
   {
     cout << "(" << x
          << "," << y << ")";
   }
};
```

Abbildung 14.1: Aufbau einer Klassendefinition

Um die Bedeutung dieser einzelnen Bestandteile einer Klassendefinition richtig erfassen zu können, muss man die Klasse stets aus zwei Perspektiven betrachten:

- aus der Sicht des Programmierers, der die Klasse definiert und
- aus der Sicht des Programmierers, der die Klasse nutzt, indem er in seinen Programmen Objekte der Klasse erzeugt und verwendet.

Dass wir in den meisten Fällen beide Programmierer verkörpern, spielt dabei keine Rolle. Wichtig ist, dass wir beim Definieren der Klasse immer daran denken, dass irgendjemand später mit unserer Klasse programmieren muss. Und dieser Jemand erwartet zu Recht, dass man mit den Objekten der Klasse *sinnvoll*, *einfach* und *sicher* programmieren kann.

In diesem Sinne wollen wir nun damit beginnen, in zwei Phasen eine Klasse für zweidimensionale Vektoren aufzusetzen. In der ersten Phase, dem Grundkurs, geht es darum, die einzelnen Elemente kennen zu lernen und zu einer funktionierenden und einsetzbaren Klassendefinition zusammenzusetzen. In der zweiten Phase, dem Aufbaukurs, werden wir die Klassendefinition aus dem Grundkurs im Sinne der objektorientierten Spielregeln und Ziele optimieren.

Grundkurs Klassendefinition

1 Legen Sie ein neues Projekt an und beginnen Sie mit dem folgenden Grundgerüst:

```
// Klassen1.cpp - Eine Klasse für Vektoren
#include <iostream>
using namespace std;

int main()
{

    return 0;
}
```

Der nächste Schritt besteht darin, das Grundgerüst für die Klassendefinition aufzusetzen.

Das Klassengerüst

Die allgemeine Syntax einer Klassendefinition sieht wie folgt aus:

```
class klassenname
{
   // Elemente
};
```

Eingeleitet wird die Definition mit dem Schlüsselwort `class`, das dem Compiler anzeigt, dass jetzt eine Klassendefinition folgt.

Auf das Schlüsselwort `class` folgt der Name der Klasse, den Sie frei wählen können (unter Beachtung der allgemeinen Regeln zur Namensgebung, siehe Kapitel 5, Abschnitt »Variablen deklarieren«).

In geschweiften Klammern werden dann die Elemente der Klasse aufgeführt.

Abgeschlossen wird die Definition der Klasse mit einem Semikolon (nicht vergessen)!

> **Hinweis**
>
> *Wenn Sie sich den Code größerer Programme ansehen, werden Sie gelegentlich auf Klassendefinitionen stoßen, bei denen auf den Klassennamen ein Doppelpunkt und ein weiterer Bezeichner (eventuell mit vorangestellten* `public`, `private` *oder einem anderen Schlüsselwort) folgt. Dabei handelt es sich um die Angabe einer Basisklasse. In so einem Fall erbt die neu definierte Klasse automatisch alle Elemente der angegebenen Basisklasse. Man nennt dies Vererbung – ein Konzept, das in der objektorientierten Programmierung eine wichtige Rolle spielt, das wir aber getrost den fortgeschritteneren Programmierern überlassen können.*

2 Legen Sie eine Klassendefinition an.

```
// Klassen1.cpp - Eine Klasse für Vektoren
#include <iostream>
using namespace std;

class vektor
{

};

int main()
{
   return 0;
}
```

Die Eigenschaften

Die Eigenschaften, also die Daten der Klassen, werden in der Klasse wie ganz normale Variablen definiert.

> **Was ist das?**
>
> *Zur Erinnerung: Variablen, die als Klassenelemente definiert sind, bezeichnet man als Instanzvariablen, da jede Instanz der Klasse einen eigenen Satz von Kopien dieser Variablen erhält.*

3 Definieren Sie die Instanzvariablen für die vektor-Klasse.

```cpp
// Klassen1.cpp - Eine Klasse für Vektoren
#include <iostream>
using namespace std;

class vektor
{
  double x;      // x-Koordinate
  double y;      // y-Koordinate

};


int main()
{

   return 0;
}
```

Nicht immer sind die Eigenschaften, die in eine Klassendefinition aufgenommen werden sollten, so leicht zu bestimmen, wie in unserem Vektor-Beispiel. Dann gilt es abzuwägen, welche Eigenschaften wichtig sind, welche Eigenschaften nützlich sein könnten und welche Eigenschaften unwichtig oder gar unsinnig sind.

Schauen wir uns einige weitere möglichen Eigenschaften für unsere vektor-Klasse an:

- Eine Eigenschaft farbe ist für einen Vektor sicherlich keine charakteristische Eigenschaft. Es ist auch keine Eigenschaft, die wir für die Implementierung der Vektoren benötigen – also verzichten wir darauf.
- Anders sieht es mit den Eigenschaften laenge und winkel aus. Man kann Vektoren nämlich nicht nur durch Angabe von x- und y-Koordinaten angeben, sondern auch durch Angabe eines Winkels (gerechnet von der Horizontalen) und einer Länge. laenge und winkel sind also durchaus realistische und unter Umständen auch nützliche Eigenschaften. Trotzdem verzichten wir im Moment auf diese Eigenschaften, da wir uns in unserem Programm auf die Koordinatendarstellung der Vektoren konzentrieren wollen.

Nachdem die Instanzvariablen nun definiert sind, stellt sich unweigerlich die Frage, wie man mit diesen Instanzvariablen arbeitet.

Wären wir in einer Funktion, würden wir jetzt einfach Anweisungen anhängen, die auf die Variablen zugreifen:

```
class vektor
{
  double x;        // x-Koordinate
  double y;        // y-Koordinate

  x = 1;                      // Holla!
  cout << zahl << endl;       // Das geht nicht!!!
};
```

Anweisungen sind in einer Klassendefinition aber nicht erlaubt! Dafür gibt es zwei andere Möglichkeiten, auf die Instanzvariablen zuzugreifen und mit ihnen zu programmieren:

- Zum einem kann man Instanzen der Klasse bilden und dann über den Namen der Instanz und den Punkt-Operator auf die Instanzvariablen zugreifen (das ist allerdings nur erlaubt, wenn die Instanzvariablen als `public` deklariert sind, siehe Abschnitt »Aufbaukurs Klassendefinition«).

- Zum anderem kann man in der Klasse Methoden definieren, die auf die Instanzvariablen zugreifen (siehe den nachfolgenden Abschnitt).

Die Methoden

Die Methoden bestimmen, was man mit den Objekten der Klasse machen kann. Wenn Sie also einmal unsicher sind, welche Methoden Sie in eine Klassendefinition aufnehmen sollen, stellen Sie sich folgende Fragen:

- Was macht man in der realen Welt üblicherweise mit den Objekten, die meine Klasse repräsentiert?
- Was werden die Programmierer, die meine Klasse verwenden, mit den Objekten der Klasse machen wollen?
- Wozu will ich selbst meine Klasse verwenden, was will ich mit den Objekten der Klasse anstellen?

Als Beispiel zu diesem Kapitel schwebt mir ein Programm vor, dass zwei Vektoren addiert. Wir brauchen also eine Methode zum Addieren der Vektoren. Da die Ergebnisse des Programms auch ausgegeben werden müssen, wäre auch eine Methode zum Ausgeben von Vektoren nicht schlecht.

4 Definieren Sie die Methoden für die `vektor`-Klasse.

```
// Klassen1.cpp - Eine Klasse für Vektoren
#include <iostream>
using namespace std;
```

```
class vektor
{
  double x;      // x-Koordinate
  double y;      // y-Koordinate

  // Methoden
  void addieren(vektor v2)
  {
    x += v2.x;
    y += v2.y;
  }
  void ausgeben()
  {
    cout << "(" << x << "," << y << ")";
  }
};

int main()
{

  return 0;
}
```

Die Methoden `addieren()` und `ausgeben()` bedürfen zweifelsohne einer eingehenderen Erklärung. Warum übernimmt die Methode `addieren()`, die ja zwei Vektoren addieren soll, nur einen Vektor als Argument und warum liefert sie das Ergebnis der Addition nicht als Rückgabewert zurück? Was bedeutet es, dass beide Methoden auf die Datenelemente x und y zugreifen? Um diese Fragen beantworten zu können, müssen wir etwas weiter ausholen.

Wenn Sie Methoden für Klassen aufsetzen, müssen Sie im Auge behalten, dass die Methoden später immer[10] über Instanzen der Klasse aufgerufen werden:

```
vektor vekt1, vekt2;

vekt1.addieren(vekt2);
vekt1.ausgeben();
```

---

10 Wie im richtigen Leben gibt es auch in C++ zu jeder Regel eine Ausnahme. Folglich ist es auch möglich, Methoden zu definieren, die nicht über Instanzen der Klasse, sondern direkt über den Klassennamen aufgerufen werden können. Mit diesen so genannten statischen Methoden werden wir uns aber nicht weiter beschäftigen.

> **Was ist das?**
>
> *Zur Klarstellung: Wenn Sie für eine Instanz eine Methode aufrufen, müssten Sie korrekt sagen: "Ich greife über die Objektvariable v auf die in der Objektvariablen gespeicherte Instanz zu und rufe deren Methode m auf." Im allgemeinen Sprachgebrauch sagt man aber meist: "Ich rufe über die Objektvariable v..." oder "Ich rufe über die Instanz v die Methode m auf".*

Wenn der Programmierer also für eine Instanz eine Methode der Klasse aufruft, erwartet er, dass die Methode die aktuelle Instanz bearbeitet. Ruft er beispielsweise `vekt1.ausgeben()` auf, erwartet er, dass die Koordinaten der Instanz `vekt1` ausgegeben werden. Ruft er `vekt1.addieren(vekt2)` auf, erwartet er, dass der übergebene Vektor `vekt2` zu der Instanz `vekt1` hinzuaddiert wird!

> **Hinweis**
>
> *Wir haben es hier mit einem fundamentalen Unterschied zwischen der Verwendung von Funktionen und Methoden zu tun. Funktionen übernehmen in der Regel alle zu verarbeitenden Daten als Argumente und liefern das Ergebnis als Rückgabewert zurück (siehe Vektorprogramm aus Kapitel 12)[12]. Bei Methoden, die über Instanzen aufgerufen werden, erwartet man dagegen, dass die Methode automatisch mit den Daten der betreffenden Instanz arbeitet und diese gegebenenfalls auch ändert.*

Wie aber bearbeitet eine Methode die aktuelle Instanz, für die sie aufgerufen wird? Ganz einfach, indem sie in der Methodendefinition auf die Datenelemente der Klasse zugreift. Wenn wir also in der Klasse die Methode `ausgeben()` wie folgt definieren:

```
void ausgeben()
{
   cout << "(" << x << "," << y << ")";
}
```

heißt das nichts anderes, als dass wir die x- und y-Daten der aktuellen Instanz ausgeben. Wird die Methode `ausgeben()` später für zwei Vektoren

---

[11] Man kann Funktionen allerdings auch so implementieren, dass sie die übergebenen Argumente direkt manipulieren (siehe die Literatur für Fortgeschrittene).

aufgerufen, die die Koordinaten (10, 29) und (-1, 12) haben, wird sie für jeden Vektor die zugehörigen Werte ausgeben:

```
vektor vekt1, vekt2;

vekt1.x = 10;
vekt1.y = 29;
vekt2.x = -1;
vekt2.y = 12;

vekt1.ausgeben();    // Ausgabe (10,29)
vekt2.ausgeben();    // Ausgabe (-1,12)
```

Auch die Implementierung der Methode `addieren()` ist jetzt leicht zu verstehen.

```
void addieren(vektor v2)
{
   x += v2.x;
   y += v2.y;
}
```

Hier werden die x- und y-Koordinaten des übergebenen Vektor-Objekts v2 zu den Koordinaten der aktuellen Instanz (repräsentiert durch x und y) hinzuaddiert und das Ergebnis in den Koordinaten der aktuellen Instanz abgespeichert. (Zur Erinnerung: die kombinierte Zuweisung `x += v2.x;` entspricht der Zuweisung `x = x + v2.x;`.)

> **Hinweis**
>
> *In der Implementierung einer Methode kann man nicht nur direkt auf die Datenelemente der Klasse, sondern auch direkt auf die anderen Methoden der Klasse zugreifen:*
>
> ```
> void addieren2(vektor v2)
> {
>    x += v2.x;
>    y += v2.y;
>    ausgeben();
> }
> ```

Der Konstruktor

Aus Kapitel 13 wissen Sie bereits, dass bei der Instanzbildung stets eine besondere Methode, der so genannte Konstruktor, aufgerufen wird.

Wir haben auch schon erfahren, dass der Compiler für alle Klassen, in denen kein eigener Konstruktor definiert ist, einen Standardkonstruktor erzeugt. Das soll nun aber nicht heißen, dass man sich mit diesem vom Compiler generierten Standardkonstruktor zufrieden geben oder gar auf den Standpunkt stellen sollte, die Erstellung des Konstruktors überhaupt am besten dem Compiler zu überlassen. Umgekehrt wird ein Schuh daraus: Das Konzept der Klasse **verlangt**, dass jede Klasse über einen Konstruktor verfügt, und der Compiler stellt lediglich sicher, dass auch Klassen, in denen der Konstruktor vom Programmierer vergessen oder aus Faulheit weggelassen wurde, dieser Forderung genügen.

Warum ist der Konstruktor für die Klasse so wichtig?

Der Konstruktor wird für jede Instanz, die von einer Klasse erzeugt wird, genau einmal aufgerufen – nämlich bei der Instanzbildung. Dies lässt schon auf seinen Verwendungszweck schließen: er soll sicherstellen, dass die Instanz korrekt initialisiert wird. Meist wird der Konstruktor daher dazu verwendet, den Datenelementen der Instanzen Anfangswerte zuzuweisen. Sie können aber auch jede beliebige andere Anweisung, die automatisch bei der Instanzbildung ausgeführt werden soll, in den Konstruktor schreiben.

Wenn Sie eigene Konstruktoren definieren, beachten Sie folgende Punkte:

- Konstruktoren tragen stets den gleichen Namen wie ihre Klassen.
- Konstruktoren haben keinen Rückgabewert und es wird bei der Definition auch kein Rückgabetyp (nicht einmal `void`) angegeben.
- Konstruktoren werden automatisch bei der Instanzbildung aufgerufen.
- Konstruktoren können nicht wie andere Methoden explizit für eine Instanz aufgerufen werden.

5 Setzen Sie einen Konstruktor für die `vektor`-Klasse auf.

```
// Klassen1.cpp - Eine Klasse für Vektoren
#include <iostream>
using namespace std;

class vektor
{
   double x;      // x-Koordinate
   double y;      // y-Koordinate

   // Konstruktor
   vektor()
   {
      x = 0;
```

```
      y = 0;
   }

   // Methoden
   void addieren(vektor v2)
   {
      x += v2.x;
      y += v2.y;
   }
   void ausgeben()
   {
      cout << "(" << x << "," << y << ")";
   }
};

int main()
{

   return 0;
}
```

Wie gefordert, heißt unser Konstruktor genauso wie die Klasse und wurde ohne Rückgabetyp deklariert. Im Konstruktor weisen wir den Datenelementen x und y den Anfangswert 0 zu.

6 Erzeugen Sie zwei Instanzen der vektor-Klasse und geben Sie die Vektoren aus. Addieren Sie dann den zweiten Vektor zum ersten und geben Sie den ersten Vektor erneut aus.

```
// Klassen1.cpp - Eine Klasse für Vektoren
#include <iostream>
using namespace std;

class vektor
{
   double x;      // x-Koordinate
   double y;      // y-Koordinate

   // Konstruktor
   vektor()
   {
      x = 0;
      y = 0;
   }

   // Methoden
   void addieren(vektor v2)
```

```
    {
      x += v2.x;
      y += v2.y;
    }
     void ausgeben()
    {
      cout << "(" << x << "," << y << ")";
    }
};

int main()
{
   vektor vekt1;
   vektor vekt2;

   vekt1.x = 1;
   vekt1.y = 2;
   vekt2.x = 10;
   vekt2.y = 20;

   // Vektor ausgeben
   cout << "Vektor 1: ";
   vekt1.ausgeben();
   cout << endl;
   cout << "Vektor 2: ";
   vekt2.ausgeben();
   cout << endl << endl;

   // 2. Vektor addieren
   vekt1.addieren(vekt2);

   // Vektor nach Addition
   cout << "Vektor1 nach Addition : ";
   vekt1.ausgeben();
   cout << endl;

   return 0;
}
```

Die Zugriffsspezifizierer

Wenn Sie das Programm, so wie es in Schritt 6 abgedruckt ist, kompilieren und auszuführen versuchen, wird Sie der Compiler mit einem ganzen Schwall an Fehlermeldungen überschütten. Der genaue Wortlaut der Fehlermeldungen hängt natürlich vom Compiler ab, aber alle Compiler werden sich in der einen oder anderen Form darüber beschweren, dass versucht wird, auf »private« oder »nicht verfügbare« Klassenelemente zuzugreifen.

Um zu verstehen, was uns der Compiler mit diesen Fehlermeldungen sagen will, muss man wissen, dass Klassen strikt zwischen innen und außen und speziell zwischen dem »Zugriff von innen« und »Zugriff von außen« unterscheiden:

- »innen« bedeutet dabei »innerhalb der Klassendefinition«, und »Zugriff von innen« bedeutet, dass man aus einer Methodendefinition auf andere Elemente (Datenelemente oder andere Methoden) der Klasse zugreift.

  So greift zum Beispiel die Methode `addieren()` der Klasse `vektor` von innen auf die Datenelemente x und y zu:

  ```
  void addieren(vektor v2)
  {
     x += v2.x;
     y += v2.y;
  }
  ```

- »außen« bedeutet dabei »außerhalb der Klassendefinition«, und »Zugriff von außen« bedeutet, dass man über eine Instanz auf ein in der Klasse definiertes Element (Datenelement oder Methode) zugreift.

  So greifen wir zum Beispiel in der `main()`-Funktion unseres Programms ausnahmslos von außen zu:

  ```
  int main()
  {
     vektor vekt1;           // Zugriff von außen auf
                             // den Konstruktor

     vekt1.x = 1;            // Zugriff von außen auf
     vekt1.y = 2;            // die Datenelemente

     vekt1.ausgeben();       // Zugriff von außen auf
     ...                     // eine Methode
  ```

Der springende Punkt dabei ist, dass die Klasse Zugriffe von innen stets erlaubt, Zugriffe von außen dagegen standardmäßig verweigert. Nun ist eine Klasse, auf deren Elemente man von außen nicht zugreifen kann, nicht sonderlich nützlich. Wir müssen also in der Klassendefinition festlegen, dass die Elemente der Klasse auch von außen zugänglich sein sollen. Dazu bedienen wir uns des Zugriffsspezifizierers `public` (englisch für öffentlich), den wir an den Anfang der Klassendefinition stellen.

7 Deklarieren Sie die Elemente der Klasse als `public` (öffentlich).

```cpp
// Klassen1.cpp - Eine Klasse für Vektoren
#include <iostream>
using namespace std;

class vektor
{
 public:
    double x;
    double y;

    // Konstruktor
    vektor()
    {
       x = 0;
       y = 0;
    }

    // Methoden
    void addieren(vektor v2)
    {
       x += v2.x;
       y += v2.y;
    }
    void ausgeben()
    {
       cout << "(" << x << "," << y << ")";
    }
};
...
```

> **Achtung**
>
> Setzen Sie Zugriffsspezifizierer immer an den Anfang einer neuen Zeile und hängen Sie einen Doppelpunkt an.

C++ kennt insgesamt drei Zugriffsspezifizierer: `public`, `private` und `protected`.

- Der Zugriffsspezifizierer `public` bedeutet, dass alle darunter deklarierten Elemente öffentlich sind und man von außen auf sie zugreifen kann.

- Der Zugriffsspezifizierer `private` bedeutet, dass alle darunter deklarierten Elemente privat sind und man nur von innen auf sie zugreifen kann.

- Der Zugriffsspezifizierer `protected` spielt lediglich bei der Vererbung von Klassen eine Rolle und ist für uns uninteressant.

Grundkurs Klassendefinition

Wenn wir in einem Programm Instanzen einer Klasse erzeugen, können wir zur Arbeit mit diesen Instanzen also nur auf die öffentlichen Klassenelemente zugreifen.

> **Hinweis**
>
> *Man kann in einer Klasse beliebig viele Zugriffsspezifizierer verwenden, wobei für die einzelnen Klassenelemente immer nur der letzte Zugriffsspezifizierer gilt. Klassenelemente, die am Anfang der Klasse vor dem Auftreten des ersten Zugriffsspezifizierers deklariert werden, sind automatisch* `private`. *(Das ist auch der Grund, warum die letzte Version unseres Programms die vielen Fehlermeldungen erzeugte.)*

8 Kompilieren Sie das Programm und führen Sie es aus.

```
C:\>
C:\>
C:\>cd C:\MeineProjekte\Kap14\Klassen1

C:\MeineProjekte\Kap14\Klassen1>Klassen1
Vektor 1: (1,2)
Vektor 2: (10,20)

Vektor1 nach Addition : (11,22)

C:\MeineProjekte\Kap14\Klassen1>
```

Abbildung 14.2: Ausgabe des Vektor-Programms

Zusammenfassung

Bei der objektorientierten Programmierung strömt auf den Anfänger gleich eine ganze Flut von neuen, ungewohnten Denkweisen, Konzepten und Regeln ein. Etliche dieser Konzepte und Regeln haben Sie nun schon kennen gelernt, andere müssen wir noch vertiefen. Damit Sie aber nicht die Übersicht verlieren, habe ich die wichtigsten Punkt hier noch einmal für Sie zusammengestellt:

- Klassen sind Datentypen.

- Variablen von Klassentypen bezeichnet man auch als Objektvariablen. Die »Werte« dieser Objektvariablen sind die Instanzen (Objekte) der Klasse.

- In der Klassendefinition kann man festlegen, über welche Datenelemente die Objekte der Klasse verfügen und mit Hilfe welcher Methoden man die Objekte bearbeiten kann.

- Bei der Erzeugung eines Objekts der Klasse (auch Instanzbildung genannt) wird automatisch eine spezielle Methode der Klasse, der so genannte Konstruktor, aufgerufen. Sie können in der Klasse einen eigenen Konstruktor definieren, um den Datenelementen der Objekte bei der Instanzbildung Anfangswerte zuzuweisen.
- Der Konstruktor trägt den gleichen Namen wie die Klasse und hat keinen Rückgabewert.
- Grundsätzlich sind alle Elemente einer Klasse `private`, das heißt, man kann zwar in den Methoden der Klasse auf die Elemente zugreifen, nicht aber von außen über die Instanzen.
- Um mit den Instanzen einer Klasse sinnvoll programmieren zu können, muss es aber öffentliche Elemente der Klasse geben, die man über die Instanzen aufrufen kann. Um Klassenelemente als öffentlich zu deklarieren, stellt man ihnen in der Klassendefinition den Zugriffsspezifizierer `public` voran.
- Ein einmal gesetzter Zugriffsspezifizierer gilt so lange für alle unter ihm deklarierten Klassenelemente, bis ein neuer Zugriffsspezifizierer in der Klassendefinition auftaucht.

Aufbaukurs Klassendefinition

Die grundlegenden Elemente und Konzepte einer Klassendefinition kennen Sie nun. Jetzt wollen wir uns ansehen, wie aus einer funktionierenden Klassendefinition eine gute Klassendefinition wird.

1 Legen Sie ein neues Projekt an und kopieren Sie den Quelltext des Klassen1-Programms in die Quelltextdatei des neuen Projekts.

Methoden außerhalb der Klasse definieren

Im Grundkurs haben wir alle Methoden der Klasse direkt in der Klassendefinition definiert. Das ist aber gar nicht notwendig. Für die Definition der Klasse ist es absolut ausreichend, wenn man die Methoden lediglich deklariert, das heißt die Signatur ohne den Anweisungsblock angibt. Die Methodendefinition kann man dann unter der Klassendefinition nachholen.

2 Kopieren Sie die Konstruktor- und Methodendefinitionen aus der Klassendefinition und fügen Sie die Kopie unter der Klassendefinition in den Quelltext ein.

Aufbaukurs Klassendefinition

```cpp
// Klassen2.cpp - Eine Klasse für Vektoren
#include <iostream>
using namespace std;

class vektor
{
 public:
    double x;
    double y;

    // Konstruktor
    vektor()
    {
      x = 0;
      y = 0;
    }

    // Methoden
    void addieren(vektor v2)
    {
      x += v2.x;
      y += v2.y;
    }
    void ausgeben()
    {
      cout << "(" << x << "," << y << ")";
    }
  };
// Konstruktor
vektor()
{
  x = 0;
  y = 0;
}

// Methoden
void addieren(vektor v2)
{
  x += v2.x;
  y += v2.y;
}
void ausgeben()
{
  cout << "(" << x << "," << y << ")";
}
```

```
int main()
{
  ...
```

3 Löschen Sie in der Klassendefinition die Anweisungsblöcke der Methoden und schließen Sie jede Methodendeklaration mit einem Semikolon ab.

```
// Klassen2.cpp - Eine Klasse für Vektoren
#include <iostream>
using namespace std;

class vektor
{
 public:
    double x;
    double y;

    vektor();                          // Konstruktor

    void addieren(vektor v2);    // Methoden
    void ausgeben();
};

// Konstruktor
vektor()
{
   x = 0;
   y = 0;
}

// Methoden
void addieren(vektor v2)
{
   x += v2.x;
   y += v2.y;
}
void ausgeben()
{
   cout << "(" << x << "," << y << ")";
}

int main()
{
   ...
```

Aufbaukurs Klassendefinition

4 Stellen Sie den Methodennamen in den Methodendefinitionen jeweils den Klassennamen und einen doppelten Doppelpunkt voran – so weiß der Compiler, dass es sich bei den definierten Funktionen um Methoden der Klasse `vektor` handelt.

```cpp
// Klassen2.cpp - Eine Klasse für Vektoren
#include <iostream>
using namespace std;

class vektor
{
 public:
    double x;
    double y;

    vektor();                      // Konstruktor

    void addieren(vektor v2);      // Methoden
    void ausgeben();
};


// Konstruktor
vektor::vektor()
{
   x = 0;
   y = 0;
}

// Methoden
void vektor::addieren(vektor v2)
{
   x += v2.x;
   y += v2.y;
}

void vektor::ausgeben()
{
   cout << "(" << x << "," << y << ")";
}


int main()
{
   ...
```

Na bitte, so ist die Klassendefinition doch viel besser lesbarer.

> **Hinweis**
>
> *Ob eine Methode in der Klasse oder außerhalb der Klasse definiert wird, ist nicht nur eine Frage des Geschmacks und der Lesbarkeit. Kleine Methoden, die keine Schleifen enthalten und nur wenige Zeilen einfachen Codes enthalten und direkt in der Klasse definiert sind, werden vom Compiler auf eine spezielle Weise verarbeitet, die zu schnelleren Programmen, aber auch zu größeren Programmdateien führt. Damit kleine Methoden, die außerhalb ihrer Klasse definiert sind, in den Genuss der gleichen Sonderbehandlung seitens des Compilers kommen, muss man ihnen das Schlüsselwort* `inline` *voranstellen – beispielsweise*
>
> ```
> inline void vektor::addieren(vektor v2)
> {
>    x += v2.x;
>    y += v2.y;
> }
> ```
>
> *Wie groß der Effekt dieser Sonderbehandlung ist, hängt allerdings davon ab, wie oft die Methode im Programm aufgerufen wird.*

Private Elemente und öffentliche Schnittstelle

In der Einführung zu diesem Kapitel habe ich Sie darauf hingewiesen, dass man Klassen aus zwei Perspektiven betrachten kann:

- aus der Sicht des Programmierers, der die Klasse definiert, und
- aus der Sicht des Programmierers, der die Klasse nutzt, indem er in seinen Programmen Objekte der Klasse erzeugt und verwendet.

Des Weiteren haben Sie erfahren, dass die Klasse zwischen dem Zugriff von außen und dem Zugriff von innen unterscheidet und dass man den Zugriff auf die Klassenelemente über die Spezifizierer `public` und `private` steuern kann:

- Klassenelemente, die als `public` deklariert sind, sind öffentlich und man kann von außen auf sie zugreifen.
- Klassenelemente, die als `private` deklariert sind, sind privat und man kann nur von innen auf sie zugreifen.

Sehen Sie den Zusammenhang?

Der Programmierer, der die Klasse in seinem Programm nutzt, interessiert sich nicht für die Klassendefinition (oft genug steht sie ihm gar nicht zur Verfügung – beispielsweise im Falle der Klassen aus der C++-Laufzeitbibliothek). Er ist nur daran interessiert, Instanzen von der Klasse zu erzeugen und mit diesen zu arbeiten. Wie arbeitet er mit den Klasseninstanzen? Er greift über die Instanz auf die Klassenelemente zu! Auf welche Klassenelemente kann er über die Instanz zugreifen? Natürlich nur auf die Elemente, die als public deklariert sind!

Welche Elemente public sein sollen, wird bei der Definition der Klasse festgelegt. Klassenelemente, die der Programmierer, der die Klasse definiert, für die Arbeit mit den Klassenobjekten freigeben möchte, deklariert er in der Klasse als public; Klassenelemente, die er nur zur internen Implementierung der Klasse benötigt, deklariert er als private.

So besteht eine Klasse also aus private-Elementen, die lediglich der internen Implementierung dienen, und public-Elementen, die der Arbeit mit den Objekten der Klasse dienen.

> **Was ist das?**
>
> *Die Gesamtheit der* public*-Elemente einer Klasse bezeichnet man auch als die* öffentliche Schnittstelle *der Klasse.*

Private Datenelemente – öffentliche Methoden

Eine Faustregel des Klassendesigns besagt nun, dass man

Datenelemente grundsätzlich als private *deklarieren sollte.*

Möchte man den Benutzern der Klasse die Möglichkeit einräumen, den Wert eines private-Datenelements abzufragen (Lese-Zugriff), muss man für das Datenelement eine eigene public-Methode definieren, die den Wert des Datenelements zurückliefert. Soll es auch möglich sein, einem private-Datenelement einen neuen Wert zuzuweisen (Schreib-Zugriff), muss man für das Datenelement eine eigene public-Methode definieren, die den Wert des Datenelements setzt.

> **Was ist das?**
>
> *Methoden, die dazu dienen, den Wert von Datenelementen abzufragen, bezeichnet man auch als GET-Methoden; Methoden, die dazu dienen, Datenelementen einen neuen Wert zuzuweisen, bezeichnet man auch als SET-Methoden.*

5 Deklarieren Sie die Datenelemente der Klasse `vektor` als `private` und die Methoden der Klasse als `public`.

```
...
class vektor
{
 private:
    double x;
    double y;

 public:
    vektor();

    void addieren(vektor v2);
    void ausgeben();
};
...
```

> **Hinweis**
>
> *Den Zugriffsspezifizierer `private` am Anfang der Klassendefinition könnte man sich auch sparen, da Elemente am Anfang der Klassendefinition, für die es keinen Zugriffsspezifizierer gibt, automatisch `private` sind.*

> **Hinweis**
>
> *Ebenso wie Datenelemente kann man auch Methoden als `private` deklarieren. Diese Methoden werden dann quasi zu Hilfsmethoden, die nur von den anderen Methoden der Klasse aufgerufen werden können.*

6 Richten Sie öffentliche GET- und SET-Methoden für die Datenelemente ein.

```cpp
...
class vektor
{
 private:
   double x;
   double y;

 public:
   vektor();

   void set_x(double x_wert);
   void set_y(double y_wert);
   double get_x();
   double get_y();

   void addieren(vektor v2);
   void ausgeben();
};
...
// Methoden
void vektor::set_x(double x_wert)
{
  x = x_wert;
}
void vektor::set_y(double y_wert)
{
  y = y_wert;
}

double vektor::get_x()
{
  return x;
}
double vektor::get_y()
{
  return y;
}
...
```

SET-Methoden erkennt man typischerweise daran, dass Sie den zuzuweisenden Wert als Argument übernehmen und kein Ergebnis zurückliefern (Rückgabetyp `void`).

GET-Methoden definieren dagegen üblicherweise keine Parameter, dafür aber einen Rückgabetyp vom Typ des Datenelements.

Da die Datenelemente nun `private` sind, können wir in der `main()`-Funktion nicht mehr direkt auf sie zugreifen (`vekt1.x = 1;`). Um unseren Vektoren Werte zuzuweisen, müssen wir die SET-Methoden aufrufen.

7 Setzen Sie die Vektoren mit Hilfe der SET-Methoden.

```
int main()
{
  vektor vekt1;
  vektor vekt2;

  vekt1.set_x(1);
  vekt1.set_y(2);
  vekt2.set_x(10);
  vekt2.set_y(20);

  // Vektor ausgeben
  cout << "Vektor 1: ";
  vekt1.ausgeben();
  cout << endl;
  cout << "Vektor 2: ";
  vekt2.ausgeben();
  cout << endl << endl;

  // 2. Vektor addieren
  vekt1.addieren(vekt2);

  // Vektor nach Addition
  cout << "Vektor1 nach Addition : ";
  vekt1.ausgeben();
  cout << endl;

  return 0;
}
```

Es leuchtet ein, dass man Datenelemente vor unüberlegtem Überschreiben schützt, indem man das Datenelement als `private` deklariert und dann lediglich eine GET-Methode zum Abfragen des Werts des Datenelements einrichtet. Es mag auch noch einleuchten, dass es Fälle gibt, in denen man zu einem `private`-Datenelement lediglich eine SET-Methode, aber keine GET-Methode einrichtet. Welchen Sinn aber hat es, ein Datenelement erst als `private` zu deklarieren und dann sowohl GET- als auch SET-Methode aufzusetzen? Hätte man das Datenelement dann nicht gleich auch als `public` deklarieren können?

Nun, es gibt einen ganz entscheidenden Unterschied zwischen einem public-Datenelement und einem private-Datenelement mit GET- und SET-Methode.

Im Falle des public-Datenelements bestimmt der Programmierer, der Ihre Klasse benutzt, welche Werte er den Datenelementen der Instanzen zuweist – und Sie (als der Programmierer, der die Klasse definiert) können keinen Einfluss darauf nehmen. Im Falle des private-Datenelements behalten Sie dagegen die vollständige Kontrolle darüber, welche Werte zugewiesen werden (oder in welcher Form die Werte beim Abfragen der Datenelemente zurückgeliefert werden).

Betrachten wir ein Beispiel.

Nehmen wir an, wir wollten für die Vektoren unserer vektor-Klasse keine Koordinaten zulassen, die größer als 1000 sind. Wir schreiben also in die Dokumentation zu unserer Klasse, dass man den Datenelementen x und y keine Werte größer als 1000 zuweisen soll (vielleicht weil es in der Klasse eine Methode gibt, die dann nicht mehr korrekt arbeitet und das Programm zum Absturz bringt[12]).

Was passiert nun, wenn der Benutzer der Klasse die Bemerkung nicht gesehen hat oder sich einfach nicht daran hält?

```
vektor vekt1;
vekt1.x = 12500;
```

Ooops, schon steht in dem Datenelement x ein Wert größer 1000 und das Unglück nimmt seinen Lauf.

Ist das Datenelement x dagegen private, muss der Benutzer der Klasse für seine Instanz die SET-Methode aufrufen:

```
vektor vekt1;
vekt1.set_x(12500);
```

---

[12] Okay, das Beispiel ist etwas konstruiert, aber die Intention ist wohl deutlich.

In der Implementierung dieser Methode können wir (als die Entwickler der Klasse) aber dafür sorgen, dass nur Werte kleiner oder gleich 1000 akzeptiert werden.

```cpp
void vektor::set_x(double x_wert)
{
   if ( x_wert <= 1000)
   {
      x = x_wert;
   }
   else
   {
      cout << "Wert zu groß!. x wird auf 0 gesetzt"
           << endl;
      x = 0;
   }
}
```

Betrachten wir noch ein weiteres Beispiel.

Nehmen wir an, wir erweitern die Klasse `vektor` um ein weiteres Datenelement `double laenge`, in dem die aktuelle Länge des Vektors gespeichert werden soll.

Da sich die Länge eines Vektors ändert, wenn sich seine Koordinaten ändern, sorgen wir pflichtbewusst dafür, dass alle Methoden, die die Koordinaten des Vektors ändern, auch die Länge neu berechnen und in dem Datenelement `laenge` abspeichern. In unserem Beispiel beträfe das den Konstruktor und die `addieren()`-Methode.

```cpp
vektor::vektor()
{
   x = 0;
   y = 0;
   laenge = 0;
}

void vektor::addieren(vektor v2)
{
   x += v2.x;
   y += v2.y;
   laenge = sqrt(x*x + y*y);
}
```

Die ganze Mühe ist allerdings umsonst, wenn die Datenelemente x und y `public` sind und der Programmierer für eine Instanz den Wert von x oder y direkt setzt, ohne daran zu denken, dass er auch `laenge` anpassen muss.

```
vektor vekt1;
vekt1.x = 12.5;   // jetzt steht in laenge ein falscher
                  // Wert
```

Ein solches Programm kann leicht schon mal ausrechnen, dass der Vektor (10, 0) 1462,3 Einheiten lang ist.

Sind die Datenelemente x und y dagegen `private`, können wir in den Implementierungen der zugehörigen SET-Methoden sicherstellen, dass bei einer Änderung der Koordinaten auch die Länge neu berechnet wird:

```
void vektor::set_x(double x_wert)
{
  x = x_wert;
  laenge = sqrt(x*x + y*y);
}
void vektor::set_y(double y_wert)
{
  y = y_wert;
  laenge = sqrt(x*x + y*y);
}
```

Sie sehen: Durch Verwendung privater Datenelemente mit öffentlichen Zugriffsmethoden kann die Klasse sich selbst vor Fehlbedienung schützen! Für den Entwickler der Klasse bedeutet dies zwar etwas Mehrarbeit, doch dafür wird die Programmierung mit den Instanzen der Klasse einfacher und sicherer!

Mehrere Konstruktoren vorsehen

Im vorangehenden Abschnitt haben wir den Vektoren mit Hilfe der SET-Methoden `set_x()` und `set_y()` Werte zugewiesen. Soweit es um die Zuweisung von Anfangswerten geht, sollte man dazu aber besser den Konstruktor verwenden.

Wir brauchen dazu nicht einmal den alten Konstruktor `vektor()` zu ersetzen, sondern können einen zweiten zusätzlichen Konstruktor aufsetzen, der zwei Argumente `x_wert` und `y_wert` übernimmt und diese den Datenelementen x und y zuweist.

8 Setzen Sie einen zweiten Konstruktor auf, der zwei `double`-Argumente zum Initialisieren der x- und y-Datenelemente übernimmt.

```
...
class vektor
{
 private:
    double x;
    double y;

 public:
    vektor();
    vektor(double x_wert, double y_wert);

    void set_x(double x_wert);
    void set_y(double y_wert);
    double get_x();
    double get_y();
    void addieren(vektor v2);
    void ausgeben();
};

// Konstruktor
vektor::vektor()
{
   x = 0;
   y = 0;
}
vektor::vektor(double x_wert, double y_wert)
{
   x = x_wert;
   y = y_wert;
}
...
```

Das ist bemerkenswert! Wir haben zwei Konstruktoren mit gleichem Namen. Okay, das muss so sein, denn Konstruktoren tragen immer den Namen ihrer Klasse. Wir haben aber auch gelernt, dass Bezeichner (Namen von definierten Programmelementen) eindeutig sein müssen, dass heißt es darf keine zwei Elemente mit gleichem Namen geben, da der Compiler die Elemente sonst nicht auseinander halten kann. Das gilt auch für Konstruktoren! Allerdings bedient sich der Compiler hier eines Tricks. Er hängt intern die Parameterliste von Methoden (und dazu zählen auch die Konstruktoren) in codierter Form an den Methodennamen an. So kann er Methoden und Konstruktoren, die zwar gleiche Namen, aber unterschiedliche Parameterlisten (verschiedene Anzahl oder verschiedene Datentypen der Parameter) haben, auseinander halten.

Was ist das?

Das Aufsetzen mehrerer Methoden gleichen Namens, die sich nur in den Parameterlisten unterscheiden, bezeichnet man als Überladung. *Beim Aufruf erkennt der Compiler an den übergebenen Argumenten, welche der überladenen Methoden er genau aufrufen soll.*

Achtung

Wenn Sie einen eigenen Konstruktor definieren, erzeugt der Compiler keinen Standardkonstruktor mehr. In bestimmten Situationen ist es für eine Klasse aber recht vorteilhaft, wenn Sie über einen Konstruktor verfügt, der – wie der vom Compiler erzeugte Standardkonstruktor – ohne Argumente aufgerufen werden kann. Wenn Sie also eigene Konstruktoren definieren, achten Sie also darauf, dass auch ein Konstruktor darunter ist, der ohne Argumente aufgerufen werden kann.

9 Kompilieren Sie das Programm und führen Sie es aus.

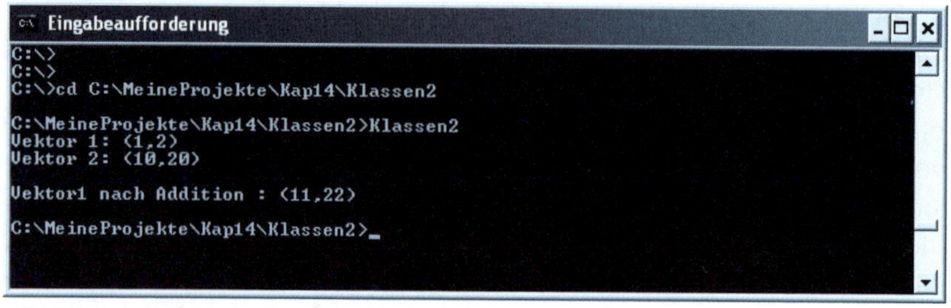

Abbildung 14.3: Ausgabe des überarbeiteten Vektor-Programms

Das Vektorprogramm

Zum Abschluss möchte ich Sie noch darauf hinweisen, dass es auf der Buch-CD im Unterverzeichnis zu Kapitel 14 eine umfangreichere Implementierung des Vektorprogramms gibt (quasi das objektorientierte Gegenstück zu dem Vektorprogramm aus Kapitel 12).

Rätselhaftes C++

Ein Methodenaufruf führt nicht nur zur Ausführung der Anweisungen in der Methode, er steht auch für den Rückgabewert der Methode. Nun können Methoden ja auch Objekte von Klassen als Ergebnis zurückliefern. Dann müsste es doch möglich sein, an den Aufruf einer Methode, die ein Objekt zurückliefert, den Punktoperator anzuhängen und auf ein Element des Objekts zuzugreifen, oder? Und dann würde die Ausgabe des folgenden Programms wie lauten?

```
#include <iostream>
using namespace std;

class A
{
    string name;

 public:

    A(string n)
    {
      name = n;
    }

    A klonen()
    {
```

```
        A klon("Klon von " + name);

        return klon;
    }

    string get_name()
    {
      return name;
    }
};

int main()
{
    A obj("Original");

    A obj2 = obj.klonen().klonen().klonen();

    cout << obj2.get_name() << endl;

    return 0;
}
```

Lösung: Klon von Klon von Klon von Original.

Kapitel 15

Programmieren mit Dateien

Nach dem schwierigen Kapitel zur objektorientierten Programmierung haben wir uns etwas Ruhe und Entspannung verdient. Nun ist die Programmierung mit Dateien sicherlich nicht gerade das einfachste aller denkbaren Themen, aber es ist auch nicht besonders schwer – jedenfalls nicht wenn man wie wir – bereits über fortgeschrittene Kenntnisse verfügt und sich an bestimmte Formalismen hält. Auf jeden Fall ist das Lesen und Schreiben von Dateien ein wichtiges Thema und eine gute Gelegenheit, sich noch einmal davon zu überzeugen, wie einfach und bequem man mit gut konzeptionierten Klassen arbeiten kann.

Das können Sie schon:

Variablen und Konstanten	82
Operatoren und Ausdrücke	100
Ein- und Ausgabe	134
Verzweigungen und Schleifen	156, 176
Funktionen	198
Arrays	216
Strukturen	226
Klassen und OOP	246, 258

Das lernen Sie neu:

Streams	290
In Dateien schreiben	291
Aus Dateien lesen	299
Das Hauptstädte-Quiz	304

Streams

In C++ basiert jegliche Ein- und Ausgabe, ob von der Tastatur, zum Bildschirm, in eine Datei oder von und zu einem anderen beliebigen Gerät, auf dem Konzept der Streams.

> **Was ist das?**
>
> Streams *sind Datenströme, über die Daten von einer Quelle zu einem Ziel bewegt werden.*

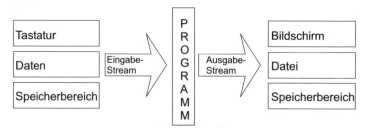

Abbildung 15.1: Das Stream-Modell

Wenn wir also Daten von irgendeiner Quelle her einlesen oder an irgendein Zielgerät ausgeben wollen, benötigen wir dazu ein passendes Stream-Objekt. Wo aber finden wir ein solches Stream-Objekt?

Am einfachsten ist es bei der Ein- und Ausgabe von der Konsole. In diesem Falle sind die zugehörigen Stream-Objekte nämlich bereits in der C++-Laufzeitbibliothek vordefiniert. Es sind die uns bereits bekannten Objekte

- `cout` für die Ausgabe und
- `cin` für die Eingabe.

Mit dem Vorwissen aus den Kapiteln 13 und 14 können wir nun auch besser verstehen, was `cout` und `cin` eigentlich sind. Es sind nämlich keine in der Sprache verankerten Schlüsselwörter (wie beispielsweise `int`, oder `for` oder `switch`), sondern Instanzen von speziellen, in der C++-Laufzeitbibliothek definierten Klassen: `cout` ist eine Instanz der Klasse `ostream`, `cin` eine Instanz der Klasse `istream`. Definiert und erzeugt wurden die Instanzen `cin` und `cout` bereits in der Headerdatei `<iostream>`, so dass wir nach Einbindung von `#include <iostream>` direkt mit den Instanzen `cout` und `cin` arbeiten konnten.

Wenn wir in Dateien schreiben oder aus Dateien lesen wollen, können wir nicht auf vordefinierte Stream-Objekte zurückgreifen. Es gibt allerdings in der Laufzeitbibliothek zwei Stream-Klassen `ifstream` (für »input file stream«) und `ofstream` (für »output file stream«), von denen wir uns passende Stream-Objekte erzeugen können.

> **Was ist das?**
>
> *Je nachdem in welcher Form Daten in einer Datei gespeichert werden, unterscheidet man zwischen* Text- *und* Binärdateien. *Textdateien enthalten normalen ASCII-Text, wie man ihn in jedem Editor betrachten und bearbeiten kann. Auch Zahlen werden in einer solchen Datei als Text (als Ziffernfolgen) abgespeichert. Binärdateien enthalten dagegen binär codierte Daten, wie sie auch im Arbeitsspeicher des Computers stehen. Der Inhalt einer solchen Datei kann nur mit Hilfe spezieller Editoren gelesen werden. Obwohl man mit C++ sowohl Text- als auch Binärdateien lesen und schreiben kann, beschränken wir uns in diesem Buch auf die Programmierung mit Textdateien.*

In Dateien schreiben

Das Schreiben in Dateien erfolgt in fünf Schritten:

1. Einbinden der Headerdatei für die Datei-Stream-Klassen.
2. Erzeugen des Stream-Objekts.
3. Verbinden des Streams mit einer Datei und Öffnen der Datei.
4. Schreiben in die Datei.
5. Schließen der Datei.

Das klingt sicherlich komplizierter, als es ist. Die meisten Punkte sind schnell und einfach implementiert – man muss nur wissen wie. Wohlan also, frisch ans Werk!

1 Legen Sie ein neues Projekt an und beginnen Sie mit dem folgenden Grundgerüst:

```
// Schreiben.cpp - Demo zum Schreiben in Dateien
#include <iostream>
using namespace std;

int main()
{
```

```
   return 0;
}
```

2 Binden Sie die Headerdatei <fstream> ein, in der die Datei-Stream-Klassen ofstream und ifstream definiert sind. Binden Sie auch gleich die Headerdatei <string> ein, da wir auch Strings (Text) ausgeben wollen.

```
// Schreiben.cpp - Demo zum Schreiben in Dateien
#include <iostream>
#include <fstream>
#include <string>
using namespace std;

int main()
{

   return 0;
}
```

3 Erzeugen Sie eine Instanz der Klasse ofstream. Diese Instanz ist unser Ausgabestream (vergleichbar cout für die Ausgabe auf die Konsole).

```
// Schreiben.cpp - Demo zum Schreiben in Dateien
#include <iostream>
#include <fstream>
#include <string>
using namespace std;

int main()
{
   ofstream dat_aus;

   return 0;
}
```

4 Fragen Sie den Anwender, in welche Datei geschrieben werden soll.

```
// Schreiben.cpp - Demo zum Schreiben in Dateien
#include <iostream>
#include <fstream>
#include <string>
using namespace std;

int main()
{
   ofstream dat_aus;
   string dateiname;
```

```
  cout << "Geben Sie den Namen der Datei ein: ";
  cin  >> dateiname;
  cout << endl;

  return 0;
}
```
Natürlich muss man den Dateinamen nicht unbedingt vom Anwender abfragen. Wenn es zum Beispiel um eine Datei geht, in der das Programm Konfigurationsdaten oder andere interne Informationen/Daten ablegt, wird man den Dateinamen der Datei einfach im Quelltext vorgeben, beispielsweise:

```
string dateiname = "konfig.ini";
```

> **Achtung**
>
> Unter Windows gibt es ein Problem bei der Angabe von Dateinamen mit Pfadinformationen. Windows verwendet zum Trennen der Verzeichnisse in Pfadangaben nämlich das \-Zeichen, das vom Compiler als Escape-Zeichen interpretiert wird. Um Missverständnissen vorzubeugen, müssen daher in den Pfadangaben alle \-Zeichen verdoppelt werden (C:\\demo.txt statt C:\demo.txt). Das gilt natürlich nur für Pfad- und Dateiangaben in String-Konstanten. Der Anwender, der den Dateinamen über die Tastatur eingibt, braucht das \-Zeichen nicht zu verdoppeln!

Soll das Programm dagegen neue Dateien anlegen oder je nach Wunsch des Anwenders in verschiedene bestehende Dateien schreiben, muss man den Dateinamen – wie im Beispiel gezeigt – vom Anwender abfragen.

5 Öffnen Sie die Datei und verbinden Sie sie mit dem Ausgabestream.

```
// Schreiben.cpp - Demo zum Schreiben in Dateien
#include <iostream>
#include <fstream>
#include <string>
using namespace std;

int main()
{
  ofstream dat_aus;
  string dateiname;

  cout << "Geben Sie den Namen der Datei ein: ";
  cin  >> dateiname;
  cout << endl;
```

```
    dat_aus.open(dateiname.c_str(), ios_base::out);

    return 0;
}
```

Zum Öffnen einer Datei ruft man die `open()`-Methode des Streams auf und übergibt dieser den Namen der zu öffnenden Datei sowie eine symbolische Konstante, die den Modus festlegt, in dem die Datei zu öffnen ist.

Den Dateinamen können Sie als String in doppelten Anführungszeichen angeben (`"demo.txt"`) oder als C-String. Wenn Sie den Dateinamen in einem `string`-Objekt gespeichert haben, rufen Sie für das `string`-Objekt die Methode `c_str()` auf, die den String im `string`-Objekt in einen C-String umwandelt und zurückliefert.

Für den Öffnungsmodus können Sie `ios_base::out` oder `ios_base::out | ios_base::app` angeben.

- Wenn Sie `ios_base::out` wählen, öffnen Sie die Datei zum Schreiben. Wenn die Datei bereits existiert, wird sie überschrieben. Existiert die Datei noch nicht, wird sie neu angelegt.

- Die Kombination `ios_base::out | ios_base::app` öffnet die Datei zum Anhängen. Wenn die Datei bereits existiert, wird der neue Text an das Ende der Datei angehängt. Existiert die Datei noch nicht, wird sie neu angelegt.

> **Achtung**
>
> *Compiler, die nicht ganz aktuell sind, definieren die Konstanten für den Öffnungsmodus statt in `ios_base` in der Klasse `ios`.*

6 Prüfen Sie, ob die Datei korrekt geöffnet wurde, und beenden Sie im Falle eines Fehlers das Programm.

```
// Schreiben.cpp - Demo zum Schreiben in Dateien
#include <iostream>
#include <fstream>
#include <string>
using namespace std;

int main()
{
```

```
   ofstream dat_aus;
   string dateiname;

   cout << "Geben Sie den Namen der Datei ein: ";
   cin  >> dateiname;
   cout << endl;

   dat_aus.open(dateiname.c_str(), ios_base::out);

   if(!dat_aus)
   {
      cout << "Datei konnte nicht geoeffnet werden!";
      cout << endl;
      return -1;
   }

   return 0;
}
```

Wenn der Aufruf von `open()` scheitert, enthält `dat_aus` danach einen Nullwert. Sie können das Stream-Objekt abfragen und, wenn `dat_aus` gleich Null ist (`!dat_aus` ist dann `true`), eine Fehlermeldung ausgeben und das Programm beenden.

Innerhalb der `main()`-Funktion können wir zum Beenden des Programms einfach die `return`-Anweisung verwenden. Welchen `int`-Wert man dabei zurückliefert, ist im Grunde nur dann erheblich, wenn dieser »Rückgabewert des Programms« vom Betriebssystem, einer Batch-Datei oder einer anderen Anwendung ausgewertet wird – was allerdings meist nicht der Fall ist. Um trotzdem auf alle Eventualitäten vorbereitet zu sein, liefern wir bei korrektem Beenden des Programms 0 und im Falle eines Fehlers -1 zurück.

7 Schreiben Sie die Daten in die Datei.

```
// Schreiben.cpp - Demo zum Schreiben in Dateien
#include <iostream>
#include <fstream>
#include <string>
using namespace std;

int main()
{
   ofstream dat_aus;
   string dateiname;

   cout << "Geben Sie den Namen der Datei ein: ";
   cin  >> dateiname;
   cout << endl;
```

```
      dat_aus.open(dateiname.c_str(), ios_base::out);

      if(!dat_aus)
      {
         cout << "Datei konnte nicht geoeffnet werden!";
         cout << endl;
         return -1;
      }

      // Verschiedene Daten zum Testen in die Datei
      // schreiben
      string text1 = "Dies ist ein Text";
      int    var1  = 1000;
      string text2 = "Dies ist ein weiterer Text";
      double var2  =   555.111;

      dat_aus << text1 << endl;
      dat_aus << var1  << endl;
      dat_aus << text2 << endl;
      dat_aus << var2  << endl;

      return 0;
}
```

Zuerst erzeugen wir einige Variablen, deren Inhalt ausgegeben werden soll. Die im Beispiel definierten Variablen dienen vornehmlich der Demonstration. Es können selbstverständlich auch sinnvollere Daten ausgegeben werden.

Mit Hilfe des Ausgabeoperators << werden die Daten in den Datei-Stream ausgegeben – ganz so wie wir die Daten auch an cout schicken.

8 Schließen Sie die Datei.

```
// Schreiben.cpp - Demo zum Schreiben in Dateien
#include <iostream>
#include <fstream>
#include <string>
using namespace std;

int main()
{
   ofstream dat_aus;
   string dateiname;

   cout << "Geben Sie den Namen der Datei ein: ";
   cin  >> dateiname;
```

In Dateien schreiben

```
    cout << endl;

    dat_aus.open(dateiname.c_str(), ios_base::out);

    if(!dat_aus)
    {
        cout << "Datei konnte nicht geoeffnet werden!";
        cout << endl;
        return -1;
    }

    // Verschiedene Daten zum Testen in die Datei
    // schreiben
    string text1 = "Dies ist ein Text";
    int    var1  = 1000;
    string text2 = "Dies ist ein weiterer Text";
    double var2  = 555.111;

    dat_aus << text1 << endl;
    dat_aus << var1 << endl;
    dat_aus << text2 << endl;
    dat_aus << var2 << endl;

    dat_aus.close();

    return 0;
}
```

Zum Schließen des Streams rufen Sie die Methode `close()` auf.

> **Achtung**
>
> Wenn das Programm beendet wird, ohne dass der Stream zuvor geschlossen wurde, kann es zu Datenverlusten und Fehlern in der Datei kommen.

9 Kompilieren Sie das Programm und führen Sie es aus.

Wenn das Programm Sie dazu auffordert, denken Sie sich einen Dateinamen aus und tippen Sie ihn ein. Das Programm erzeugt die Datei im aktuellen Verzeichnis[13] (es sei denn, Sie haben die Datei mit Pfad angegeben) und speichert den Inhalt der Variablen in der Datei.

> **Achtung**
>
> *Denken Sie daran, dass das Programm die Datei im* `ios_base::out`*-Modus öffnet und daher bestehende Dateien überschreibt.*

Abbildung 15.2: Ausführung des Schreiben-Programms

10 Öffnen Sie die erzeugte Datei in einem Texteditor.

Abbildung 15.3: Die vom Programm angelegte Datei

---

13 Wenn Sie das Programm aus der Visual C++-Entwicklungsumgebung heraus aufrufen, wird die Datei nicht im Verzeichnis der EXE-Datei (Unterverzeichnis Debug), sondern im Projektverzeichnis angelegt.

Aus Dateien lesen

Das Lesen von Dateien erfolgt ganz analog zum Schreiben:

1. Einbinden der Headerdatei für die Datei-Stream-Klassen.
2. Erzeugen des Stream-Objekts.
3. Verbinden des Streams mit einer Datei und Öffnen der Datei.
4. Lesen der Daten aus der Datei.
5. Schließen der Datei.

Problematisch ist dabei höchstens das eigentliche Lesen der Daten aus der Datei.

1 Legen Sie ein neues Projekt an und beginnen Sie mit dem folgenden Grundgerüst:

```
// Lesen.cpp - Demo zum Lesen aus Dateien
#include <iostream>
using namespace std;

int main()
{

   return 0;
}
```

2 Binden Sie die Headerdatei `<fstream>` ein, in der die Datei-Stream-Klassen `ofstream` und `ifstream` definiert sind. Binden Sie auch die Headerdatei `<string>` ein, da wir Strings (Text) einlesen wollen.

```
// Lesen.cpp - Demo zum Lesen aus Dateien
#include <iostream>
#include <fstream>
#include <string>
using namespace std;

int main()
{

   return 0;
}
```

3 Erzeugen Sie eine Instanz der Klasse `ifstream`. Diese Instanz ist unser Eingabe-Stream (vergleichbar `cin` für die Eingabe auf der Konsole).

```cpp
// Lesen.cpp - Demo zum Lesen aus Dateien
#include <iostream>
#include <fstream>
#include <string>
using namespace std;

int main()
{
   ifstream dat_ein;

   return 0;
}
```

4 Fragen Sie den Anwender, aus welcher Datei gelesen werden soll.

```cpp
// Lesen.cpp - Demo zum Lesen aus Dateien
#include <iostream>
#include <fstream>
#include <string>
using namespace std;

int main()
{
   ifstream dat_ein;
   string dateiname;

   cout << "Geben Sie den Namen der Datei ein: ";
   cin >> dateiname;
   cout << endl;

   return 0;
}
```

5 Öffnen Sie die Datei und verbinden Sie sie mit dem Eingabe-Stream.

```cpp
// Lesen.cpp - Demo zum Lesen aus Dateien
#include <iostream>
#include <fstream>
#include <string>
using namespace std;

int main()
{
   ifstream dat_ein;
   string dateiname;

   cout << "Geben Sie den Namen der Datei ein: ";
   cin >> dateiname;
   cout << endl;
```

Aus Dateien lesen

```
    dat_ein.open(dateiname.c_str(), ios_base::in);

    return 0;
}
```

Für den Öffnungsmodus geben wir diesmal ios_base::in an. Die Datei wird dann zum Lesen geöffnet.

6 Prüfen Sie, ob die Datei korrekt geöffnet wurde, und beenden Sie im Falle eines Fehlers das Programm.

```
// Lesen.cpp - Demo zum Lesen aus Dateien
#include <iostream>
#include <fstream>
#include <string>
using namespace std;

int main()
{
  ifstream dat_ein;
  string dateiname;

  cout << "Geben Sie den Namen der Datei ein: ";
  cin  >> dateiname;
  cout << endl;

  dat_ein.open(dateiname.c_str(), ios_base::in);

  if(!dat_ein)
  {
     cout << "Datei konnte nicht geoeffnet werden!";
     cout << endl;
     return -1;
  }

  return 0;
}
```

7 Lesen Sie die Daten aus der Datei.

```
// Lesen.cpp - Demo zum Lesen aus Dateien
#include <iostream>
#include <fstream>
#include <string>
using namespace std;

int main()
```

301

```cpp
{
   ifstream dat_ein;
   string dateiname;

   cout << "Geben Sie den Namen der Datei ein: ";
   cin  >> dateiname;
   cout << endl;

   dat_ein.open(dateiname.c_str(), ios_base::in);

   if(!dat_ein)
   {
      cout << "Datei konnte nicht geoeffnet werden!";
      cout << endl;
      return -1;
   }

   char zeichen;
   while (!dat_ein.eof())
   {
      dat_ein.get(zeichen);
      cout << zeichen;
   }

   return 0;
}
```

Um den gesamten Inhalt der Datei einzulesen, setzen wir eine `while`-Schleife auf. In der Bedingung der Schleife wird die `eof()`-Methode des Streams aufgerufen, die erst dann `true` zurückliefert, wenn das Ende der Datei erreicht ist.

Innerhalb der Schleife wird der Dateiinhalt mit Hilfe der Methode `get()` Zeichen für Zeichen eingelesen und mit Hilfe des Ausgabeoperators `<<` auf die Konsole kopiert.

> **Hinweis**
>
> *Wenn man weiß, wie die Daten in einer Datei angeordnet sind, kann man den Inhalt der Datei unter Umständen auch mit Hilfe des >>-Operators einlesen (siehe Abschnitt »Das Hauptstädte-Quiz«).*

8 Schließen Sie die Datei.

```cpp
// Lesen.cpp - Demo zum Lesen aus Dateien
#include <iostream>
#include <fstream>
#include <string>
using namespace std;

int main()
{
  ifstream dat_ein;
  string dateiname;

  cout << "Geben Sie den Namen der Datei ein: ";
  cin  >> dateiname;
  cout << endl;

  dat_ein.open(dateiname.c_str(), ios_base::in);

  if(!dat_ein)
  {
     cout << "Datei konnte nicht geoeffnet werden!";
     cout << endl;
     return -1;
  }

  char zeichen;
  while (!dat_ein.eof())
  {
    dat_ein.get(zeichen);
    cout << zeichen;
  }

  dat_ein.close();

  return 0;
}
```

9 Kompilieren Sie das Programm und führen Sie es aus.

```
 Eingabeaufforderung                                    _ □ x
C:\>
C:\>
C:\>
C:\>cd C:\MeineProjekte\Kap15\Lesen

C:\MeineProjekte\Kap15\Lesen>Lesen
Geben Sie den Namen der Datei ein: ..\Schreiben\demo.txt

Dies ist ein Text
1000
Dies ist ein weiterer Text
555.111

C:\MeineProjekte\Kap15\Lesen>_
```

Abbildung 15.4: Inhalt einer Datei einlesen und auf der Konsole ausgeben

Das Hauptstädte-Quiz

So langsam nähern wir uns dem Ende des Buchs. Im nächsten und letzten Kapitel werden wir uns noch einige abschließende Techniken ansehen, und dann haben Sie es geschafft – Sie sind C++-Programmierer. Doch bevor Sie das Buch aus der Hand legen, wollen wir – wie in Kapitel 2 versprochen – zusammen noch ein etwas umfangreicheres und kompliziertes Programm erstellen, quasi Ihr Gesellenstück.

Das Programm, um das es geht, ist ein Quizprogramm, das die Hauptstädte verschiedener Länder abfragt.

Das Konzept

Zur Unterstützung des Programms werden wir eine Datenbank in Form einer einfachen Textdatei anlegen. In dieser Datenbank speichern wir die Land/Hauptstadt-Kombinationen, die das Programm später abfragen wird.

Der grobe Ablauf des Programm soll wie folgt aussehen:

- Das Programm öffnet die Datenbank und bestimmt wie viele Datensätze (jede Land/Hauptstadt-Kombination entspricht einem Datensatz) in der Datei gespeichert sind.

- Dann wählt das Programm einen der Datensätze aus der Datenbank aus (die Auswahl soll zufällig sein) und liest Land und Hauptstadt ein.

- Schließlich fragt das Programm den Anwender nach der Hauptstadt zu dem Land, liest die Eingabe des Anwenders ein, prüft, ob die richtige Stadt eingegeben wurde, und gibt eine Antwort aus.

Neu ist für uns dabei das Erzeugen von Zufallszahlen und das Einlesen von Dateiinhalten mit Hilfe des >>-Operators.

Die Implementierung

1 Legen Sie ein neues Projekt an und beginnen Sie mit dem folgenden Grundgerüst:

```
/* Quiz.cpp - Quiz-Programm, das Hauptstädte von
 *            verschiedenen Ländern abfragt
 */
#include <iostream>
using namespace std;

int main()
{

   return 0;
}
```

2 Binden Sie die Headerdatei <fstream> und <string> ein.

```
/* Quiz.cpp - Quiz-Programm, das Hauptstädte von
 *            verschiedenen Ländern abfragt
 */
#include <iostream>
#include <fstream>
#include <string>
using namespace std;

int main()
{

   return 0;
}
```

3 Legen Sie die Datenbank zu dem Programm an.

Legen Sie dazu mit Hilfe eines Editors eine einfache Textdatei an, die Sie unter dem Namen *daten.txt* im Verzeichnis des Programms speichern.

> **Hinweis**
>
> *Wenn Sie mit dem C++BuilderX arbeiten, können Sie die Textdatei durch Aufruf des Befehls* Datei/Neue Datei *und Auswahl des Typs* Text *anlegen.*

Tippen Sie zuerst die Anzahl der Datensätze und dann die Land/Hauptstadt-Kombinationen ein.

```
9
Angola Luanda
Kolumbien Bogota
USA Washington
Schweiz Bern
Schweden Stockholm
Senegal Dakar
Niederlande Amsterdam
Deutschland Berlin
Japan Tokio
```

Wenn man Daten aus einer Datei in ein Programm einliest, muss man sich üblicherweise beim Aufsetzen der Einleseroutine nach dem Format der Daten in der Datei richten. Die allgemeinste Methode zum Einlesen von Textdateien ist dabei das zeichenweise Einlesen, das wir im Abschnitt »Aus Dateien lesen« verwendet haben. Der Nachteil dieses Verfahrens ist allerdings, dass im Programm nur ungeordnete Zeichenfolgen vorliegen, die man unter Umständen erst aufwändig analysieren muss.

Ist man dagegen in der glücklichen Lage, dass man die Datei, deren Inhalt das Programm einlesen soll, selbst aufsetzt, kann man versuchen, den Inhalt der Datei so zu strukturieren, dass man die einzelnen Daten in der Datei möglichst einfach einlesen kann.

Die oben vorgestellten Daten kann man beispielsweise bequem mit Hilfe des >>-Operators einlesen, da die einzelnen Daten durch Leerzeichen oder Zeilenumbrüche voneinander getrennt sind (setzt aber voraus, dass es keine Länder- oder Städtenamen gibt, die selbst Leerzeichen enthalten). Auch die sonstigen Informationen (Angabe der Gesamtsumme der Datensätze am Dateianfang) und der regelmäßige Aufbau der Datenbank (immer abwechselnd Land und Hauptstadt) werden uns später beim Einlesen der Daten zugute kommen (mehr zur Einleseroutine in Schritt 7).

4 Öffnen Sie die Datenbankdatei.

```cpp
/* Quiz.cpp - Quiz-Programm, das Hauptstädte von
 *            verschiedenen Ländern abfragt
 */
#include <iostream>
#include <fstream>
#include <string>
using namespace std;

int main()
{
  ifstream dat_ein;
  string dateiname = ("daten.txt");     // Datenbank
```

```
                                   // des
                       // Programms

  // Datenbankdatei öffnen
  dat_ein.open(dateiname.c_str(), ios_base::in);

  if(!dat_ein)
  {
    cout << "Datei konnte nicht geoeffnet werden!";
    cout << endl;
    return -1;
  }

  return 0;
}
```

Dieser Code ist aus dem Abschnitt »Aus Dateien lesen« übernommen. Die einzige Änderung ist, dass wir den Namen der Datei nicht vom Anwender abfragen, sondern direkt im Quelltext angeben.

> **Hinweis**
>
> Da hier der Dateiname ohne Pfad angegeben wird, erwartet das Programm, dass die Datei im gleichen Verzeichnis wie das Programm steht.

5 Lesen Sie die Anzahl der in der Datei gespeicherten Datensätze ein.

```
/* Quiz.cpp - Quiz-Programm, das Hauptstädte von
 *            verschiedenen Ländern abfragt
 */
#include <iostream>
#include <fstream>
#include <string>
using namespace std;

int main()
{
  ifstream dat_ein;
  string dateiname = ("daten.txt");    // Datenbank
                                       // des
                       // Programms

  // Datenbankdatei öffnen
  dat_ein.open(dateiname.c_str(), ios_base::in);

  if(!dat_ein)
```

307

```
  {
    cout << "Datei konnte nicht geoeffnet werden!";
    cout << endl;
    return -1;
  }

  int anzahl;              // Gesamtzahl der Land/Stadt-
                           // Kombinationen

  // Wie viele Datensätze gibt es in der
  // Datenbank?
  dat_ein >> anzahl;

  return 0;
}
```

Die Anzahl der Datensätze ist die erste Angabe in der Datei. Mit Hilfe des >>-Operators lesen wir die Angabe in eine zuvor deklarierte `int`-Variable namens `anzahl` ein.

> **Hinweis**
>
> *Zur Erinnerung: Der >>-Operator liest so lange Zeichen aus der Datei ein, bis er auf ein Leerzeichen, einen Tabulator oder einen Zeilenumbruch trifft. Wird er aufgerufen, um die eingelesenen Daten in einer `int`-Variablen zu speichern, versucht er die eingelesene Zeichenfolge in eine Ganzzahl zu verwandeln (was für die Ziffernfolge "9" kein Problem ist) und speichert das Ergebnis in der `int`-Variablen.*

6 Wählen Sie zufällig einen Datensatz aus.

```
/* Quiz.cpp - Quiz-Programm, das Hauptstädte von
 *            verschiedenen Ländern abfragt
 */
#include <iostream>
#include <fstream>
#include <string>
#include <cstdlib>
#include <ctime>
using namespace std;

int main()
{
  ifstream dat_ein;
  string dateiname = ("daten.txt");       // Datenbank
                                          // des
```

Das Hauptstädte-Quiz

```
                    // Programms

  // Datenbankdatei öffnen
  dat_ein.open(dateiname.c_str(), ios_base::in);

  if(!dat_ein)
  {
    cout << "Datei konnte nicht geoeffnet werden!";
    cout << endl;
    return -1;
  }

  int anzahl;          // Gesamtzahl der Land/Stadt-
                       // Kombinationen

  int datensatz;    // auszuwaehlender Datensatz

  // Wie viele Datensätze gibt es in der
  // Datenbank?
  dat_ein >> anzahl;

  // Eine Zufallszahl zwischen 1 und der
  // Gesamtzahl der Datensätze ziehen
  srand( (unsigned)time( NULL ) );
  datensatz = rand() % anzahl + 1;


  return 0;
}
```

Es wäre recht langweilig, wenn das Programm bei jedem Aufruf nach der gleichen Hauptstadt fragen würde. Deswegen wollen wir das Programm so implementieren, dass es einen Datensatz zufällig auswählt.

Zu diesem Zweck ziehen wir eine Zufallszahl, die zwischen 1 und der Gesamtzahl der Datensätze liegt. Wenn das Programm dann beispielsweise eine 3 zieht, bedeutet dies, dass die Hauptstadt des Landes aus dem dritten Datensatz abgefragt werden soll.

Zur Erzeugung einer Zufallszahl benötigen wir die C-Funktion `rand()`, die in der Headerdatei `<cstdlib>` deklariert ist. Die Funktion liefert einen zufälligen Wert zwischen 0 und einer in der Bibliothek definierten Konstanten `RAND_MAX` zurück.

```
#include <cstdlib>
...
```

```
int datensatz;
...
datensatz = rand();
```

Wir brauchen aber eine Zufallszahl zwischen 1 und der Gesamtzahl der Datensätze.

Wenn man die von der `rand()`-Funktion zurückgelieferte Zahl durch die Gesamtzahl der Datensätze dividiert und sich den ganzzahligen Rest zurückliefern lässt (Modulo-Operator), erhält man eine Zahl zwischen 0 und der `Gesamtzahl - 1`. Addiert man zu diesem Wert 1, erhält man eine Zufallszahl zwischen 1 und der Gesamtzahl.

```
#include <cstdlib>
...
int datensatz;
...
datensatz = rand() % anzahl + 1;
```

Es gibt aber noch ein weiteres Problem. Die Funktion `rand()` liefert zwar eine Zufallszahl zurück, doch ist dies bei jedem Programmstart die gleiche Zufallszahl. Der Grund hierfür ist, dass intern ein Zufallsgenerator aktiviert wird, der für das Programm eine ganze Folge von Zufallszahlen generiert. Die Funktion `rand()` liefert diese Zahlen der Reihe nach zurück.

Nehmen wir an, der Zufallsgenerator erzeugt für das Programm folgende Zahlenfolge:

35 123 95 2359 432 ...

Wenn Sie dann in dem Programm die Funktion `rand()` das erste Mal aufrufen, liefert sie die Zahl 35 zurück; wird die Funktion im Programm ein zweites Mal aufgerufen, liefert Sie die Zahl 123 zurück; der dritte Aufruf liefert die Zahl 95 und so weiter.

Das Problem ist, dass der Zufallsgenerator bei jedem Start des Programm die gleiche Zahlenfolge 35 123 95 2359 432 ... generiert und der erste Aufruf von `rand()` daher immer die 35 zurückliefert.

Glücklicherweise kann man den Zufallsgenerator aber auch so einstellen, dass er bei jedem Programmstart eine andere Zahlenfolge generiert. Dazu ruft man vor dem ersten Aufruf von `rand()` die Funktion `srand()` auf und übergibt dieser einen Wert, der bei jedem Programmstart anders aussieht – beispielsweise die Anzahl Sekunden, die seit dem ersten Januar 1970 vergangen sind und die – wie praktisch – von der in `<ctime>` deklarierten Funktion `time()` zurückgeliefert werden.

Das Hauptstädte-Quiz

```cpp
#include <cstdlib>
#include <ctime>
...
int datensatz;
...
srand( (unsigned)time( NULL ) );
datensatz = rand() % anzahl + 1;
```

> **Hinweis**
>
> *Für unser Programm hätte es auch ausgereicht, wenn wir statt* `rand()` *gleich die Funktion* `time()` *aufgerufen hätten. Dann hätten Sie aber nicht gelernt, wie man in einem Programm »echte« Zufallszahlen erzeugt.*

7 Lesen Sie aus der Datei das Land und die Hauptstadt des ausgewählten Datensatzes ein.

```cpp
/* Quiz.cpp - Quiz-Programm, das Hauptstädte von
 *            verschiedenen Ländern abfragt
 */
#include <iostream>
#include <fstream>
#include <string>
#include <cstdlib>
#include <ctime>
using namespace std;

int main()
{
  ifstream dat_ein;
  string dateiname = ("daten.txt");   // Datenbank
                                      // des
                                      // Programms

  // Datenbankdatei öffnen
  dat_ein.open(dateiname.c_str(), ios_base::in);

  if(!dat_ein)
  {
    cout << "Datei konnte nicht geoeffnet werden!";
    cout << endl;
    return -1;
  }

  int anzahl;           // Gesamtzahl der Land/Stadt-
```

311

```
              // Kombinationen
   int datensatz;      // auszuwaehlender Datensatz

   string land, stadt;  // Land- u. Stadtfelder aus
                        // dem aktuellen Datensatz
   int loop;


   // Wie viele Datensätze gibt es in der
   // Datenbank?
   dat_ein >> anzahl;

   // Eine Zufallszahl zwischen 1 und der
   // Gesamtzahl der Datensätze ziehen
   srand( (unsigned)time( NULL ) );
   datensatz = rand() % anzahl + 1;

   // Land- und Stadtfeld des ausgewählten
   // Datensatzes einlesen
   loop = 2 * datensatz;
   while(loop >= 2)
   {
      dat_ein >> land >> stadt;
      loop -= 2;
   }

   return 0;
}
```

Zum Abspeichern des Landes und der Hauptstadt deklarieren wir zwei string-Variablen land und stadt.

Mit Hilfe einer Schleifenvariable loop und einer while-Schleife lesen wir dann nacheinander die Land- und Stadtnamen der einzelnen Datensätze ein. Dabei nutzen wir den Umstand, dass der Eingabeoperator mit dem Einlesen der Zeichen immer dort fortfährt, wo der letzte Eingabeoperator aufgehört hat.

Versuchen wir einmal nachzuvollziehen, wie die Schleife ausgeführt wird.

```
//Schleife                       // Auszug aus daten.txt
loop = 2 * datensatz;            9
while(loop >= 2)                 Angola Luanda
{                                Kolumbien Bogota
   dat_ein >> land >> stadt;     USA Washington
   loop -= 2;                    Schweiz Bern
}                                ...
```

Nehmen wir an, der dritte Datensatz soll ausgelesen werden. Die Schleifenvariable `loop` wird dann mit dem Wert 6 initialisiert und da `loop` größer gleich 2 ist, wird die Schleife ausgeführt.

Bisher wurde nur die Gesamtzahl der Datensätze (9) ausgelesen. Die nächsten zwei in der Schleife ausgeführten Einleseoperationen lesen also das Land `Angola` und die Hauptstadt `Luanda` ein. Danach wird der Wert der Schleifenvariable um 2 vermindert – ist jetzt also gleich 4.

Wieder wird die Schleife ausgeführt und den `string`-Variablen `land` und `stadt` werden als neue Werte "Kolumbien" und "Bogota" zugewiesen. `loop` wird um 2 vermindert und ist dann gleich 2.

Die Schleifenbedingung ist immer noch erfüllt und die Schleife wird ein drittes Mal ausgeführt. Danach stehen in den `string`-Variablen `land` und `stadt` die Werte "USA" und "Washington" und `loop` hat den Wert 0.

Da der Wert von `loop` nicht mehr größer oder gleich 2 ist, wird die Schleife nunmehr abgebrochen. In den `string`-Variablen `land` und `stadt` stehen die Daten des dritten Datensatzes.

8 Fragen Sie den Anwender nach der Hauptstadt zu dem ausgewählten Land, lesen Sie seine Antwort ein und werten Sie die Antwort aus. Schließen Sie danach die Datei.

```cpp
/* Quiz.cpp - Quiz-Programm, das Hauptstädte von
 *            verschiedenen Ländern abfragt
 */
#include <iostream>
#include <fstream>
#include <string>
#include <cstdlib>
#include <ctime>
using namespace std;

int main()
{
  ifstream dat_ein;
  string dateiname = ("daten.txt");    // Datenbank
                                       // des
                       // Programms

  // Datenbankdatei öffnen
  dat_ein.open(dateiname.c_str(), ios_base::in);

  if(!dat_ein)
  {
    cout << "Datei konnte nicht geoeffnet werden!";
```

```
    cout << endl;
    return -1;
}

int anzahl;              // Gesamtzahl der Land/Stadt-
                         // Kombinationen
int datensatz;           // auszuwaehlender Datensatz
string land, stadt;      // Land- u. Stadtfelder aus
                         // dem aktuellen Datensatz
int loop;

string antwort;    // Antwort des Anwenders

// Wie viele Datensätze gibt es in der
// Datenbank?
dat_ein >> anzahl;

// Eine Zufallszahl zwischen 1 und der
// Gesamtzahl der Datensätze ziehen
srand( (unsigned)time( NULL ) );
datensatz = rand() % anzahl + 1;

// Land- und Stadtfeld des ausgewählten
// Datensatzes einlesen
loop = 2 * datensatz;
while(loop >= 2)
{
    dat_ein >> land >> stadt;
    loop -= 2;
}

// Anwender nach der Hauptstadt fragen
cout << "Wie heisst die Hauptstadt von/der "
     << land << "?" << endl;
cin  >> antwort;

// Antwort auswerten
if (antwort == stadt)
{
    cout << endl << "Richtig!" << endl;
}
else
{
    cout << endl << "Falsch!" << endl;
    cout << "Die richtige Antwort ist: " << stadt
         << endl;
}
```

```
    // Datenbankdatei schließen
    dat_ein.close();

    return 0;
}
```

9 Kompilieren Sie das Programm und führen Sie es aus.

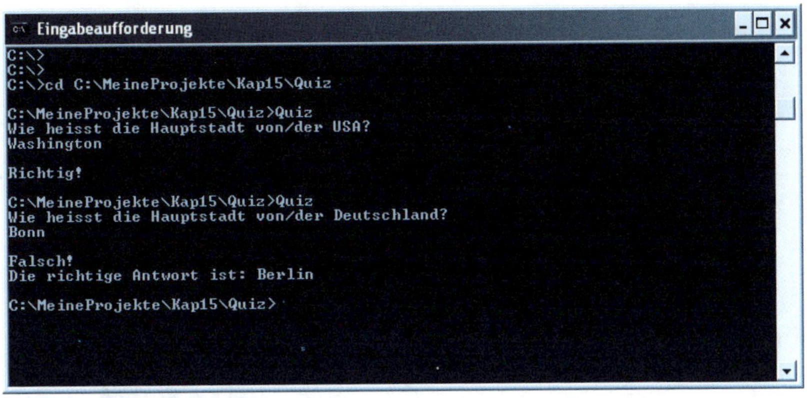

Abbildung 15.5: Das Quiz-Programm

> **Achtung**
>
> Denken Sie daran, dass die Datenbank daten.txt *in dem gleichen Verzeichnis wie die Programmdatei stehen muss.*

Sie können das Programm noch verbessern, indem Sie die Datenbank erweitern (nicht vergessen, die Angabe der Gesamtsumme der Datensätze in der ersten Zeile der Datei anzupassen) oder die Hauptstädte in einer Schleife abfragen (siehe Kapitel 9).

Rätselhafter C++-Leser

Das Buch geht unweigerlich dem Ende entgegen. Ein letztes Kapitel bleibt noch, dass Sie mit einigen letzten wichtigen Techniken vertraut macht und einen (hoffentlich nicht zu frustrierenden) Ausblick auf das gibt, was Ihnen noch alles bevorsteht, bis Sie C++ wirklich beherrschen. Ich möchte Sie aber jetzt schon ermuntern, mir doch eine E-Mail zu schreiben und mir mitzuteilen, wie Sie mit dem Buch und mit C++ zurechtgekommen sind und ob Ihre Erwartungen an das Buch erfüllt wurden.

Kapitel 16

Abschluss und Ausblick

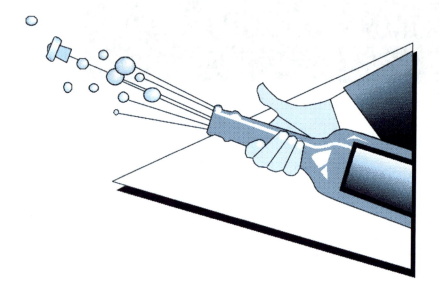

> Zum guten Schluss sehen wir uns noch einige wichtige Techniken rund um die Programmerstellung an. Sie werden lernen, wie man Programme aus mehreren Dateien erstellt, wie man Fehler ausmerzt, die sich erst bei Ausführung der Programme bemerkbar machen, und wie man Programme optimiert. Der letzte Abschnitt enthält Tipps, wie Sie sich weiter in C++ einarbeiten können.

Das können Sie schon:

Variablen und Konstanten	82
Operatoren und Ausdrücke	100
Ein- und Ausgabe	134
Verzweigungen und Schleifen	156, 176
Funktionen	198
Arrays und Strukturen	216, 226
Klassen und OOP	246, 258
Dateien	290

Das lernen Sie neu:

#include und #define	318
Programmcode auf mehrere Quelldateien verteilen	325
Programme debuggen	341
Programme optimieren	356

#include und #define

Die #include-Anweisung, mit der man die Headerdateien einbindet, wird Ihnen mittlerweile sicher wie eine gute alte Bekannte vorkommen. Trotzdem gibt es noch einige Punkte zum Gebrauch der #include-Anweisung nachzutragen.

Die Headerdateien

Wie Sie mittlerweile wissen, beruht C++ auf C. Praktisch die gesamte Funktionalität von C wurde in C++ übernommen – und dazu gehörte auch die Laufzeitbibliothek von C mit den zugehörigen Headerdateien. Diese Headerdateien heißen *math.h*, *stdlib.h*, *stdio.h*, *time.h*, um nur die wichtigsten zu nennen. Sie können diese Headerdateien und die darin enthaltenen Elemente immer noch in Ihren Programmen verwenden.

In der Anfangszeit von C++ verfügte C++ nur über die von C übernommene Laufzeitbibliothek. Die Compiler-Hersteller begannen aber bald damit, Klassenbibliotheken aufzusetzen und diese den Programmierern zusammen mit ihrem Compiler zur Verfügung zu stellen. Das Problem dabei war, dass jeder Compiler-Hersteller seine eigene Klassenbibliothek aufsetzen konnte. Wechselte der Programmierer den Compiler, lief er folglich Gefahr, dass er seine Programme komplett überarbeiten musste, weil der neue Compiler die bislang verwendeten Klassen und Klassenelemente nicht kannte. Selbst wenn die Compiler gleiche Headerdateien für Klassen mit gleichem Aufgabengebiet verwendeten (*iostream.h* für die Ein- und Ausgabeklassen, *string.h* für die String-Klasse, *complex.h* für die komplexen Zahlen), hieß dies noch lange nicht, dass die in diesen Headerdateien deklarierten Klassen und Klassenelemente identisch waren.

Beendet wurde dieser Zustand erst Ende des letzten Jahrtausends, als das internationale ANSI-Standardisierungskomitee für alle Compiler-Hersteller verbindlich definierte, welche Klassen standardmäßig zur C++-Laufzeitbibliothek gehören sollen, wie die Klassen und ihre Elemente zu heißen haben und was ihre Aufgaben sind.

Aber das ANSI-Komitee tat noch mehr:

1. Es definierte einen komplett neuen Satz von Headerdateien, die im Unterschied zu den alten Headerdateien, die noch weiter verwendet werden konnten, ohne Extension eingebunden werden. Das heißt nicht, dass die Dateien auf der Festplatte (im Include-Verzeichnis des Compilers) ohne Extension stehen müssen, es heißt nur, dass man in der

#include-Anweisung keine Extension angibt.

Wenn Sie also

`#include <iostream>`

schreiben, binden Sie die neue standardisierte *iostream*-Headerdatei ein.

Wenn Sie

`#include <iostream.h>`

schreiben, binden Sie vermutlich eine alte nicht standardisierte *iostream*-Headerdatei – falls Ihr Compiler eine solche anbietet.

2. Zu jeder der alten C-Headerdatei gibt es eine neue C++-Headerdatei, die ohne Extension und mit vorangestelltem »c« eingebunden wird und die gleichen Elemente deklariert wie die alte C-Headerdatei.

   So heißt das Pendant zu *math.h* beispielsweise *cmath*, das Pendant zu *stdlib.h* heißt *cstdlib*.

3. Alle Elemente der neuen C++-Headerdateien sind im Namensbereich *std* deklariert.

   Wer die neuen C++-Headerdateien verwendet (was zu empfehlen ist), der muss in seinem Quellcode daher entweder den Bibliothekselementen das Präfix *std::* voranstellen oder er muss dem Compiler mit einer

   `using namespace std;`

   anzeigen, dass er die Elemente aus dem *std*-Namensbereich verwenden möchte.

Headerdatei	Inhalt

`<deque> <list>`
`<map> <set>`
`<queue> <stack>`
`<vector> <iterator>`
`<algorithm>`
	Klassen und Funktionen, die verschiedene komplexe Datenstrukturen (Listen, Hashes etc.) implementieren.

`<iostream>`	Stream-Klassen zur Ein- und Ausgabe über die Konsole, sowie die vordefinierten Objekte:
	`cin`
	`cout`

Tabelle 16.1: Die wichtigsten Headerdateien

Headerdatei	Inhalt

`<fstream>`	Stream-Klassen für den Dateizugriff
	`fstream`
	`ifstream`
	`ofstream`

`<string>`	String-Klasse `string`
`<complex>`	Klasse für komplexe Zahlen `complex`
`<cstdlib>`	Sammlung von allgemein nützlichen C-Funktionen `abs()`, `atof()`, `atoi()`, `bsearch()`, `div()`, `exit()`, `ldiv()`, `qsort()`, `rand()`, `srand()`, `strtod()`, `stroul()`, `system()` etc.
`<cmath>`	Mathematische C-Funktionen `acos()`, `asin()`, `atan()`, `ceil()`, `cos()`, `cosh()`, `exp()`, `fabs()`., `floor()`, `log()`, `pow()`, `sin()`, `sinh()`, `sqrt()`, `tan()`, `tanh()` etc.
`<cstdio>`	C-Funktionen für die Ein- und Ausgabe (Konsole und Dateien) `fclose()`, `fflush()`, `fgetc()`, `fgetpos()`, `fgets()`, `fopen()`, `fprintf()`, `fputc()`, `fputs()`, `fread()`, `fscanf()`, `fseek()`, `fwrite()`, `getc()`, `getchar()`, `gets()`, `printf()`, `putc()`, `putchar()`, `puts()`, `remove()`, `rename()`, `scanf()`, `sprintf()`, `sscanf()`, `tmpfile` etc.
`<cstring>`	C-Funktionen für die Arbeit mit C-Strings `memchr()`, `memcpy()`, `memmove()`, `memset()`, `strcat()`, `strchr()`, `strcmp()`, `strcpy()`, `strlen()`, `strncmp()`, `strncpy()`, `strrchr()`, `strstr()`, `strtok()` etc.
`<ctime>`	C-Funktionen für die Programmierung mit Zeitangaben (Abfrage des aktuellen Datums, der aktuellen Uhrzeit, etc.) `asctime()`, `clock()`, `ctime()`, `difftime()`, `gmtime()`, `localtime()`, `strftime()`, `time()` etc.

Tabelle 16.1: Die wichtigsten Headerdateien (Forts.)

> **Hinweis**
>
> *Ausführlichere Informationen zu den Headerdateien und den Elementen der Laufzeitbibliothek finden Sie in der Regel in der Dokumentation zu Ihrem Compiler bzw. in der entsprechenden Fachliteratur (C++-Referenzen).*

Verwendung von #include

`#include` ist keine Anweisung, sondern eine Direktive. Direktiven beginnen mit dem #-Zeichen und sind Befehle an den Compiler, die dieser direkt ausführt (während Anweisungen vom Compiler in Maschinencode umgewandelt werden).

Die `#include`-Direktive teilt dem Compiler mit, dass er die in der Direktive angegebene Datei öffnen und ihren Inhalt anstelle der Direktive in den Quelltext kopieren soll.

Wenn Sie also

`#include <iostream>`

schreiben, sucht der Compiler nach der `iostream`-Headerdatei, öffnet diese und ersetzt in der Quelldatei die `#include`-Direktive durch den Inhalt der Headerdatei. Das Einbinden der Headerdateien mittels `#include` ist also kein nebulöser Mechanismus, sondern eine ganz einfache Kopieraktion.

Da stellt sich die Frage, ob man nicht auch eigene Dateien, vielleicht sogar Quellcodefragmente mittels `#include` in eine Quelldatei kopieren könnte?

Nun, man kann! Zwei Dinge sind dabei jedoch zu beachten.

- Wenn Sie die einzukopierende Datei in spitzen Klammern angeben, erwartet der Compiler, dass die angegebene Datei in einem seiner Include-Verzeichnisse zu finden ist. Wenn Sie Dateien einkopieren wollen, die im gleichen Verzeichnis wie die Quelldatei stehen, müssen Sie statt der spitzen Klammern doppelte Anführungszeichen verwenden.

  `#include "meineDatei.h"`

- Es ist ganz schlechter Stil, den `#include`-Mechanismus zum Einbinden von Quellcode-Anweisungen zu verwenden. Nutzen Sie `#include` nur zum Einbinden von Headerdateien am Anfang der Quelldatei.

Was aber genau ist in diesem Sinne eine Headerdatei?

> **Was ist das?**
>
> *Als Headerdateien bezeichnet man Dateien, die keine auszuführenden Anweisungen, sondern nur Deklarationen und Typdefinitionen enthalten.*

Verwendung von #define

In Kapitel 5, Abschnitt »Variablen und Konstanten« habe ich Sie bereits darauf hingewiesen, dass es neben den Literalen auch noch eine weitere Form der Konstanten gibt: die symbolischen Konstanten. Dabei handelt es sich um Konstanten, die mit Hilfe der #define-Direktive mit einem Namen verbunden werden.

```
#define ARRAY_GROESSE    128
#define M_PI             3.14159265358979323846
```

> **Achtung**
>
> *Geben Sie zuerst den Namen für die Konstante und dann den Wert der Konstante an. Weisen Sie den Wert nicht mit dem Zuweisungsoperator zu, es handelt sich hier ja nicht um eine Variablendefinition, sondern eher um ein Alias, das definiert wird. Schließen Sie die Direktive nicht mit einem Semikolon ab!*

Die symbolischen Konstanten haben zwei Vorteile:

- man kann die Konstanten mit aussagekräftigen Namen verbinden und
- man muss nur die #define-Anweisung anpassen, wenn man die Konstante im gesamten Quelltext mit einem anderen Wert verbinden will.

Letzteren Punkt schauen wir uns am besten an einem Beispiel an. Stellen Sie sich vor, Sie hätten ein umfangreiches Mathematik-Programm geschrieben, das viel mit der magischen Konstante arbeitet, die Sie – verteilt über das ganze Programm – meist als 3.14, manchmal auch als 3.1416 angeben haben.

Sie werden es mir nachsehen, wenn ich Ihnen an dieser Stelle kein entsprechendes 1000-zeiliges Mathematik-Programm vorstelle, sondern versuche, das 1000-zeilige Programm auf einer Seite zu simulieren.

```
// Pi.cpp - 1. Version
#include <iostream>
```

```cpp
using namespace std;

int main()
{
  double r;

  cout << "Geben Sie einen Radius ein: ";
  cin >> r;
  cout << endl;

  cout << fixed;              // cout.setf(ios::fixed)
                              // für ältere Compiler
  cout.precision(7);
  cout << "Umfang des zugehoerigen Kreises      : ";
  cout << 2 * r * 3.14 << endl;
  cout << endl;

  cout << "Flaeche des zugehoerigen Kreises     : ";
  cout << r * r * 3.1416 << endl;
  cout << endl;

  cout << "Oberflaeche der zugehoerigen Kugel   : ";
  cout << 4 * r * r * 3.14 << endl;
  cout << endl;

  cout << "Volumen der zugehoerigen Kugel       : ";
  cout << 4.0/3.0 * r * r * r * 3.14 << endl;
  cout << endl;

  return 0;
}
```

Nun ist das Programm fertig, Sie führen es aus ...

... und stellen fest, dass die Berechnungen mit den von Ihnen verwendeten Näherungen für π zu ungenau sind. Also müssen Sie den gesamten Code, alle 1000 Zeilen, nach den π-Konstanten durchsuchen, um diese durch eine exaktere Näherung zu ersetzen. Das kann viel Arbeit verursachen und danach können Sie nicht einmal sicher sein, ob Sie nicht die eine oder andere π-Konstante vergessen oder gar eine Zahlenkonstante 3.14 ersetzt haben, die gar nicht für π gestanden hat.

Schauen Sie sich nun die zweite Version des Pi-Programms an.

```cpp
// Pi.cpp - 2. Version
#include <iostream>
using namespace std;
```

```
#define PI 3.14159

int main()
{
  double r;

  cout << "Geben Sie einen Radius ein: ";
  cin  >> r;
  cout << endl;

  cout << fixed;         // cout.setf(ios::fixed)
                         // für ältere Compiler
  cout.precision(7);
  cout << "Umfang des zugehoerigen Kreises    : ";
  cout << 2 * r * PI << endl;
  cout << endl;

  cout << "Flaeche des zugehoerigen Kreises   : ";
  cout << r * r * PI << endl;
  cout << endl;

  cout << "Oberflaeche der zugehoerigen Kugel : ";
  cout << 4 * r * r * PI << endl;
  cout << endl;

  cout << "Volumen der zugehoerigen Kugel     : ";
  cout << 4.0/3.0 * r * r * r * PI << endl;
  cout << endl;

  return 0;
}
```

Hier wird für den Näherungswert von eine symbolische Konstante PI definiert, die dann konsequent im Programm verwendet wird. Stellt sich jetzt heraus, dass die Berechnungen mit PI gleich 3.14159 zu ungenau sind, müssen wir nur zur #define-Direktive zu gehen und einen genaueren Wert angeben:

```
#define PI 3.1415926535897323846
```

Das war's.

Programmcode auf mehrere Quelldateien verteilen

Bisher haben wir den Quellcode unserer Programme immer in eine einzige Datei geschrieben. Dagegen ist grundsätzlich nichts zu sagen, man hat aber mit zunehmendem Umfang der Programme damit zu kämpfen, dass der Quelltext immer unübersichtlicher wird. Dem kann man entgegenwirken, indem man den Quelltext auf mehrere Dateien verteilt. Dazu muss man wissen:

- wie man Quelltext sinnvoll auf mehrere Dateien aufteilt,
- wie man Programme aus mehreren Quelltextdateien kompiliert,
- was man tun muss, um Elemente aus einer Quelltextdatei in einer anderen Quelltextdatei verwenden zu können.

Quelltext verteilen

Zuerst möchte ich klären, wie man Quellcode nicht verteilen kann. Es ist nicht möglich, den Code der `main()`-Funktion auf mehrere Quelltextdateien zu verteilen. Man kann nur komplette Funktionen oder Klassen in eigene Dateien auslagern.

Was macht man also, wenn die `main()`-Funktion zu umfangreich geworden ist? Richtig, man überlegt, ob man Teilaufgaben, die in der `main()`-Funktion gelöst werden, nicht in Funktionen auslagern kann, die man dann wieder auf weitere Quelltextdateien verteilen kann.

Denkt und programmiert man objektorientiert, organisiert man den Code, indem man Klassen definiert und diese in eigene Quelltextdateien auslagert – wobei man meist gut damit fährt, wenn man für jede Klasse eine eigene Datei anlegt. Wie dies geht, wollen wir uns gleich an einem Beispiel anschauen. Wir greifen dazu auf das Beispielprogramm *Klassen2* aus Kapitel 14 zurück, das zwei Vektoren addiert und dazu eine eigene Klasse `vektor` definierte.

> **Hinweis**
>
> *Sie können die folgenden Schritte genauso gut mit dem abschließenden Vektor-Programm aus Kapitel 14 nachvollziehen, dessen Quelltext Sie auf der Buch-CD im Unterverzeichnis* Kap14/Vektoren *finden.*

325

1 Legen Sie ein neues Projekt namens *Klassen3* an. Nennen Sie die Quelldatei des Projekts *main.cpp* und kopieren Sie den Quelltext aus dem Klassen2-Programm von Kapitel 14 in die Datei.

```
// Klassen3 - Vektor-Programm
// main.cpp
#include <iostream>
using namespace std;

class vektor
{
 private:
    double x;
    double y;

 public:
    vektor();
    vektor(double x_wert, double y_wert);

    void set_x(double x_wert);
    void set_y(double y_wert);
    double get_x();
    double get_y();
    void addieren(vektor v2);
    void ausgeben();
};


// Konstruktor
vektor::vektor()
{
   x = 0;
   y = 0;
}
vektor::vektor(double x_wert, double y_wert)
{
   x = x_wert;
   y = y_wert;
}


// Methoden
void vektor::set_x(double x_wert)
{
   x = x_wert;
}
void vektor::set_y(double y_wert)
{
   y = y_wert;
```

```cpp
}

double vektor::get_x()
{
   return x;
}
double vektor::get_y()
{
   return y;
}

void vektor::addieren(vektor v2)
{
   x += v2.x;
   y += v2.y;
}

void vektor::ausgeben()
{
   cout << "(" << x << "," << y << ")";
}


int main()
{
   vektor vekt1(1,2);
   vektor vekt2(10,20);

   // Vektor ausgeben
   cout << "Vektor 1: ";
   vekt1.ausgeben();
   cout << endl;
   cout << "Vektor 2: ";
   vekt2.ausgeben();
   cout << endl << endl;

   // 2. Vektor addieren
   vekt1.addieren(vekt2);

   // Vektor nach Addition
   cout << "Vektor1 nach Addition : ";
   vekt1.ausgeben();
   cout << endl;

   return 0;
}
```

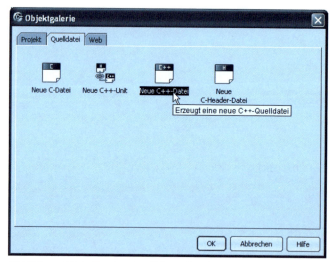

Abbildung 16.1: Zweite Quelldatei für das Projekt anlegen

2 Legen Sie eine neue Quelltextdatei namens *vektor.cpp* an.

Im C++BuilderX rufen Sie dazu einfach nochmals den Befehl *Datei/Neu* auf, wechseln zur Seite *Quelldatei* und wählen dort das Symbol *Neue C++-Datei* aus. Klicken Sie im Projektfenster auf die neue Datei (Knoten *FileX.cpp*) und rufen Sie im aufklappenden Kontextmenu den Befehl *Umbenennen von ...* auf. Geben Sie als neuen Dateinamen *vektor.cpp* ein. (Das Verzeichnis behalten Sie bei.)

Wenn Sie mit dem reinen C++BuilderX-Compiler arbeiten, legen Sie die Quelldatei einfach mit Notepad oder einem anderen Texteditor an (siehe Kapitel 3).

Wenn Sie mit dem g++-Compiler arbeiten, legen Sie die Datei mit dem vi oder einem anderen Texteditor an (siehe Kapitel 3).

3 Kopieren Sie die `vektor`-Klassendefinition mitsamt den nachfolgenden Methodendefinitionen aus der Datei *main.cpp* in die Datei *vektor.cpp*. Löschen Sie nach dem erfolgreichen Kopieren die Klassendefinition aus *main.cpp*.

Der Quelltext der Datei *main.cpp* sieht jetzt wie folgt aus:

```
// Klassen3 - Vektor-Programm
// main.cpp
#include <iostream>
using namespace std;

int main()
```

Programmcode auf mehrere Quelldateien verteilen

```
{
  vektor vekt1(1,2);
  vektor vekt2(10,20);

  // Vektor ausgeben
  cout << "Vektor 1: ";
  vekt1.ausgeben();
  cout << endl;
  cout << "Vektor 2: ";
  vekt2.ausgeben();
  cout << endl << endl;

  // 2. Vektor addieren
  vekt1.addieren(vekt2);

  // Vektor nach Addition
  cout << "Vektor1 nach Addition : ";
  vekt1.ausgeben();
  cout << endl;

  return 0;
}
```

Die Datei *vektor.cpp* enthält die Klasse `vektor`:

```
// Klassen3 - Vektor-Klasse
// vektor.cpp
class vektor
{
 private:
    double x;
    double y;

 public:
    vektor();
    vektor(double x_wert, double y_wert);

    void set_x(double x_wert);
    void set_y(double y_wert);
    double get_x();
    double get_y();
    void addieren(vektor v2);
    void ausgeben();
};


// Konstruktor
vektor::vektor()
{
```

```
   x = 0;
   y = 0;
}

...

void vektor::ausgeben()
{
   cout << "(" << x << "," << y << ")";
}
```

4 Binden Sie die erforderlichen Headerdateien in *vektor.cpp* ein.

Für alle Bibliothekselemente, die wir in der Definition der Klasse oder ihrer Methoden verwenden, müssen wir die zugehörigen Headerdateien aufnehmen. Das einzige Bibliothekselement, das wir in der Klasse vektor verwenden, ist das Stream-Objekt cout. Wir binden daher die Headerdatei <iostream> ein.

```
// Klassen3 - Vektor-Klasse
// vektor.cpp
#include <iostream>
using namespace std;

class vektor
{
 private:
   double x;
   double y;
 ...
```

Programme aus mehreren Dateien kompilieren und erstellen

Jetzt wollen wir versuchen, das Programm aus den beiden Quelltextdateien zu kompilieren und zu erstellen. Die einzige Schwierigkeit dabei ist, dass man dem Compiler mitteilen muss, dass das Programm aus zwei Quelldateien besteht und beide übersetzt und zu einem Programm verbunden werden sollen.

Wenn Sie mit dem reinen C++BuilderX-Compiler oder unter Linux mit dem g++-Compiler arbeiten, müssen Sie dem Compiler beim Aufruf angeben, welche Quelldateien er kompilieren soll. Führen Sie die Quelldateien einfach hintereinander auf.

C++BuilderX-Compiler:

```
PROMPT> bcc32 quelldatei1.cpp quelldatei2.cpp
```

GNU-Compiler:

```
PROMPT> g++ quelldatei1.cpp quelldatei2.cpp -o meinprogramm
```

Falls Sie mit der C++BuilderX-Entwicklungsumgebung arbeiten und den Anweisungen aus dem vorangegangenen Abschnitt gefolgt sind, wurden alle nötigen Vorkehrungen bereits von der integrierten Entwicklungsumgebung des C++BuilderX getroffen.

> **Hinweis**
>
> Wenn Sie eine bereits bestehende Quelldatei in ein C++BuilderX-Projekt aufnehmen wollen, kopieren Sie die Quelldatei zuerst auf der Festplatte in das Projektverzeichnis. Zurück im C++BuilderX klicken Sie im Projektfenster mit der rechten Maustaste auf den Knoten der Projektdatei (Extension .cbx), rufen den Befehl Dateien hinzufügen auf und wählen die neue Datei aus.

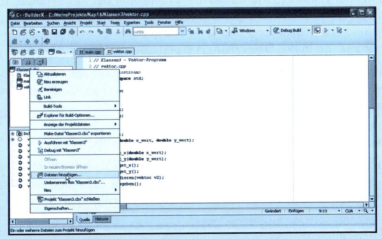

Abbildung 16.2: Bestehende Datei dem Projekt hinzufügen

Der C++BuilderX kompiliert automatisch alle Quelltextdateien, die Teil des Projekts sind, und erzeugt aus ihnen das Programm.

Entscheidend für die Zugehörigkeit zu einem Projekt, ist nicht der Speicherort, obwohl es übersichtlicher ist, alle Dateien des Projekts unter dem Projektverzeichnis abzuspeichern, sondern die Auflistung im Projektfenster.

> **Tipp**
>
> Wenn Sie im Editor des C++BuilderX mehrere Quelltextdateien eines Projekts gleichzeitig bearbeiten und zwischen den Dateien hin und her wechseln wollen, können Sie dazu die Register am oberen Rand des Editorfensters verwenden oder einfach im Fenster der Projektverwaltung auf die Knoten der Quelldateien doppelklicken.

5 Kompilieren Sie das Programm.

Wenn Sie das Projekt auf dem aktuellen Stand kompilieren, ernten Sie eine Reihe von Fehlermeldungen, die alle darauf zurückzuführen sind, dass wir in der Quelldatei *main.cpp* mit einer Klasse vektor arbeiten, die dem Compiler gar nicht bekannt ist.

Der Compiler übersetzt nämlich jede Quelltextdatei für sich. Lediglich die Inhalte der eingebundenen Headerdateien werden berücksichtigt.[14] Wenn der Compiler die Datei *main.cpp* kompiliert, weiß er daher nichts von dem Inhalt der Datei *vektor.cpp*. (Dies hat auch nichts mit der Reihenfolge zu tun, in der die Quelldateien kompiliert werden. Würde zuerst die Datei *vektor.cpp* und dann *main.cpp* übersetzt, könnte der Compiler mit dem Bezeichner vektor in der Datei *main.cpp* genauso wenig anfangen.)

Was wir tun müssen, ist, die in der Datei *vektor.cpp* definierte Klasse vektor in der Datei *main.cpp* bekannt zu machen – ganz so wie wir es mit den Elementen der Laufzeitbibliothek machen.

Headerdateien zu Quelldateien anlegen

Die einfachste Methode, die Klasse vektor aus der Quelldatei *vektor.cpp* in der Quelldatei *main.cpp* bekannt zu machen, wäre sicherlich die gesamte Datei *vektor.cpp* mit einer #include-Direktive einzubinden:

```
// Klassen3 - Vektor-Programm
// main.cpp
#include <iostream>
#include "vektor.cpp"        // so nicht !!!
using namespace std;
```

---

14 Die Quelldatei mit ihren eingebundenen Headerdateien bezeichnet man daher auch als Übersetzungseinheit.

```
int main()
{
 ...
```

Doch Vorsicht! Die Datei *vektor.cpp* enthält neben der Definition der Klasse `vektor` ja auch die Methodendefinitionen der Klasse. Methodendefinitionen, die außerhalb der Klasse stehen, sollten aber ebenso wie Definitionen normaler Funktionen (oder auch Variablendefinitionen) nicht über `#include` eingebunden werden.

Warum nicht?

Typdefinitionen (hierzu gehören auch Klassendefinitionen), Methoden- und Funktionsdeklarationen (Angabe der Methoden-/Funktionssignatur ohne nachfolgenden Anweisungsblock) oder auch reine Variablendeklarationen (Variablendeklarationen, denen das Schlüsselwort `extern` vorangestellt ist) sind lediglich Informationsquellen für den Compiler, die ihm bei der Übersetzung des Programms helfen.

Trifft der Compiler dagegen auf Methoden-/Funktions- oder Variablendefinitionen (jede Variablendeklaration ohne das Schlüsselwort `extern` ist eine Variablendefinition), erzeugt er eine entsprechende Methode, Funktion oder Variable im Speicher. Aus diesem Grunde darf jedes Element (Methode, Funktion oder Variable) nur einmal im ganzen Programm definiert werden – sonst würde es im Programm ja zwei Elemente gleichen Namens geben.

Stellen Sie sich nun vor, Sie schreiben an einem Programm, dass aus zehn Quelldateien besteht: *vektor.cpp* und neun weiteren Quelldateien, in denen Sie Objekte der Klasse `vektor` erzeugen wollen. Folglich binden Sie in den neun Quelldateien die Datei *vektor.cpp* mit Hilfe einer `#include`-Direktive ein. Danach ist die Klasse `vektor` zwar in allen Quelldateien bekannt, Sie erzeugen aber auch in allen Quelldateien den gleichen Satz an Methoden für die Klasse `vektor`. Insgesamt gäbe es dann im fertigen Programm die Methoden `vektor::addieren()`, `vektor::ausgeben()` etc. zehn Mal. Da nutzt es Ihnen auch nichts, dass alle zehn Vorkommen einer Methode identisch sind – der Linker wird sich beschweren und die Erstellung der Programmdatei verweigern.

Wir müssen also einen Weg finden, wie wir die Klasse und ihre Methoden in beliebigen Quelltextdateien bekannt machen können, die Methoden aber nur einmal definiert werden.

Die Lösung zu diesem Problem liegt in der Auslagerung der Klassendefinition in eine eigene Datei – eine Headerdatei.

6 Öffnen Sie die Datei *vektor.cpp*.

```cpp
// Klassen3 - Vektor-Klasse
// vektor.cpp
#include <iostream>
using namespace std;

class vektor
{
 private:
    double x;
    double y;

 public:
    vektor();
    vektor(double x_wert, double y_wert);

    void set_x(double x_wert);
    void set_y(double y_wert);
    double get_x();
    double get_y();
    void addieren(vektor v2);
    void ausgeben();
};

// Konstruktor
vektor::vektor()
{
   x = 0;
   y = 0;
}

...

void vektor::ausgeben()
{
   cout << "(" << x << "," << y << ")";
}
```

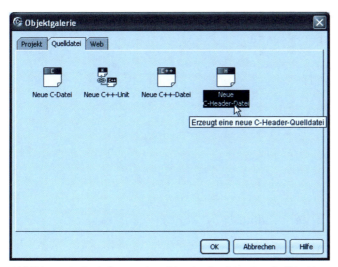

Abbildung 16.3: Anlegen einer Headerdatei im C++BuilderX

7 Legen Sie eine neue Headerdatei namens *vektor.h* an.

Im C++BuilderX rufen Sie dazu den Befehl *Datei/Neu* auf, wechseln zur Seite *Quelldatei* und wählen dort das Symbol *Neue C-Header-Datei* aus. Klicken Sie im Projektfenster auf die neue Datei (Knoten *FileX.h*) und rufen Sie im aufklappenden Kontextmenu den Befehl *Umbenennen von ...* auf. Geben Sie als neuen Dateinamen *vektor.h* ein. (Das Verzeichnis behalten Sie bei.)

Wenn Sie mit dem reinen C++BuilderX-Compiler arbeiten, legen Sie die Headerdatei einfach mit Notepad oder einem anderen Texteditor an (siehe Kapitel 3).

Wenn Sie mit dem g++-Compiler arbeiten, legen Sie die Headerdatei mit dem vi oder einem anderen Texteditor an (siehe Kapitel 3).

8 Kopieren Sie die `vektor`-Klassendefinition ohne die nachfolgenden Methodendefinitionen, aber mit der Einbindung der Headerdateien aus der Datei *vektor.cpp* in die Datei *vektor.h*. Löschen Sie nach dem erfolgreichen Kopieren die Klassendefinition aus *vektor.cpp*.

Die Headerdatei *vektor.h* sieht danach wie folgt aus:

```
// Klassen3 - Vektor-Klasse
// vektor.h
#include <iostream>
using namespace std;

class vektor
{
 private:
    double x;
    double y;

 public:
    vektor();
    vektor(double x_wert, double y_wert);

    void set_x(double x_wert);
    void set_y(double y_wert);
    double get_x();
    double get_y();
    void addieren(vektor v2);
    void ausgeben();
};
```

In der Datei *vektor.cpp* steht der folgende Code:

```
// Klassen3 - Vektor-Klasse
// vektor.cpp
// Konstruktor
vektor::vektor()
{
   x = 0;
   y = 0;
}
vektor::vektor(double x_wert, double y_wert)
{
   x = x_wert;
   y = y_wert;
}

// Methoden
void vektor::set_x(double x_wert)
{
   x = x_wert;
}
void vektor::set_y(double y_wert)
{
   y = y_wert;
}
```

Programmcode auf mehrere Quelldateien verteilen

```
double vektor::get_x()
{
  return x;
}
double vektor::get_y()
{
  return y;
}

void vektor::addieren(vektor v2)
{
  x += v2.x;
  y += v2.y;
}

void vektor::ausgeben()
{
  cout << "(" << x << "," << y << ")";
}
```

In der Headerdatei *vektor.h* steht jetzt die reine Klassendefinition. Diese können wir ohne Probleme mit Hilfe von #include in jede andere Quelldatei einbinden, in der wir mit der Klasse vektor arbeiten. Welche Quelldateien wären das? In unserem Programm natürlich die Quelldatei *vektor.cpp*, in der die Methoden der Klasse definiert werden, und die Quelldatei *main.cpp*, in der Instanzen der Klasse vektor erzeugt werden.

9 Binden Sie die Headerdatei *vektor.h* in alle Quelldateien ein, in denen mit den Elementen der Klasse vektor programmiert wird.

Der Anfang der Datei *vektor.cpp* sieht danach wie folgt aus:

```
// Klassen3 - Vektor-Klasse
// vektor.cpp
#include "vektor.h"

// Konstruktor
vektor::vektor()
{
  x = 0;
  y = 0;
}
...
```

Der Anfang der Datei *main.cpp*:

```
// Klassen3 - Vektor-Programm
// main.cpp
```

```
#include <iostream>
#include "vektor.h"
using namespace std;

int main()
{
   vektor vekt1(1,2);
   vektor vekt2(10,20);
...
```

> **Achtung**
>
> Vergessen Sie nicht, dass selbstdefinierte Headerdateien, die im Verzeichnis des Programms stehen, in Anführungszeichen statt in spitze Klammern gesetzt werden.

10 Kompilieren Sie das Programm und führen Sie es aus.

Abbildung 16.4: Ausführung des fertigen Programms

Mehrfacheinbindung von Headerdateien verhindern

Bei der Verwendung von Headerdateien kann es schnell dazu kommen, dass eine Headerdatei in einer Übersetzungseinheit (CPP-Quellcodedatei mit Headerdateien) mehrfach aufgerufen wird. Grund dafür ist meist, dass Headerdateien selbst wieder andere Headerdateien aufrufen

Verwendet beispielsweise eine Quellcodedatei zwei Headerdateien A1 und A2, die selbst beide wiederum die Headerdatei B aufrufen, wird B in der Übersetzungseinheit für die Implementierungsdatei ungewollt zweifach aufgerufen.

Programmcode auf mehrere Quelldateien verteilen

Um Mehrfachaufrufe von Headerdateien zu unterbinden, bedient man sich der bedingten Kompilierung und der Definition von Compiler-Schaltern. Die Direktive

```
#define MeinSchalter
```

definiert einen solchen Compiler-Schalter. Es handelt sich hier nicht um eine symbolische Konstante (sonst hätten wir ja noch einen Wert für die Konstante angegeben). Ein solcher Compiler-Schalter ist entweder definiert oder er ist eben nicht definiert.

Mit Hilfe der Compiler-Direktiven `#ifndef` und `#endif` kann man festlegen, dass der zwischen den Direktiven stehende Code nur dann vom Compiler übersetzt werden soll, wenn ein bestimmter Compiler-Schalter nicht definiert ist.

```
#define schalt1

#ifndef schalt1
   void funktion1();
#endif

#ifndef schalt2
   void funktion2();
#endif
```

Trifft der Compiler auf obigen Code, wird er nur die Deklaration der Funktion `funktion2()` übersetzen, die Deklaration von `funktion1()` ignoriert er, weil der Compiler-Schalter `schalt1` ja definiert ist.

Dieses Prinzip kann man dazu nutzen, die Mehrfacheinbindung von Headerdateien zu unterbinden.

11 Man denkt sich für die Headerdatei einen eindeutigen Schalternamen aus (meist baut man den Namen der Headerdatei in den Schalternamen ein).

```
_VektorH_
```

12 Man setzt die `#ifndef`- und `#endif`-Direktiven auf.

```
#ifndef _VektorH_

#endif
```

13 Man definiert zwischen `#ifndef`- und `#endif` den Compiler-Schalter.

```
#ifndef _VektorH_
  #define _VektorH_

#endif
```

14 Man schreibt den Inhalt der Headerdatei zwischen #ifndef- und #endif.

```
// Klassen3 - Vektor-Klasse
// vektor.h
#ifndef _VektorH_
  #define _VektorH_

  #include <iostream>
  using namespace std;

  class vektor
  {
   private:
     double x;
     double y;

   public:
     vektor();
     vektor(double x_wert, double y_wert);

     void set_x(double x_wert);
     void set_y(double y_wert);
     double get_x();
     double get_y();
     void addieren(vektor v2);
     void ausgeben();
  };

#endif
```

In der Headerdatei wird geprüft, ob der Schalter definiert ist. Ist dies nicht der Fall, wird der Schalter jetzt definiert und daraufhin der Inhalt der Headerdatei aufgeführt. Bei weiteren Aufrufen der Headerdateien ist der Schalter definiert und die Deklarationen der Headerdatei werden übersprungen.

Wenn Sie sich von der korrekten Arbeitsweise der Direktiven überzeugen wollen, binden Sie die Headerdatei *vektor.h* zum Testen einfach zweimal in *main.cpp* ein:

```
// Klassen3 - Vektor-Programm
// main.cpp
#include <iostream>
#include "vektor.h"
#include "vektor.h"
using namespace std;

int main()
{
  ...
```

> **Hinweis**
>
> *Auch die Headerdateien der Laufzeitbibliothek verwenden diesen Trick. Schauen Sie sich den entsprechenden Code einmal an.*

Programme debuggen

Nur in den seltensten Fällen ist die Arbeit des Programmierers mit dem erfolgreichen Kompilieren und Linken der Anwendung abgeschlossen. Danach beginnt das Austesten des Programms, verbunden mit dem Ausmerzen auftretender Fehler (Bugs).

> **Hinweis**
>
> *Der Begriff »Bug« (englisch für Wanze, Insekt) wurde übrigens an der Harvard University geprägt, wo eine in die Schaltungen eingedrungene Motte den Computer lahm legte.*

Grundlagen

Wenn der Quellcode Ihres Programms vom Compiler ohne Fehlermeldung übersetzt und eine ausführbare Programmdatei erzeugt wird, wissen Sie, dass der Quellcode syntaktisch korrekt ist. Das bedeutet aber noch nicht, dass das Programm auch das macht, wofür es aufgesetzt wurde.

- Schnell hat man in einer Formel ein Minuszeichen eingebaut, wo eigentlich ein Pluszeichen hingehört hätte oder
- man greift auf das 21. Element eines Arrays zu, das nur für 20 Elemente ausgelegt wurde oder
- der Anwender gibt eine negative Zahl ein, wenn das Programm eine positive Zahl erwartet (und das Programm unterlässt es, die Eingabe auf Korrektheit zu prüfen, siehe Beispiel zur Berechnung der Wurzel aus Kapitel 8).

Fehler dieser Art in größeren Programmen aufzuspüren, kann sehr schwierig sein. Daher gibt es spezielle Programme, die einem bei der Fehlersuche helfen. Diese Programme bezeichnet man als Debugger.

> **Was ist das?**
>
> *Ein Debugger ist ein Programm, das ein anderes Programm schrittweise ausführen kann. Sofern in dem zu prüfenden Programm spezielle Debug-Informationen vorhanden sind (im Programm verwendete Bezeichner, Zeilennummern, etc.), kann der Debugger während der Ausführung des Programms anzeigen, welche Quelltextzeile gerade ausgeführt wird und welche aktuellen Werte in den Variablen des Programms gespeichert sind.*

In der Praxis sieht eine Sitzung mit einem Debugger so aus, dass man ständig die folgenden drei Schritte wiederholt:

1. Man lässt das Programm im Debugger ein Stück ausführen.
2. Man hält das Programm an einer Stelle an, die einem verdächtig vorkommt und in der man einen Fehler vermutet.
3. Man prüft den Inhalt der Variablen, um einen Hinweis darauf zu erhalten, wo etwas schief geht.

Wie dies in der Praxis aussehen kann, wollen wir uns an einem konkreten Beispiel anschauen. Betrachten Sie den folgenden Quelltext:

```
// Zeichen.cpp
#include <iostream>
#include <fstream>
#include <string>
using namespace std;

int main()
{
   ifstream dat_ein;

   char zeichen, c;
   string dateiname;
   long zaehler = 0;

   cout << "Welche Datei soll ausgewertet werden: ";
   cin >> dateiname;
   cout << endl;

   cout << "Welches Zeichen soll gezaehlt werden: ";
   cin >> zeichen;
   cout << endl;

   // Eingabedatei öffnen
```

```
// (für ältere Compiler und g++ ios::in verwenden)
dat_ein.open(dateiname.c_str(), ios_base::in);
if(!dat_ein)
{
  cout << "Datei konnte nicht geoeffnet werden!";
  cout << endl;
  return -1;
}

// Vorkommen des Zeichens zählen
while (!dat_ein.eof())
{
  dat_ein.get(c);
  if (c = zeichen)
    ++zaehler;
}

dat_ein.close();

cout << "Das Zeichen " << zeichen
     << " kam in der Datei " << zaehler
     << " Mal vor." << endl;

return 0;
}
```

Mit Hilfe dieses Programms kann man festlegen, wie oft ein gegebenes Zeichen im Inhalt einer Textdatei vorkommt. Jedenfalls wurde das Programm zu diesem Zweck aufgesetzt. Wenn man es aber aufruft, um nachzählen zu lassen, wie oft in der Datei *testdatei.txt* der Buchstabe d vorkommt, erhält man als Antwort, dass der Buchstabe d in der Datei insgesamt 166 Mal vorkommt (siehe Abbildung).

Abbildung 16.5: Ausgabe des Zeichen-Programms

Das allein wäre noch nicht verdächtig. Doch was soll man von diesem Wert halten, wenn man weiß, dass in *testdatei.txt* nur der folgende Text steht:

Der Begriff "Bug" (englisch für "Wanze", "Insekt") wurde

an der Harvard University geprägt, wo eine in die Schaltungen

eingedrungene Motte den Computer lahm legte.

Es ist offensichtlich, dass hier im Programm etwas schief läuft. Mit Hilfe des C++BuilderX-Debuggers wollen wir den Fehler aufspüren.

Der C++BuilderX-Debugger

1 Legen Sie ein neues Projekt namens *Zeichen* an und tippen Sie den Quelltext aus dem Zeichen-Listing ein (bzw. kopieren Sie den Quelltext von der Buch-CD).

2 Legen Sie auch eine kleine Textdatei zum Austesten des Programms an und speichern Sie diese im Verzeichnis des Programms.

3 Kompilieren Sie das Programm und führen Sie es aus, um sich zu versichern, dass Sie beim Abtippen keine Fehler gemacht haben.

4 Kompilieren Sie das Programm erneut, wobei Sie darauf achten, dass der Compiler Debug-Informationen aufnimmt.

Im Grunde müssen Sie in diesem Schritt nichts machen, denn der C++BuilderX konfiguriert neue Projekte automatisch so, dass diese mit Debug-Informationen kompiliert werden. Trotzdem wäre es interessant zu wissen, wo diese Einstellungen festgehalten sind.

Der C++BuilderX kennt eine ganze Reihe von Einstellungen, über die man auf die Kompilation der Projekte Einfluss nehmen kann. Alle diese Einstellungen sind in dem Dialog *Explorer für Build-Optionen* zusammengefasst, den Sie über den gleichnamigen Befehl im Menü *Projekt* aufrufen können.

> **Hinweis**
>
> *Wenn Sie das Dialogfeld öffnen, während Sie ein Projekt geladen haben, werden Ihnen die Projekteinstellungen zu dem aktuellen Projekt angezeigt. Wenn Sie zuvor jedoch alle Projekte schließen, gelten die von Ihnen vorgenommenen Einstellungen für alle zukünftigen Projekte.*

Programme debuggen

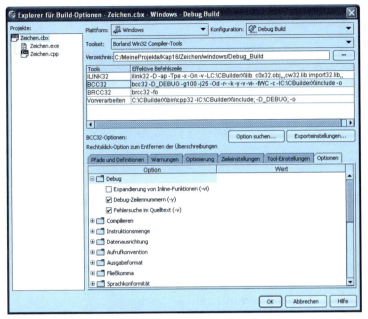

Abbildung 16.6: Das Dialogfeld mit den Projekteinstellungen für Compiler und Linker

Im oberen Teil des Dialogfelds wählen Sie aus, welches Tool Sie konfigurieren möchten. Klicken Sie auf die Zeile *ILINK32*, wenn Sie den Linker, und auf die Zeile *BCC32*, wenn Sie den Compiler konfigurieren möchten. Anschließend werden im unteren Bereich die zugehörigen Optionen, verteilt auf mehrere Registerseiten, angezeigt.

Damit Sie die verschiedenen Optionen nicht ständig einzeln aktivieren oder deaktivieren müssen, erlaubt der C++BuilderX, komplette Sätze von Einstellungen als *Konfigurationen* abzuspeichern. Zwei Konfigurationen sind sogar bereits vordefiniert:

- `Debug-Build`: erzeugt Debug-Informationen, führt keine Optimierungen aus, die das Debuggen behindern könnten
- `Release Build`: keine Debug-Informationen, optimiert Code

Über die Registerseite *Erzeugen* des *Projekteigenschaften*-Dialogs (Aufruf über gleichnamigen Befehl in Menü *Projekt*) können Sie auswählen, mit welcher Konfiguration Sie kompilieren wollen (Schalter *Als aktiv festlegen*).

345

> **Tipp**
>
> *Warum Sie das fertige Programm noch einmal mit den Release-Optionen erstellen sollten? Erstens wird der Code des Programms vom Compiler optimiert, zweitens werden keine Debug-Informationen in die EXE-Datei geschrieben. Vergleichen Sie doch einmal die Größe der EXE-Datei bei Kompilierung mit und ohne Debug-Informationen.*

5 Setzen Sie einen Haltepunkt, an dem der Debugger das Programm anhalten soll.

Woran könnte es liegen, dass am Ende des Zeichen-Programms in der Variablen `zaehler` ein so abstruser Wert steht? Vielleicht lädt das Programm gar nicht die Textdatei, deren Namen der Anwender eingibt, oder das Programm gibt gar nicht den Wert von `zaehler` aus? Beides wäre durchaus möglich, doch ein Blick in den Code überzeugt uns, dass hier kein Fehler vorliegt (zumindest scheint es so). Wahrscheinlicher ist es, dass der Fehler in der `while`-Schleife zu finden ist, die den Wert in `zaehler` hochzählt.

Um den Code der Schleife im Debugger zu kontrollieren, müssen wir dem Debugger mitteilen, dass er die Ausführung des Programms beim Eintritt in die Schleife anhalten soll. Dazu setzen wir einen Haltepunkt.

```
29    cout << endl;
30    return -1;
31  }
32
33  // Vorkommen des Zeichens zählen
34  while (!dat_ein.eof())
35  {
36    dat_ein.get(c);
37    if (c = zeichen)
38      ++zaehler;
39  }
40
41  dat_ein.close();
42
43  cout << "Das Zeichen " << zeichen
44       << " kam in der Datei " << zaehler
45       << " Mal vor." << endl;
46
47  return 0;
48 }
```

Abbildung 16.7: Haltepunkt in Quelltextzeile setzen

Die einfachste Möglichkeit, einen Haltepunkt zu setzen, besteht darin, mit dem Mauszeiger links neben die Quellcodezeile zu klicken, an der das Programm später angehalten werden soll. Ein roter Punkt links von der Programmzeile zeigt an, dass in der Quelltextzeile ein Haltepunkt gesetzt wurde (siehe Abbildung). Kommt der Debugger bei der Ausführung des Programms zu dem Code, der dieser Quelltextzeile entspricht, hält er das Programm an und ermöglicht Ihnen die Begutachtung der Variableninhalte (siehe unten).

> **Hinweis**
>
> *Um einen Haltepunkt wieder zu löschen, klicken Sie ihn einfach an.*

6 Führen Sie das Programm im Debugger aus. Rufen Sie dazu den Befehl *Start/Fehlersuche in Projekt* auf.

> **Tipp**
>
> *Schneller geht es durch Drücken der Tastenkombination* ⇧ + F9 .

Das Programm wird jetzt bis zu dem Haltepunkt ausgeführt. Sie können die zu bearbeitende Datei und das zu zählende Zeichen angeben, dann wird das Programm angehalten. Zurück in der C++BuilderX-IDE sehen Sie in der Spalte links neben der Zeile, vor der das Programm angehalten wurde, einen grünen Pfeil.

```
29      cout << endl;
30      return -1;
31   }
32
33   // Vorkommen des Zeichens zählen
34   while (!dat_ein.eof())
35   {
36      dat_ein.get(c);
37      if (c = zeichen)
38         ++zaehler;
39   }
40
41   dat_ein.close();
```

Abbildung 16.8: Das Programm wurde vom Debugger angehalten.

7 Lassen Sie sich die Inhalte der Sie interessierenden Variablen anzeigen.

Rufen Sie dazu den Befehl *Start/Ausdruck hinzufügen* auf und geben Sie im Feld *Ausdruck* des erscheinenden Dialogfelds den Namen der zu überwachenden Variable ein. Wenn Sie danach auf OK drücken, werden die Variable und ihr Wert im Meldungsfenster, auf der Registerseite *Datenausdrücke* (Brillen-Symbol), angezeigt.

Überwachen Sie auf diese Weise die Werte der Variablen zeichen, c und zaehler, die uns im Moment besonders interessieren.

> **Tipp**
>
> *Schneller geht es mit der Tastenkombination* Strg + F5 *oder den Befehl Ausdruck hinzufügen im Kontextmenü des Meldungsfensters.*

Abbildung 16.9: Variablen zur Überwachung eintragen

> **Hinweis**
>
> *Um eine Variable aus der Überwachung zu streichen, markieren Sie den Eintrag der Variablen und drücken die* Entf *-Taste.*

8 Führen Sie die while-Schleife jetzt Anweisung für Anweisung aus.

Zur schrittweisen Ausführung eines Programms stehen Ihnen unter anderem folgende Befehle im Menü *Start* zur Verfügung.

Debug-Befehl	Tastaturkürzel	Beschreibung
Gesamte Routine	F8	Führt die jeweils nächste Programmzeile Ihrer Quelldatei aus. Funktionsaufrufe werden in einem Schritt ausgeführt.
Einzel- anweisung	F7	Ähnlich wie *Gesamte Routine*. Steht in der auszuführenden Programmzeile ein Funktionsaufruf, springt der Debugger in die erste Codezeile der Funktion.
Ausführung bis Cursorposition	F4	Führt das Programm bis zu der Position im Quellcode aus, an der sich ein Haltepunkt oder die Schreibmarke befindet.

Tabelle 16.2: Befehle zur schrittweisen Ausführung

Debug-Befehl	Tastaturkürzel	Beschreibung
Programm fortsetzen	F9	Führt das Programm bis zum nächsten Haltepunkt oder bis zum Ende aus.

Tabelle 16.2: Befehle zur schrittweisen Ausführung (Forts.)

Führen Sie das Programm jetzt schrittweise aus (Sie können ruhig mehrere Befehle ausprobieren) und beobachten Sie dabei, wie sich der Inhalt der Variablen `zeichen`, `c` und `zaehler` ändert.

Wenn Sie mit F9 von einem Schleifendurchgang zum nächsten springen, können Sie feststellen, dass der Zähler bei jedem Schleifendurchgang inkrementiert wird – so als stünden in der Textdatei nur ds.

Wenn Sie die Anweisungen in der Schleife mit F8 Anweisung für Anweisung ausführen, stellen Sie jedoch schnell fest, dass die Einlesemethode `dat_ein.get()` durchaus verschiedene Zeichen nach `c` einliest – tatsächlich liest sie genau die Zeichen ein, die in der Datei stehen. Bis zur Zeile

```
dat_ein.get(c);
```

scheint also noch alles in Ordnung. Doch dann passiert es! Beim Ausführen der Zeile

```
if (c = zeichen)
```

wechselt der Inhalt von `c` und `c` enthält den Buchstaben d.

Das ist aber auch kein Wunder! Plötzlich fällt es uns wie Schuppen von den Augen. In der `if`-Bedingung verwenden wir statt des Gleichheitsoperators `==` den Zuweisungsoperator `=`. Wir prüfen also gar nicht, ob `c` und `zeichen` den gleichen Inhalt haben, sondern weisen `c` den Inhalt von `zeichen` zu. Da `c` danach einen Wert ungleich 0 hat, ist die Bedingung erfüllt und die Zählvariable `zaehler` wird inkrementiert.

9 Beenden Sie den Debugger durch Aufruf des Menübefehls *Start/Programm zurücksetzen*.

10 Korrigieren Sie den Fehler.

Ändern Sie die Zeile

```
if (c = zeichen)
```

in

```
if (c == zeichen)
```

11 Führen Sie das Programm erneut aus (Befehl *Run/Run*.) und vergewissern Sie sich davon, dass es jetzt korrekt arbeitet.

Abbildung 16.10: Ausgabe des korrigierten Programms

Der gdb-Debugger

Leser, die mit Linux oder UNIX arbeiten, können zum Debuggen Ihrer Programme den gdb-Debugger verwenden, der auf so gut wie allen Systemen installiert ist (oder zumindest von den Betriebssystem-CDs nachinstalliert werden kann).

1 Legen Sie ein neues Verzeichnis namens *Zeichen* an, richten Sie mit ihrem bevorzugten Editor (vi, KEdit, KWrite etc.) eine Textdatei *Zeichen.cpp* ein und tippen Sie den Quelltext des Listings *Zeichen.cpp* aus dem Abschnitt »Grundlagen« ab (bzw. kopieren Sie den Quelltext von der Buch-CD).

> **Achtung**
>
> *Falls Ihr g++-Compiler die Klasse* `ios_base` *nicht kennt, geben Sie als Öffnungsmodus* `ios::in` *statt* `ios_base::in` *ein.*

2 Legen Sie auch eine kleine Textdatei *testdatei.txt* zum Austesten des Programms an und speichern Sie diese im Verzeichnis des Programms (bzw. kopieren Sie die Textdatei von der Buch-CD).

Programme debuggen

Abbildung 16.11: Programm kompilieren und testen

3 Kompilieren Sie das Programm und führen Sie es aus, um sich zu vergewissern, dass Sie beim Abtippen keine Fehler gemacht haben. Der zugehörige g++-Aufruf lautet:

```
g++ Zeichen.cpp -o zeichen
```

Achtung

Achten Sie auf die Groß- und Kleinschreibung, die mit den von Ihnen gewählten Dateinamen übereinstimmen muss.

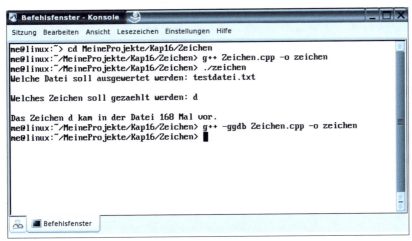

Abbildung 16.12: Programm mit Debug-Informationen kompilieren

4 Kompilieren Sie das Programm erneut, wobei Sie darauf achten, dass der Compiler Debug-Informationen aufnimmt (Option `-ggdb`). Der zugehörige g++-Aufruf lautet:

`g++ -ggdb zeichen.cpp -o zeichen`

5 Laden Sie das Programm in den Debugger. Hierzu haben Sie zwei Möglichkeiten:

- Wenn die ddd-Oberfläche auf Ihrem System installiert ist, können Sie den gdb-Debugger direkt zusammen mit der grafischen ddd-Oberfläche aufrufen. Am Prompt tippen Sie dann ein: ddd zeichen.

Die Arbeit mit der ddd-Oberfläche läuft dann im Prinzip ähnlich ab, wie die Arbeit mit dem C++BuilderX-Debugger.

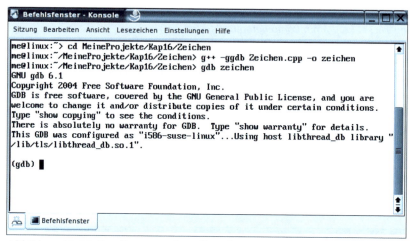

Abbildung 16.14: Das Programm im gdb-Debugger starten

- Wenn die ddd-Oberfläche nicht installiert ist, können Sie direkt mit dem gdb-Debugger arbeiten. Aus- und Eingaben erfolgen dann über die Konsole.

Programme debuggen

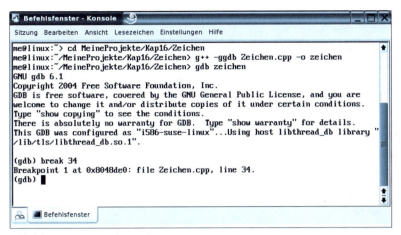

Abbildung 16.15: Haltepunkt setzen

6 Setzen Sie einen Haltepunkt (englisch breakpoint).

Um einen Haltepunkt in eine bestimmte Zeilen zu setzen, tippen Sie den Befehl break mit der Zeilennummer ein, beispielsweise

break 34

> **Tipp**
>
> *Wenn Sie den Quelltext in einen der KDE-Editoren KEdit oder KWrite laden, können Sie sich die Zeilennummern anzeigen lassen.*

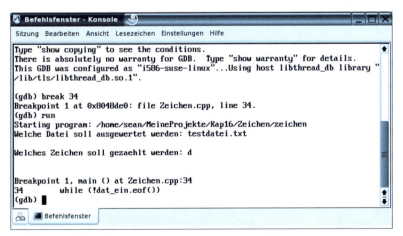

Abbildung 16.16: Das Programm im Debugger ausführen

353

7 Führen Sie das Programm bis zum Haltepunkt aus. Tippen Sie dazu am gdb-Prompt den Befehl run ein.

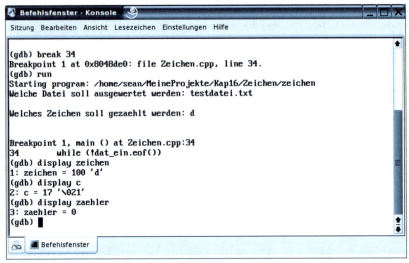

Abbildung 16.16: Variablen überwachen

8 Lassen Sie sich die Werte der Variablen zeichen, c und zaehler anzeigen.

Mit dem Befehl print variablenname können Sie sich den aktuellen Wert einer Variablen anzeigen lassen.

Wenn Sie dagegen display variablenname eintippen, wird der Wert der Variable automatisch jedes Mal angezeigt, wenn der Debugger die Programmausführung stoppt.

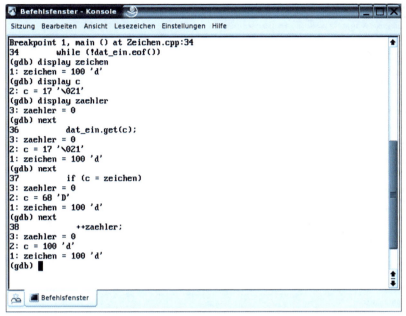

Abbildung 16.17: Programm schrittweise ausführen

9 Führen Sie das Programm schrittweise aus und beobachten Sie, wie sich die Werte der Variablen ändern.

Mit dem Befehl `next` können Sie das Programm Zeile für Zeile ausführen lassen. Mit dem Befehl `step` verzweigen Sie in aufgerufene Funktionen.

```
2: c = 17 '\021'
(gdb) display zaehler
3: zaehler = 0
(gdb) next
36              dat_ein.get(c);
3: zaehler = 0
2: c = 17 '\021'
1: zeichen = 100 'd'
(gdb) next
37              if (c = zeichen)
3: zaehler = 0
2: c = 68 'D'
1: zeichen = 100 'd'
(gdb) next
38              ++zaehler;
3: zaehler = 0
2: c = 100 'd'
1: zeichen = 100 'd'
(gdb) quit
The program is running.  Exit anyway? (y or n) y
me@linux:~/MeineProjekte/Kap16/Zeichen>
```

Abbildung 16.18: Den gdb-Debugger beenden

10 Wenn Sie den Fehler gefunden haben, beenden Sie die Debug-Sitzung (Befehl `quit`) und korrigieren den Fehler im Quelltext.

> **Hinweis**
>
> *Wenn Sie Näheres über die Befehle des gdb-Debuggers wissen wollen, tippen Sie am gdb-Prompt den Befehl* `help` *ein. Der Debugger präsentiert Ihnen daraufhin eine Liste von verschiedenen Hilfethemen. Erneuter Aufruf von* `help` *mit einem Begriff aus dieser Liste, beispielsweise* `help break`*, ruft den Hilfetext zu dem Thema ab.*

Programme optimieren

Für professionelle Programmierer gehört zur Programmentwicklung auch die abschließende Optimierung des Programmcodes. Spricht man von Optimierung, denken die meisten Leute zuerst an die Verbesserung der Ausführungsgeschwindigkeit. Man kann ein Programm aber in vielerlei Hinsicht optimieren:

Programme optimieren

- Reduzierung der Laufzeit
- Reduzierung des Speicherbedarfs (auf Festplatte und im Arbeitsspeicher)
- Lesbarkeit des Quelltextes

Einen gewissen Grad an Optimierung kann man bereits mit ganz einfachen Mitteln erreichen – Mitteln, die auch uns zur Verfügung stehen.

1 Wenn Sie also ein Programm fertig gestellt und getestet haben, laden Sie noch einmal den Quelltext und überlegen Sie sich, wie Sie den Quelltext lesbarer und übersichtlicher gestalten könnten.

- Kommentieren Sie wichtige Variablen, komplizierte Anweisungen größere Codeabschnitte, die eine bestimmte Aufgabe übernehmen.
- Rücken Sie untergeordnete Codeabschnitte ein.
- Modularisieren Sie Ihren Code, indem Sie – natürlich nur, wo es sinnvoll ist – Code in Funktionen auslagern, Klassen definieren und Code auf mehrere Dateien verteilen.

2 Danach konfigurieren Sie den Compiler so, dass er das Programm beim Übersetzen automatisch optimiert (so weit ihm das möglich ist), und lassen Sie das Programm erneut kompilieren.

Wie konfiguriert man den Compiler so, dass er das Programm beim Kompilieren optimiert?

Wenn Sie unter Linux/UNIX mit dem g++-Compiler arbeiten, setzen Sie die Option `-O`:

```
PROMPT> g++ -O quelldatei.cpp -o programmname
```

Wenn Sie mit dem C++BuilderX arbeiten, rufen Sie den Befehl *Projekt/Projekteigenschaften* auf, wechseln Sie zur Registerkarte *Erzeugen*, wählen Sie die Zeile für `Release Build` aus und drücken Sie auf die Schaltfläche *Als aktiv festlegen*. Schließen Sie das Dialogfeld und kompilieren Sie das Projekt neu.

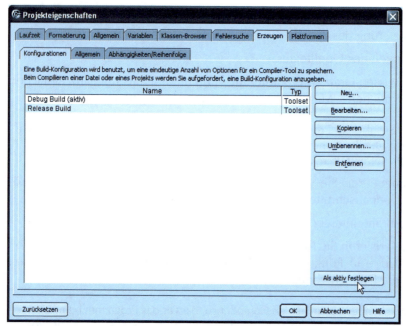

Abbildung 16.19: Release-Konfiguration zur Optimierung des Codes auswählen

Ausblick

Wenn Sie dieses Buch bis zu diesen Seiten durchgelesen und die beschriebenen Beispiele nachprogrammiert haben (vielleicht auch schon ein wenig auf eigene Faust experimentiert und programmiert haben), haben Sie bereits viel über C++ und die allgemeinen Grundlagen der strukturierten wie der objektorientierten Programmierung gelernt – genug, um eigene Programmideen zu entwickeln und umzusetzen. Verfallen Sie aber nicht dem Müßiggang, sondern beginnen Sie gleich damit, eigene Programme zu schreiben. Lernen Sie auf eigenen Füßen zu stehen und reifen Sie durch eigene Erfahrungen.

Wenn Sie dabei feststellen, dass Ihnen die Programmiersprache C++ liegt, wird es sicherlich nicht allzu lange dauern, bis Sie mehr über C++ und die Möglichkeiten der C++-Programmierung lernen wollen.

C++ für Fortgeschrittene

C++ verfügt über eine Reihe von fortgeschrittenen Konzepten und Programmiertechniken, die wir aus Platzmangel und aus Rücksicht auf die Aufnahmefähigkeit des Lesers in diesem Buch ausgeklammert haben. Wenn Sie mehr über C++ lernen wollen und sich ein Buch für Fortgeschrittene anschaffen, sollten Sie unbedingt darauf achten, dass in dem Buch folgende Themen in angemessener Ausführlichkeit erklärt werden:

- Zeiger
- Referenzen
- Vererbung von Klassen
- Überschreibung von Methoden und Polymorphismus
- Operatorenüberladung

Werden in dem Buch auch noch die Themen

- Exceptions
- Templates
- Arbeit mit den Container-Klassen der C++-STL-Laufzeitbibliothek (deque, vector, etc.)
- Namensbereiche
- Mehrfachvererbung und
- Laufzeittypidentifizierung (RTTI)

angesprochen, können Sie davon ausgehen, dass das Buch nahezu alle Facetten der C++-Programmierung abdeckt. Die folgenden drei Bücher kann ich Ihnen empfehlen:

- »C++ in 21 Tagen« von Jesse Liberty, Markt+Technik-Verlag.

    Leicht verständliches Lehrbuch für Einsteiger und Fortgeschrittene.

- »C/C++ Kompendium« von Dirk Louis, Markt+Technik-Verlag.

    Eines der aktuellsten, ausführlichsten und umfassendsten Werke zu C++. Alle wichtigen Konzepte und Techniken werden ausführlich vorgestellt und verständlich erläutert, weshalb das Buch auch für Umsteiger und Programmierer, die nur über Grundkenntnisse in C oder C++ verfügen, gut geeignet ist.

    Das Buch ist allerdings nicht so konzeptioniert, dass es den Leser an die Hand nimmt und Schritt für Schritt führt. Es ist vielmehr themenorientiert aufgebaut und überlässt dem Leser die Entscheidung, wie tief er sich in ein Thema einlesen möchte, bevor er sich dem nächsten Thema zuwendet.

- »C++ Primer Plus« von Stephen Prata, Waite Group Press.

  Umfangreiches, sehr zu empfehlendes C++-Lehrbuch in englischer Sprache.

> **Hinweis**
>
> *Wenn Sie die Ungebundenheit eines Selbststudiums per Buch mit der individuellen Betreuung durch eine Lehrveranstaltung verbinden wollen, erkundigen Sie sich doch auf der Webseite zu diesem Buch,* www.carpelibrum.de *bzw.* www.carpelibrum.de/buecher/cpp_easy/buch.html *nach passenden betreuten Online-Kursen.*

Window-Programmierung mit C++

Wer C++-Programme schreiben will, die unter einem Window-System wie Microsoft Windows oder X Windows laufen sollen, muss sich in eine ganz neue Art der Programmierung eindenken. Das liegt daran, dass

- GUI-Programme so programmiert werden müssen, dass sie in korrekter Weise mit dem Window-Manager des Betriebssystems zusammenarbeiten und
- der Aufbau der grafischen Benutzeroberflächen nur mit Hilfe spezieller Bibliotheken zu bewältigen ist, in deren korrekte Verwendung man sich erst einmal einarbeiten muss.

Wer GUI-Programme erstellen will, muss folgende Entscheidungen treffen:

1. Für welches Window-System will ich programmieren?

   Beispielsweise Microsoft Windows oder X Windows (unter UNIX/Linux).

2. Welchen Compiler verwende ich dazu?

   Ich selbst favorisiere den C++-BuilderX. Für Microsoft Windows eignet sich aber auch der Visual C++-Compiler von Microsoft.

3. Mit welcher Window-Bibliothek will ich arbeiten?

   Microsoft Windows-Programmierern stehen meist zwei Bibliotheken zur Verfügung:

   - Die Windows-API, eine Sammlung von C-Funktionen, mit der man ganz »nah« am Betriebssystem programmiert. (Für professionelle Programmierer sind Erfahrungen mit der Windows-API eigentlich unverzichtbar, für Anfänger ist sie aber nur bedingt zu empfehlen.)

- Eine Compiler-spezifische Klassenbibliothek, die die Windows-API kapselt und das Schreiben von Windows-Programmen mehr oder weniger stark vereinfacht (VCL für C++-BuilderX, MFC für Visual C++).
4. Schließlich sollte er sich nach einem guten Lehrbuch zu seiner Betriebssystem-Compiler-Bibliothek-Kombination umsehen.

Wer mit der Windows-API programmieren möchte, dem sei das Buch »Programming Windows 95« von Petzold, Microsoft Press, empfohlen. Es ist schon etwas älter, aber immer noch das beste Buch zur Windows-API-Programmierung.

Wer Windows-Programme mit Visual C++ und der MFC erstellen möchte, dem sei das Buch »Jetzt lerne ich Visual C++.NET« von Dirk Louis, Markt+Technik-Verlag, empfohlen.

> **Hinweis**
> *Wenn Sie die Ungebundenheit eines Selbststudiums per Buch mit der individuellen Betreuung durch eine Lehrveranstaltung verbinden wollen, erkundigen Sie sich doch auf der Webseite zu diesem Buch,* `www.carpe-librum.de` *bzw.* `www.carpelibrum.de/buecher/cpp_easy/buch.html` *nach passenden betreuten Online-Kursen.*

Rätselhaftes C++

In diesem Buch haben Sie nur relativ einfache Variablendeklarationen, bestehend aus der Typangabe und dem Namen der Variablen, kennen gelernt. Fortgeschrittenen Programmierern bietet C++ darüber hinaus

- eine Reihe von Schlüsselwörtern, mit denen Zugriff und Speicherbelegung auf Variablen gesteuert werden können
- die Möglichkeit Zeiger zu definieren (Zeiger sind Variablen, die als Wert die Adresse einer anderen Variable enthalten)
- die Möglichkeit, sogar Zeiger auf Funktionen oder Methoden zu definieren.

Durch Kombination obiger Techniken, lassen sich die herrlichsten Deklarationen formulieren, die meist von niemandem, auch nicht ihrem Urheber, verstanden werden. Hier ein paar Beispiele aus einem kleinen Quiz, das ich zum Amüsement der Leser in das C/C++ Kompendium aufgenommen habe:

```
int *f1(int, int);
int *(*f2)(int, int);
int *(*f3(int))(int, int);
const int *(*i[12]) (int *);
```

Der ASCII-Zeichensatz

Dec	Hex	Zeichen	Dec	Hex	Zeichen	Dec	Hex	Zeichen	Dec	Hex	Zeichen
0	00	NUL	17	11	DC1	34	22	"	51	33	3
1	01	SOH	18	12	DC2	35	23	#	52	34	4
2	02	STX	19	13	DC3	36	24	$	53	35	5
3	03	ETX	20	14	DC4	37	25	%	54	36	6
4	04	EOT	21	15	NAK	38	26	&	55	37	7
5	05	ENQ	22	16	SYN	39	27	'	56	38	8
6	06	ACK	23	17	ETB	40	28	(	57	39	9
7	07	BEL	24	18	CAN	41	29	)	58	3A	:
8	08	BS	25	19	EM	42	2A	*	59	3B	;
9	09	HT	26	1A	SUB	43	2B	+	60	3C	<
10	0A	NL	27	1B	ESC	44	2C	,	61	3D	=
11	0B	VT	28	1C	FS	45	2D	-	62	3E	>
12	0C	NP	29	1D	GS	46	2E	.	63	3F	?
13	0D	CR	30	1E	RS	47	2F	/	64	40	@
14	0E	SO	31	1F	US	48	30	0	65	41	A
15	0F	SI	32	20	SP	49	31	1	66	42	B
16	10	DLE	33	21	!	50	32	2	67	43	C
68	44	D	83	53	S	98	62	b	113	71	q
69	45	E	84	54	T	99	63	c	114	72	r
70	46	F	85	55	U	100	64	d	115	73	s
71	47	G	86	56	V	101	65	e	116	74	t
72	48	H	87	57	W	102	66	f	117	75	u
73	49	I	88	58	X	103	67	g	118	76	v
74	4A	J	89	59	Y	104	68	h	119	77	w
75	4B	K	90	5A	Z	105	69	i	120	78	x
76	4C	L	91	5B	[	106	6A	j	121	79	y

Tabelle A.1: Der ASCII-Zeichensatz

Dec	Hex	Zei-chen	Dec	Hex	Zei-chen	Dec	Hex	Zei-chen	Dec	Hex	Zei-chen
77	4D	M	92	5C	\	107	6B	k	122	7A	z
78	4E	N	93	5D	]	108	6C	l	123	7B	{
79	4F	O	94	5E	^	109	6D	m	124	7C	|
80	50	P	95	5F	_	110	6E	n	125	7D	}
81	51	Q	96	60	`	111	6F	o	126	7E	~
82	52	R	97	61	a	112	70	p	127	7F	DEL

Tabelle A.1: Der ASCII-Zeichensatz (Forts.)

> **Hinweis**
>
> Um ASCII-Zeichen über Ihren ASCII-Code in String-Konstanten einzubauen, stellen Sie dem Code im String die Zeichenfolge \x voran.

FAQs und typische Fehler
FAQs

Was genau ist der ANSI-Standard?

ANSI ist eine Abkürzung für »American National Standard Institute« – ein Institut, das nationale amerikanische Standards erarbeitet und definiert. 1989 legte das ANSI-Institut einen allgemein verbindlichen Standard für die Sprache C vor, 1998 wurde auch C++ standardisiert. Beide ANSI-Standards wurden von der International Standards Organization (ISO) übernommen und sind daher allgemein verbindlich.

Für den C/C++-Programmierer hat das den Vorteil, dass ein in C++ verfasstes Programm mit jedem beliebigen Compiler, der ANSI-kompatibel ist, übersetzt werden kann.

Welche Rolle spielen Leerzeichen, Tabulatoren und Zeilenumbrüche im Quelltext?

Sie dienen der Trennung von Bezeichnern sowie der übersichtlicheren Gestaltung des Quelltextes.

```
intmain()
```
Fehler: hier muss ein Leerzeichen zwischen `int` und `main()` stehen.

```
while(loop<2){++loop;cout<<loop;}
```
Korrekt, aber unschön. Hier sollte man Leerzeichen und Zeilenumbrüche zur Verbesserung der Lesbarkeit einfügen.

Sollte man Ganzzahlen in `int`- oder in `long`-Variablen speichern?

Die meisten Compiler reservieren für Variablen beider Datentypen 4 Byte Arbeitsspeicher, so dass es im Grunde keinen Unterschied zwischen `int` und `long` gibt. Laut ANSI-Standard reicht es aber, wenn ein Compiler für `int`-Variablen nur 2 Byte reserviert – was bedeutet, dass man diesen Variablen nur Werte zwischen -32.768 und 32.767 zuweisen könnte.

Allgemein gilt: Wenn Sie wissen, dass Sie nur mit »kleinen« Werten arbeiten, verwenden Sie `int`. Besteht die Möglichkeit, dass auch größere Werte in den Variablen abgespeichert werden, deklarieren Sie die Variablen mit dem Typ `long`.

Das Sinngemäße gilt für die Verwendung von `float` und `double` für Gleitkommazahlen, wobei zu beachten ist, dass der Typ `double` nicht nur den größeren Wertebereich hat, sondern auch genauer ist (es können mehr Nachkommastellen zu den Gleitkommazahlen abgespeichert werden).

Warum kann man statt Bedingungen auch Variablen oder Ausdrücke angeben?

Weil der Compiler in Bedingungen Werte ungleich 0 als `true` und Werte gleich 0 als `false` interpretiert.

Warum wird nicht viel mehr mit globalen Variablen gearbeitet?

Globale Variablen erleichtern zwar den Datenaustausch zwischen Funktionen (oder auch Klassen), haben aber den Nachteil, dass sie von praktisch jeder Stelle des Programms aus verändert werden können. Dies birgt die Gefahr, dass die Variablen in komplexeren Programmen in einer Weise verändert werden, die der Programmierer gar nicht beabsichtigt hatte. Aus diesem Grunde sollte man Variablen so lokal wie möglich deklarieren (als lokale Variablen von Funktionen und Methoden oder als Instanzvariablen von Klassen).

Gibt es einen Unterschied zwischen einer Struktur in C und einer Struktur in C++?

In C kann eine Struktur keine Methoden enthalten.

In C++ kann eine Struktur Methoden enthalten. Der Unterschied zur Klasse besteht darin (abgesehen davon, dass die Definition mit dem Schlüsselwort `struct` eingeleitet wird), dass alle Elemente in der Struktur öffentlich (`public`) sind.

Typische Anfängerfehler

Es wird nicht zwischen Groß- und Kleinschreibung unterschieden.

```
int meineVar;
...
meinevar = 1;
```

Hier wird der Compiler bemängeln, dass ihm der Bezeichner `meinevar` nicht zuvor bekannt gemacht wurde.

Verwechslung des Gleichheits- und des Zuweisungsoperators

```
int i = 1;
...
if (i = 10)
  cout << i;
...
```

Hier wird der Wert von `i` nicht mit dem Wert 10 verglichen. Stattdessen wir der Variablen `i` der Wert 10 zugewiesen. Da dieser ungleich null ist, ist die Bedingung stets erfüllt.

Hinter die Bedingungen von if-Verzweigungen gehört kein Semikolon.

```
int i = 1;
...
if (i == 10);
  cout << i;
...
```

Ein Semikolon hinter einer `if`-Bedingung interpretiert der Compiler als eine leere Anweisung. In obigem Beispiel wird die `cout`-Anweisung daher immer ausgeführt, denn aus Sicht des Compilers kontrolliert die `if`-Bedingung nur die Ausführung der leeren Anweisung.

Aus dem gleichen Grund gehört auch hinter die Schleifenköpfe der `for`- und `while`-Schleifen kein Semikolon.

```
int loop;
for (loop = 0; loop < 10; ++loop);
{
    cout << loop * loop << endl;
}
```

Hier wird die leere Anweisung 10 Mal ausgeführt, die `cout`-Anweisung aber nur ein einziges Mal.

Das letzte Element eines Arrays mit n Elementen hat den Index n-1. Zugriffe auf Elemente mit höherem Index (oder mit Indizes kleiner 0) führen zu Laufzeitfehlern.

```
int feld[12];
...
for (loop = 0; loop <= 12; ++loop);
{
    feld[loop] = loop;
}
```

Hier wird im letzten Schleifendurchgang in das nicht deklarierte Element `feld[12]` geschrieben.

Die Division zweier Ganzzahlen liefert eine Ganzzahl zurück – auch wenn das Ergebnis einer `double`- oder `float`-Variablen zugewiesen wird.

```
int wert1 = 3;
int wert2 = 4;
double ergebnis;

ergebnis = wert1 / wert2;            // ergibt 0
```

Um eine Gleitkommadivision zu erzwingen, muss mindestens ein Operand des /-Operators in einen Gleitkommawert verwandelt werden:

```
int wert1 = 3;
int wert2 = 4;
double ergebnis;

ergebnis = (float) wert1 / wert2;    // ergibt 0.75
```

Klassen- und Strukturdefinitionen müssen mit Semikolon abgeschlossen werden.

Methodendeklarationen in Klassendefinitionen müssen mit Semikolon abgeschlossen werden.

Lexikon

Die im Lexikon mit einem Sternchen (*) gekennzeichneten Begriffe beziehen sich auf fortgeschrittene, objektorientierte Konzepte, die im Rahmen dieses Buchs nicht angesprochen, der Vollständigkeit halber aber in das Lexikon aufgenommen wurden.

Ableitung
Von Ableitung oder Vererbung spricht man, wenn eine neue Klasse auf der Grundlage einer bereits bestehenden Klasse definiert wird. Die neu definierte Klasse bezeichnet man dabei als abgeleitete Klasse, die bereits bestehende Klasse nennt man Basisklasse. Die abgeleitete Klasse erbt die Elemente der Basisklasse.

Abstrakte Klasse*
Als abstrakte Klasse bezeichnet man eine Klasse, die eine oder mehrere rein virtuelle Methoden (Methoden ohne Definitionsteil) enthält und üblicherweise vor allem als Schnittstellenvorgaben für Klassenhierarchien dient. Von abstrakten Klassen können keine Instanzen gebildet werden.

Argumente
Werte, die man beim Aufruf einer Funktion an deren Parameter übergibt.

Array
Datenstruktur, in der man mehrere Variablen eines Datentyps vereinen kann.

Bibliothek
Sammlung nützlicher Funktionen und Klassen, die man in einem Programm verwenden kann.

Block
Eine oder mehrere Anweisungen, die durch geschweifte Klammern zusammengefasst sind.

casting
Englischer Begriff für die explizite Typumwandlung.

Compiler
Programm, das den Quelltext eines Programms in Maschinencode übersetzt.

copy constructor*
Englischer Begriff für den Kopierkonstruktor*.

Debugger
Programm, das ein anderes Programm schrittweise ausführen kann.

default constructor
Englischer Begriff für den Standardkonstruktor.

Definition
Definition eines Bezeichners (für eine Variable, Funktion, Typ etc.). Geht für Variablen und Funktionen mit der Reservierung von Speicher einher.

Deklaration
Einführung und Bekanntmachung eines Bezeichners in einem Programmquelltext.

Dekrement
Erniedrigung des Werts einer Variablen um eine Einheit.

Destruktor*
Spezielle Methode, die bei Auflösung der Objekte der Klasse aufgerufen wird (Pendant zum Konstruktor, muss aber nur selten definiert werden.)

Direktive
Befehl, der direkt an den Compiler gerichtet ist.

Friends*
Funktionen oder Methoden, denen von einer Klasse besondere Zugriffsrechte eingeräumt werden, so dass sie auch auf `private`- und `protected`-Elemente der Klasse zugreifen können.

Headerdatei
Quelltextdatei mit einer der Extension *.h*, *.hpp*, in der traditionsgemäß die Deklarationen zu den Definitionen einer Implementierungsdatei (*.c*, *.cpp*) zusammengefasst werden.

information hiding
Je weniger ein Programmierer über den Aufruf einer Funktion wissen muss, um so einfacher kann er sie einsetzen. Viele Funktionen, die C zur Verfügung stellt, werden eingesetzt, ohne dass den Programmierern ihr Quellcode bekannt ist. C++ wendet dies auf den Umgang mit Klassen an. Klassen stel-

len dem Programmierer Methoden zur Verfügung, um mit den Objekten der Klasse in korrekter Weise umgehen zu können. Die Klasse selbst erscheint für den Programmierer wie eine Blackbox.

Inkrement
Erhöhung des Wertes einer Variablen um 1 Einheit.

Instanz
Objekt einer Klasse.

Instanzvariable
Elementvariable, die in einer Klasse deklariert ist und von der jede Instanz der Klasse eine Kopie erhält.

Integrierte Entwicklungsumgebung
Bei der Programmerstellung ist der Programmierer auf eine Reihe von Hilfsprogrammen angewiesen (Editor, Compiler, Linker, Debugger). Eine integrierte Entwicklungsumgebung ist ein Programm, das eine gemeinsame Benutzeroberfläche zur Verfügung stellt, von der aus man diese Programme aufrufen und bedienen kann.

Iteratoren*
Zeigerähnliche Objekte, die in der C++-Laufzeitbibliothek für den Zugriff auf Container-Elemente eingesetzt werden.

Kapselung
Die Zusammenfassung der Eigenschaften (Daten) und Verhaltensweisen (Methoden) gleichartiger Objekte in einer Klassendefinition wird als Kapselung bezeichnet. Mit dem Konzept der Kapselung verbindet sich die Forderung nach Abstraktion und dem Design sinnvoller Schnittstellen.

Klassen
Klassen umfassen und repräsentieren Objekte mit gemeinsamen Eigenschaften und Verhaltensweisen.

Klassenvariable*
Elementvariable, die in einer Klasse als `static` deklariert ist und die von allen Instanzen der Klasse gemeinsam verwendet wird. (Auf Klassenvariablen kann man direkt über den Klassennamen zugreifen.)

Konkatenation
Aneinanderhängen von Strings.

Konsolenanwendungen
Konsolenanwendungen sind Programme ohne grafische Oberfläche, die üblicherweise von der Betriebssystemkonsole aus aufgerufen werden (unter Windows die MS-DOS-Eingabeaufforderung).

Konstruktor
Spezielle Methode, die bei Einrichtung (Instanzbildung) der Objekte der Klasse aufgerufen wird.

Kopierkonstruktor*
Konstruktor, der mit einem Argument vom Typ seiner eigenen Klasse aufgerufen wird und dazu dient, ein neues Objekt auf der Grundlage eines bestehenden Objekts seiner Klasse einzurichten.

Laufzeitbibliothek
Spezielle Bibliothek, die fest zum Standardumfang von C++ gehört und über die jeder C++-Programmierer verfügt, der einen aktuellen C++-Compiler verwendet.

Linker
Programm, das aus dem Code der Objektdateien eines Programms und dem Code der im Programm verwendeten Bibliothekselemente eine ausführbare Programmdatei erstellt.

Literal
Konstante, die als Wert direkt in den Quelltext geschrieben wird.

Lokale*
Beschreibung der lokalen, landesspezifischen Umgebung, unter der ein Programm ausgeführt wird.

Methoden
Als Methoden bezeichnet man Funktionen, die zu einer Klasse gehören. Sie implementieren das Verhalten, das Objekte der Klasse haben. (Synonym: Elementfunktionen)

Modul
Alle Quelltextdateien, die zusammen in einem Schritt vom Compiler übersetzt und zu einer Objektdatei kompiliert werden, bezeichnet man als Modul oder Übersetzungseinheit. Eine Übersetzungseinheit besteht aus einer Implementierungsdatei (Extension *.c* oder *.cpp*) und allen Quelltextdateien, deren Inhalt direkt oder indirekt über eine `#include`-Anweisung eingebunden werden.

Nullterminierungszeichen
Spezielles Zeichen ('\0'), das in C/C++ das Ende eines Strings anzeigt.

Objekte
Dem Begriff des Objekts kommen in der Programmierung je nach Kontext verschiedene Bedeutungen zu:

- In objektorientierten Modellen bezeichnet man als Objekte die real existierende Dinge, mit denen das Programm später arbeiten soll und für die man Klassen definieren wird.

- Im objektorientierten Programm ist ein Objekt eine explizite Manifestierung einer Klasse (Synonym für Instanz).

- Ganz allgemein bezeichnet man in der Programmierung Datenkomplexe, die im Speicher abgelegt sind, als Objekte (Speicherobjekte).

Objektorientierung
In der objektorientierten Programmierung werden Probleme gelöst, indem man sich zuerst überlegt, welche Objekte zur Lösung des Problems benötigt werden und mit welchen Eigenschaften (Instanzvariablen) und Verhaltensweisen (Methoden) diese Objekte ausgestattet sein müssen. Im Programm werden die Objekte als Instanzen von Klassen erzeugt. Der nächste Schritt besteht daher darin, die Klassen zusammenzutragen, aus denen die benötigten Klassen erzeugt werden können. Ein Teil der Klassen werden Sie wahrscheinlich in der C++-Laufzeitbibliothek finden, andere Klassen wird man erst selbst definieren müssen. (Wobei Letzteres nicht selten die Hauptarbeit bei der objektorientierten Programmierung ausmacht.)

Sind die Klassen definiert, ist der Rest meist vergleichsweise einfach, da der Programmierer nur noch nach Bedarf Objekte erzeugen und deren Methoden aufrufen muss. Der resultierende Code ist Dank der Klassen leichter zu verstehen, zu warten und wiederzuwerten. Gute Klassen versuchen zudem, die Programmierung mit ihren Objekten so sicher und fehlerfrei wie möglich zu machen (der Konstruktor erledigt alle Schritte, die zur korrekten Initialisierung neu erzeugter Objekte nötig sind, die Methoden prüfen, ob die ihnen übergebenen Argumente sinnvolle Werte enthalten, sensible Klassenelemente werden durch `private`-Deklaration vor der Außenwelt verborgen etc.).

Objektvariable
Variable, die ein Objekt speichert.

Operatorenüberladung*
Mit Überladung bezeichnet man die Zuweisung mehrerer Operationen an einen Operator. Der Compiler kann anhand der Zahl und der Typen der Operanden feststellen, welche Operation auszuführen ist.

overloading
Englischer Begriff für Überladung. Wird allerdings auch gelegentlich im Kontext von Klassenhierarchien und Polymorphismus verwendet, obwohl der Begriff Overriding (Überschreibung) in diesem Zusammenhang präziser und verständlicher ist.

Parameter
Variablen einer Funktion, die in den runden Klammern hinter dem Funktionsnamen deklariert werden und die beim Aufruf der Funktion mit den Werten initialisiert werden, die der Aufrufer der Funktion übergibt (siehe Argumente).

Polymorphismus*
Erlaubt es, durch Überschreibung geerbter Methoden auf unterschiedlichen Objekten gleich lautende Operationen auszuführen. Beispielsweise könnte man zwei Klassen `Kreis` und `Rechteck` von einer gemeinsamen Basisklasse `GeomForm` ableiten. Beide abgeleitete Klassen erben die Methode `zeichnen()`. Das Zeichnen eines Kreises bedarf aber ganz anderer Operationen als das Zeichnen eines Rechtecks. Durch Überschreiben der geerbten Methode `zeichnen()` in den abgeleiteten Klassen ist es möglich, den Namen der Methode beizubehalten und sie mit einer klassenspezifischen Implementierung zu verbinden. Der Polymorphismus abgeleiteter Klassen ist ein besonders interessantes Konzept der objektorientierten Programmierung, das am sinnvollsten in Verbindung mit virtuellen Methoden und Basisklassenzeigern eingesetzt wird.

Im weiteren Sinne kann auch die Überladung von Funktionen und Operatoren als eine Art Polymorphie aufgefasst werden.

Puffer*
Ein- und Ausgabeoperationen über Streams (beispielsweise auf `cin` oder in und aus Dateien) werden meist standardmäßig gepuffert, um die Ausführungsgeschwindigkeit zu erhöhen. Bei der Arbeit mit den C++-Streamklassen kann man selbst auf die Pufferung Einfluss nehmen.

Schleife
Programmkonstrukt zur Mehrfachausführung von Anweisungsblöcken

Schnittstelle
Möglichkeiten zum Informationsaustausch zwischen Funktionen, Klassen, Modulen etc. Die Schnittstelle einer Funktion ist beispielsweise durch ihre Parameter, den Rückgabewert oder globale Variablen gegeben. Klassen bieten demgegenüber `public`- oder `protected`-Methoden an oder definieren Friends. Schnittstellen sollten einerseits möglichst klein sein, andererseits dem sinnvollen Einsatz einer Klasse nicht im Wege stehen.

Standardkonstruktor
Konstruktor, der ohne Argumente aufgerufen werden kann

STL
Teil der C++-Laufzeitbibliothek. Kernstück der STL sind die Container, die Iteratoren und die Algorithmen.

Stream
Datenstrom zwischen einer Ein- oder Ausgabeeinheit und dem Programm.

String
Zeichenkette.

Strukturen
Datentyp, in dem man mehrere Variablen unterschiedlicher Datentypen kombinieren kann.

Template*
Typenunabhängige Vorlage für eine Funktion oder Klasse, aus der der Compiler nach Spezifikation der zugehörigen Datentypen reale Funktionen oder Klassen erstellen kann.

Überladung
Mit Überladung bezeichnet man die Zuweisung mehrerer Operationen an einen Operator. Gleichzeitig fällt unter diesen Begriff auch die Deklaration mehrerer Funktionen eines Namens. Im Falle der Operatorenüberladung kann der Compiler anhand der Zahl und der Typen der Operanden feststellen, welche Operation auszuführen ist. Im Falle der Funktionenüberladung zieht der Compiler die Zahl und Typen der Parameter zur eindeutigen Identifizierung des aufzurufenden Funktionskörpers heran. Überladene Namen müssen in einem gemeinsamen Gültigkeitsbereich liegen (Overloading).

Überschreibung*
Als Überschreibung bezeichnet man die Neudefinition einer geerbten Methode in einer abgeleiteten Klasse. Der Sinn ist, dass die abgeleitete Klasse auf einen entsprechenden Methodenaufruf in spezifischer Weise reagiert. Zur korrekten Implementierung ist es erforderlich, Methoden, die überschrieben werden, als `virtual` zu deklarieren. Überschreibung ist daher das Konzept, das Polymorphismus ermöglicht (Overriding).

Übersetzungseinheit
Alle Quelltextdateien, die in einem Schritt zusammen vom Compiler übersetzt und zu einer Objektdatei kompiliert werden, bezeichnet man als Modul oder Übersetzungseinheit. Eine Übersetzungseinheit besteht aus einer Implementierungsdatei (Extension *.c* oder *.cpp*) und allen Quelltextdateien, deren Inhalt direkt oder indirekt per `#include`-Anweisung eingebunden werden.

Variable
Variablen sind Zwischenspeicher, in denen man Werte ablegen kann. Jede Variable verfügt über einen Namen, den man bei der Deklaration der Variablen angibt und über den man den aktuellen Wert der Variablen abfragen oder ihr einen neuen Wert zuweisen kann.

Vererbung
Klassen lassen sich in Klassenhierarchien zusammenfassen. Abgeleitete Klassen können die Eigenschaften der übergeordneten Klasse übernehmen (erben).

Verzweigung
Programmkonstrukt zur alternativen Ausführung von Anweisungsblöcken.

Whitespace
Zeichen, die Leerräume erzeugen: Leerzeichen, Tabulatoren, Zeilenumbruch.

Wide Characters*
Zeichen, die durch 16- oder 32-Bit-Werte codiert werden (im Gegensatz zu 8 Bit ASCII oder ANSI).

Zugriffsspezifizierer
Die Zugriffsspezifizierer `public`, `protected` und `private` kommen bei der Klassendefinition zum Einsatz und regeln die Sichtbarkeit und Verfügbarkeit der Klasse und ihrer Elemente.

Ausführung der Beispielprogramme

Die Projekte und Quelltexte zu den Beispielen im Buch finden Sie auf der Buch-CD wieder. Zu jedem Kapitel des Buches gibt es ein eigenes Unterverzeichnis. Unter diesem finden Sie die Verzeichnisse für die einzelnen Programme des Kapitels. In dem Programmverzeichnis stehen schließlich die Dateien des Programms:

- die Quelldatei (Extension *.cpp*)
- die Projektdatei (Extensionen *.cbx*), die nur für Leser interessant ist, die mit der C++BuilderX-Entwicklungsumgebung arbeiten.

Um eines der Programme auszuführen, gehen Sie wie folgt vor:

1 Kopieren Sie das Verzeichnis des Programms von der Buch-CD auf Ihre Festplatte.

2 Heben Sie gegebenenfalls den Schreibschutz für die Dateien des Programms auf.

Unter Windows klicken Sie im Windows Explorer mit der rechten Maustaste auf die betreffende Datei und wählen im aufspringenden Kontextmenü den Befehl *Eigenschaften* aus. Wenn in dem erscheinenden Dialogfeld die Option *Schreibgeschützt* markiert ist, deaktivieren Sie die Option.

Unter UNIX/Linux können Sie die Zugriffsrechte beispielsweise mit Hilfe des Systembefehls `chmod` setzen. Rufen Sie eine Konsole auf, wechseln Sie in das Verzeichnis mit den Quelldateien und rufen `chmod` wie folgt auf: `chmod 777 dateiname.cpp`.

> **Hinweis**
>
> *Wenn Sie mit einem anderen Compiler als dem C++BuilderX arbeiten, können Sie die C++BuilderX-Projektdateien ignorieren.*

3 Kompilieren Sie das Programm.

Wenn Sie mit dem C++BuilderX arbeiten, rufen Sie einfach den Befehl *Datei/Projekt öffnen* auf und wählen die *.cbx*-Datei aus. Ist das Projekt geladen, können Sie es wie gewohnt kompilieren (Menübefehl *Projekt/Projekt <Projektname> aktualisieren* oder Drücken der Tastenkombination [Strg]+[F9]. Wenn Sie das Programm in der C++BuilderX-Umgebung ausführen möchten, rufen Sie den Befehl *Start/Projekt ausführen*, Tastenkombination [Strg]+[F9], auf.

> **Achtung**
>
> *Linux-Anwender müssen die Projektdateien vor dem Kompilieren neu konfigurieren. Rufen Sie dazu nach dem Laden des Projekts den Menübefehl* Projekt/Projekteigenschaften *auf und gehen Sie zur Seite* Plattformen. *Deaktivieren Sie dort den Windows-Knoten und aktivieren Sie den Linux-Knoten mit dem GNU-C++-Compiler.*

Wenn Sie mit dem reinen Borland 5.5-Compiler oder unter UNIX/Linux mit dem g++-Compiler arbeiten, öffnen Sie ein Konsolenfenster, wechseln Sie in das Projektverzeichnis und kompilieren Sie die Quelldatei.

```
C++ Builder:      bcc32 Dateiname.cpp
GNU-Compiler:     g++ Dateiname.cpp
```

Stichwortverzeichnis

- (Subtraktion) 100
- (Vorzeichen) 100
!= (Ungleichheit) 157
#define 322
#endif 339
#ifndef 339
#include 71, 318, 321
% (Modulo) 101
* (Multiplikation) 100
+ (Addition) 100
+ (Konkatenation) 120
. (Elementzugriff) 230, 253
/ (Division) 100
/* (Kommentar, mehrzeilig) 76
// (Kommentar, einzeilig) 76
= (Zuweisung) 100
== (Gleichheit) 156, 157
> (größer) 157
>= (größer gleich) 157
>> (Eingabe) 134, 308

A

Algorithmen 19
ANSI-Standard 364
Anweisungen 73
Arbeitsspeicher 87
Argumente 203
Arrays 216
    Anzahl Elemente 217
    auf Elemente in Array zugreifen 217
    deklarieren 216
    in Schleifen durchlaufen 219
    Indizierung 217
    Speicherverwaltung 217
ASCII-Code 158
ASCII-Zeichensatz 363
atof() (Funktion) 152
atoi() (Funktion) 152
Ausgabe 73
    Ausrichtung 139
    cout 74, 290
    Feldbreite 138
    Formatierung 137
    Füllzeichen 139
    Gleitkommazahlen 138
    in Dateien 291
    printf() 143
    Standardausgabegerät 74
    Streams 290
    Strings 73
    Typumwandlung 149
    Umlaute 75
    Variableninhalte 93
    Zahlen 82
    Zeilenumbruch 75

B

Backslash-Zeichen 123
Beispielprogramme erstellen 376
Binärsystem 87
Bit 88
Bogenmaß 113
bool 91
break (in Schleifen) 191
break (in switch-Verzweigung) 167
Buch-CD 376

C

C 25
C++ 25
    Anweisungen 73
    Arrays 216
    Datentypen 87
    Direktiven 71
    Ein- und Ausgabe 132
    Funktionen 198
    Groß- und Kleinschreibung 45
    Headerdateien 70
    Kommentare 76
    Konstanten 82
    Laufzeitbibliothek 69
    Namensbereiche 71
    objektorientierte Programmierung 246
    Operatoren 100
    Programmgerüst 68
    Schleifen 176

Stichwortverzeichnis

Strings 74
Strukturen 226
Typenstrenge 110
Variablen 83
Verzweigungen 160
C++ Builder
   Compiler-Einstellungen 344
   Debugger 344
   Installation 31
   Konfigurationen 345
   Online-Hilfe 106
   Programme kompilieren 46
   Projekte
      anlegen 39
      schließen 55
   Quelltext aufsetzen 45
   starten 37
c_str() (string-Methode) 144
call by value 205
case 167
char 91
cin 134, 290
class 259
close() (Stream-Methode) 297
compare() (string-Methode) 159
Compiler 19
   Borland C++ 56
   C++ Builder 31
   Compiler-Schalter 339
   g++ 61
   integrierte Entwicklungsumgebung
      (IDE) 370
   Programme aus mehreren Dateien
      kompilieren 330
continue 187
cout 74, 290

D

Dateien 290
   296
   >>-Operator 308
   Binärdateien 291
   Fehlerbehandlung 294
   Lesen aus Dateien 299
   öffnen 293
   Öffnungsmodus 294, 301
   Pfadangaben in Dateinamen 293
   schließen 296
   Schreiben in Dateien 291
   Streams 290
   Textdateien 291
   zeichenweise einlesen 302
Datentypen 87
   bool 91
   char 91
   Darstellung im Arbeitsspeicher 87
   double 91
   elementare 90
   float 91
   int 91
   Klassen 256
   long 91
   Strukturen 226
   Typumwandlung 110
ddd 352
Debuggen 341
   Ablauf 342
   beenden 349, 356
   Debugger 342, 369
   Debug-Informationen 344, 352
   Haltepunkte 346, 353
   mit C++ Builder 344
   mit ddd 352
   mit dem gdb-Debugger 350
   Programm schrittweise
      ausführen 348, 355
   Programm starten 347, 354
   Variablen überwachen 347, 354
default 167
Definition 86
   Arrays 216
   Funktionen 198
   Klassen 226, 258
   Variablen 84
   versus Deklaration 86
Deklaration 69
Dekrement 117
Direktiven 71
Division
   Ganzzahldivision 103, 367
   Gleitkommadivision 103
double 91

E

Eingabe 134
   aus Dateien 299
   cin 134, 290
   mehrere Daten gleichzeitig
        einlesen 137
   Streams 290
   Strings 134
   Typumwandlung 149
   Zahlen 134
else 164
endl (cout-Manipulator) 75
eof() (Stream-Methode) 302
erase() (string-Methode) 129
Escape-Sequenzen 123
Escape-Zeichen 122

F

Fahrenheit 101, 135
false 91, 157
FAQs 364
Fenster 22
fflush() (Funktion) 241
find() (string-Methode) 129
float 91
for-Schleife 177
   Syntax 177
Funktionen 198
   allgemein einsetzbar
        implementieren 204
   Argumente 203
   aufrufen 199
   definieren 198
   Ergebnisse zurückliefern 205
   Ergebniswerte von Funktionen
        entgegennehmen 206
   globale Variablen 211
   in Ausdrücken 210
   lokale Variablen 211
   main() 72, 78
   mathematische 104
   mit return verlassen 207
   Name 198
   Parameter 203
   Rückgabetyp 198
   Syntax 212

   trigonometrische 113
   versus Methoden 264
   Vorteile 202

G

g++ 61
gdb 350
get() (Stream-Methode) 302
getchar() (Funktion) 241
Glossar 368
Groß- und Kleinschreibung 45, 366

H

Hauptstädte-Quiz 304
Headerdateien 70, 74, 91, 110, 118,
   234, 292, 309, 310, 318
   eigene 332
   einbinden 71
   Mehrfacheinbindung verhindern 338
   Übersicht 319

I

ifstream 299
if-Verzweigung 160
   Syntax 161
Inkrement 117
inline 276
insert() (string-Methode) 128
Installation, C++ Builder 31
Instanzbildung 266
Instanzen 251
Instanzvariablen 251, 260
int 85, 91
istream 290

K

Klammern
   eckige 217
   geschweifte 73
   in Ausdrücken 103
   runde 103, 199
Klassen 247, 256
   Bestandteile einer
        Klassendefinition 258
   Eigenschaften 260

Stichwortverzeichnis

Instanzbildung 266
Instanzen 251
Instanzvariablen 251, 260
Konstruktoren 252, 265
Methoden 251, 262, 272
Modularisierung durch Klassen 248
öffentliche Schnittstelle 276
Schutzmechanismen 281
Syntax 259
Überladung 283, 285
Vererbung 260
Zugriff auf Elemente 268
Zugriffsregelung 270
Zugriffsspezifizierer 268
Kommentare 76
Konkatenation 120, 371
Konsole 23
Konstanten 82
   Strings 82, 146
   symbolische 322
   Umbrüche in String-Konstanten 146
   Zahlen 82
   Zeichen 82
Konstruktoren 252, 265
   Standardkonstruktor 252, 266, 285
   überladen 283

L

Laufzeitbibliothek 69
Leerzeichen 364
left (cout-Manipulator) 139
Linker 21
Literale 83
long 90, 91

M

main() 72, 78
Maschinencode 18
Mathematische Formeln 101
Mathematische Funktionen 104
Menüs (für Konsolen-
   anwendungen) 167, 233
Methoden 251, 262
   Aufruf 264
   außerhalb der Klasse definieren 272
   GET/SET-Methoden 278

inline-Methoden 276, 277
   überladen 285
   Zugriff auf Klassenelemente 264
Mittelwert 221
Modularisierung
   durch Funktionen 208
   durch Klassen 248
   durch Quelldateien 325
Modulo 101

N

Namensbereiche 71
namespace 71
Neue Zeile-Zeichen 123

O

Objekte 247
   Eigenschaften 250
   Initialisierung 252
   Verhaltensweisen 250
   verwenden 253
   Zugriff auf Elemente 253
Objektorientierte
   Programmierung 26, 246
   Denkweise 247, 252
   Instanzbildung 266
   Klassen 256
   Konstruktoren 265
   Objekte 247
   öffentliche Schnittstelle 276
   Schutzmechanismen 281
   Überladung 283
   Vererbung 260
   Zugriffsregelung 270
ofstream 292
open() (Stream-Methode) 294
Operatoren 100
   74, 134, 157, 157, 296
   - (Subtraktion) 100
   - (Vorzeichen) 100
   != 157
   % 101
   * 100
   + (Addition) 100
   + (Konkatenation) 120
   . 230, 253

381

/ 100
= 100
== 157
> 157
>= 157
>> 134, 308
arithmetische 100, 101
Dekrement 117
Ein- und Ausgabe 132
Gleichheit 156
Inkrement 117
Klammerung 103
kombinierte Zuweisungen 116
Punkt-Operator 230, 253
Rangordnung 103
Vergleiche 157
Optimierung 356
ostream 290

P

Parameter 203
precision() (cout-Methode) 138
printf() (Funktion) 143
private 270, 277
Programme 18
    Ablauf eines Programms 78
    anhalten 241
    ausführen 52
    Beispielprogramme erstellen 376
    Benutzereingaben einlesen 134
    debuggen 341
    Ergebnisse ausgeben 73, 137
    Fenster 22
    Konsolenprogramme 23
    Modularisierung durch
        Funktionen 203, 208
    Modularisierung durch Klassen 248
    Modularisierung durch
        Quelldateien 325
    optimieren 356
    Programmgerüst 68
Programmerstellung
    Algorithmen 19
    Compiler 19
    Linker 21
    Maschinencode 18

    mit Borland C++ 56
    mit C++ Builder 37
    mit g++ (Linux) 61
Programmierbeispiele
    Fahrenheit 135
    Haushöhe 113
    Menüs 167, 233
    Mittelwert 216
    Vektorrechnung 233, 286
    Wurzel 161
Programmsteuerung
    bedingte Ausführung von
        Anweisungen 161
    mehrfache Ausführung von
        Anweisungen 176
protected 270
public 269, 270, 277

Q

Quiz-Programm 304

R

rand() (Funktion) 309
Rechenoperationen 100
replace() (string-Methode) 126
return 206
right (cout-Manipulator) 139

S

Schleifen 176
    abbrechen 191
    aktuellen Durchgang abbrechen 187
    Arrays durchlaufen 219
    Ausführung 178
    Fallstricke 183
    for 177
    Schleifenbedingung 178
    Schleifenkopf 177
    Schleifenvariable 178
    Steuerung 177
    Syntax der for-Schleife 177
    Syntax der while-Schleife 187
    vom Anwender steuern lassen 184
    while 184
Semikolon 74, 366

Stichwortverzeichnis

Signalton-Zeichen 123
Speicherverwaltung
    Arrays 217
    Ganzzahlen 87
    Gleitkommazahlen 88
    Strings 129
    Zeichen 89
sprintf() (Funktion) 150
sqrt() (Funktion) 106
srand() (Funktion) 310
std 71
stdin 241
Stil 77
Streams 290
Strings 74, 118
    aneinanderhängen 119
    ASCII-Code 158
    ausgeben 73
    C-Strings 144, 151
    Darstellung im Arbeitsspeicher 129
    einlesen 134
    Escape-Sequenzen 123
    Konkatenation 120, 371
    manipulieren 123
    Sonderzeichen 122
    string-Klasse 91
    String-Variablen 118
    Terminierungszeichen 130
    Typumwandlung in Zahlen 152
    Umbrüche in String-Konstanten 146
    vergleichen 158
    Zeichen einfügen 128
    Zeichen ersetzen 124
    Zeichen löschen 129
    Zeichenfolgen suchen 129
struct 227
Strukturen 226
    auf Strukturfelder zugreifen 229
    deklarieren 226
    in C und C++ 365
    Strukturfelder 227
    Variablen deklarieren 228
substr() (string-Methode) 129
switch-Verzweigung 166
    Syntax 166

T

Tabulatoren 364
Tabulator-Zeichen 123
tan() (Funktion) 106
Templates 124
Terminierungszeichen 130
time() (Funktion) 310
true 91, 157
Typumwandlung 110
    Ausgabe 149
    automatische 111
    Eingabe 149
    explizite 112
    Strings in Zahlen 152
    Zahlen in Strings 150

U

Überladung 285
Umlaute 75
using 71

V

Variablen 83
    Arrays 216
    bei der Definition initialisieren 93
    Darstellung im Arbeitsspeicher 87
    Datentypen 87, 90
    definieren 84
    globale 211, 365
    in Bedingungen 365
    Instanzvariablen 251, 260
    lokale 211
    mehrere Daten gleichen Datentyps verwalten 216
    mehrere Daten unterschiedlicher Datentypen verwalten 226
    Namensgebung 86
    Typumwandlung 110
    von Strukturen 228
    Werte abfragen 93
    Werte ausgeben 93
    Werte zuweisen 92
Vektorrechnung 233
Vergleiche 156
    Ergebniswerte 156

    Operatoren 157
    Strings 158
    Zahlen 156
Verzweigungen 160
    if 160
    if-else 164
    switch 166
    Syntax der if-Verzweigung 161
    Syntax der switch-Verzweigung 166
    verschachteln 166
vi (Linux-Editor) 63
void 198

W

while-Schleife
    Syntax 187
width (cout-Methode) 139
Windows-Programmierung 360
Wurzel 161

Z

Zahlen
    ausgeben 82
    Division 103
    einlesen 134
    Ganzzahlen 87
    Gleitkommazahlen 88, 138
    mathematische Formeln 101
    mathematischen Funktionen 104
    Modulo 101
    Rechenoperationen 100
    trigonometrische Funktionen 113
    Typumwandlung in Strings 150
    vergleichen 156
Zeichen 89
Zeilenumbrüche 364
Zeit 310
Zufallszahlen 309
Zugriffsspezifizierer 268
    private 270, 277
    protected 270
    public 270, 277